Judith P. Siegel
Zwischen Zoff und Zärtlichkeit

W0047445

Judith P. Siegel

Zwischen Zoff und Zärtlichkeit

Wie die Beziehung der Eltern die Kinder prägt

Mit einem Vorwort von Jürg Willi

Aus dem Amerikanischen von
Maren Klostermann

Walter Verlag

Titel der amerikanischen Originalausgabe:
What Children Learn from Their Parents' Marriage
© 2000, Judith P. Siegel, Ph.D., C.S.W.
HarperCollins Publishers Inc.

Die Deutsche Bibliothek – CIP-Einheitsaufnahme

Siegel, Judith P.:
Zwischen Zoff und Zärtlichkeit : wie die Beziehung der Eltern die Kinder
prägt / Judith P. Siegel. Mit einem Vorw. von Jürg Willi. Aus dem Amerikan.
von Maren Klostermann. – Düsseldorf ; Zürich ; Walter, 2002
Einheitssacht.: What children learn from their parents marriage ⟨dt.⟩
ISBN 3-530-40126-9

© 2002 Patmos Verlag GmbH & Co. KG
Walter Verlag, Düsseldorf und Zürich
Umschlaggestaltung: Groothuis & Consorten, Hamburg
Satz: Dörlemann Satz, Lemförde
Druck und Bindung: Bercker, Kevelaer
ISBN 3-530-40126-9

*Für Lillian und Gerry – eine Partnerschaft,
von der ich lernte; und für Morris, Mitchell
und Jenna – die Lieben meines Lebens.*

Inhalt

Vorwort

Das Buch von Judith Siegel möchte Eltern anregen, sich mit dem Einfluß ihrer Partnerbeziehung auf ihre Kinder zu befassen. Die Autorin wurde als psychologische Beraterin in einem Kinderkrankenhaus in Toronto darauf aufmerksam, wie sehr Kinder sich mit ihren Eltern identifizieren und diese auch imitieren und wie sehr ihr gesundes oder gestörtes Beziehungsverhalten vom elterlichen Vorbild beeinflußt ist. Dabei erlebte sie, daß Eltern sich oft nicht bewußt sind, wie sich ihre Beziehungsprobleme auf Gesundheit, Wohlbefinden und Entwicklung ihrer Kinder auswirken.

Um zu begreifen, wie stark die Elternbeziehung auf die Kinder wirkt, sollen die Leserinnen und Leser sich fragen, welchen Einfluß die Beziehung *ihrer* Eltern auf ihre eigenen partnerschaftlichen Modellvorstellungen hatte und wie ihre Liebesfähigkeit davon beeinflußt wurde. Eltern sollen sich dann der Frage stellen, welches Modell sie ihrem Kind vorleben und wie das Kind ihre Ehe wahrnimmt.

Die Familientherapie hat sich von Anbeginn mit der Frage befaßt, wie sich Beziehungskrisen der Eltern auf die Bildung und Aufrechterhaltung psychischer und psychosomatischer Störungen von Kindern und Jugendlichen auswirken. Kinder werden von ihren Eltern oft als Ersatzpartner, als Vermittler oder als Sündenbock mißbraucht, um von eigenen Konflikten abzulenken oder diese zu neutralisieren. Kinder möchten die Familie und die Beziehung ihrer Eltern zusammenhalten und können das manchmal mit der Bildung von Krankheiten und Problemen erreichen. Doch die Kinder zahlen dafür einen hohen Preis. Kaum untersucht wurde bisher, wie sich die Erfahrung der elterlichen Ehe auf die eigene Partnerbeziehung auswirkt.

Das Buch ist praxisorientiert aufgebaut. Eltern sollen sich zum Beispiel folgende Fragen stellen: Hat unsere Ehe Vorrang vor der Beziehung zu unseren Herkunftsfamilien, zu unseren Kindern oder zu Berufstätigkeit? Finden die Kinder in unserer Beziehung ein Modell für den Austausch von

Gefühlen? Erweisen wir uns wechselseitig jenen Respekt, den wir uns von den Kindern zu uns als Vater oder Mutter wünschen? Wie gehen wir mit Konflikten um? Weichen wir ihnen aus, führen wir sie als Krieg oder tragen wir sie in fairer Weise aus? Zeigen wir in spannungsgeladenen Situationen die Fähigkeit, einen eskalierenden Streit zu beendigen?

Ich denke, man könnte die Gedanken dieses Buches noch durch eine breitere Perspektive ergänzen. Ich bin in der Paartherapie immer wieder beeindruckt, wie die erwachsenen Kinder die Ehe ihrer Eltern nicht einfach wiederholen, sondern wie sie mit der Partnerwahl und der Kindererziehung eine problematisch verlaufende Familiengeschichte korrigieren möchten. Ein belastendes familiäres »Erbe« kann ihnen wie ein Stachel im Fleisch sitzen und sie herausfordern, mit der eigenen Ehe und mit der eigenen Kindererziehung dem, was sie als Kind erfahren haben, eine andere Richtung zu geben. Als Therapeuten bekommen wir nur jene Fälle zu sehen, in denen dieser Versuch nicht gelungen ist und die Kinder im elterlichen Modell gefangen bleiben. Aber es gibt immer wieder Menschen, die aus schwer traumatisierenden familiären Verhältnissen Kraft gewinnen und denen es gelingt, das schwere familiäre Schicksal zum Anlaß zu nehmen, daran zu wachsen, ja darin eine kreative Lebensaufgabe zu finden. Würden die negativen Vorbilder zwangsläufig von den Kinder wiederholt, so wäre die Menschheit an ihrer Pathologie längst zugrunde gegangen.

Es geht also letztlich um die Frage, was habe ich von meiner Herkunftsfamilie in mir aufgenommen, was nehme ich in meinem Rucksack mit und was möchte ich davon in meinem Leben korrigieren und in veränderter Form meinen Kindern weitergeben. Es geht darum, sich der Familiengeschichte als familiärer Koevolution bewußt zu werden und zu bedenken, wie das Leben jedes Menschen aus den oft dramatischen familiären Beziehungen hervorgeht und darin seine Aufgabe und Begründung findet.

Jürg Willi

Dank

Dieses Buch wurde durch einen Vortrag angeregt, zu dem mich meine Freundin und Kollegin Peggy Herzog aufforderte. Ich danke ihr dafür, daß sie mir geholfen hat, mich wieder auf ein Thema zu konzentrieren, das ich aus den Augen verloren hatte. Ein Buch zu schreiben kostet ungeheuer viel Zeit und Energie. Ohne die volle Unterstützung durch Morris, meinen Partner, und die Kooperationsbereitschaft meiner Kinder Mitchell und Jenna wäre dieses Projekt nie vollendet worden. Ich danke auch Monika Polank, die sich um den Haushalt kümmerte, wenn Mama mal wieder am Computer saß.

Obwohl ich bereits einige Fachbücher und wissenschaftliche Aufsätze geschrieben hatte, war dieses Buch eine ganz neue Herausforderung. Jane Dystel hat mir unschätzbare Hilfe bei der Entwicklung des Konzepts geleistet, und ich danke ihr für ihre Geduld und laufende Unterstützung. Zu großem Dank verpflichtet bin ich auch Gail Winston, meiner amerikanischen Lektorin. Sie hat mir geholfen, mich auf das Wesentliche zu konzentrieren, meine Ideen zu entwikkeln und vor allem »meine Stimme zu finden«. Sie ist eine ungemein engagierte und begabte Lektorin. Ich danke auch meinem Sekretär Richard Lenert an der New York University, der scheinbar auf magische Weise alle Forschungsartikel aufspürte, die ich nicht finden konnte, und Dekan Tom Meenaghan, der mir seine volle Unterstützung für dieses Projekt gewährte.

Ich danke den vielen Freunden, die mich angespornt und ermutigt haben, insbesondere Hannah Fox, Michelle Sacks, Alan Gratch und Lori Rosenfeld. Ein herzliches Dankeschön auch für die Beiträge von Denny Jewart, deren klinische Erfahrungen und Kenntnisse meine Arbeit seit vielen Jahren bereichern. Kapitel 5 ist dir gewidmet, Denny. Ich danke auch Holly Starkman, die viele Fragen aus der Perspektive eines Kindes betrachtete und ergänzte. Meine Familie hat mir unentbehrliche Unterstützung geleistet und ich danke meinen Schwestern – Shelley Fingerhut, Wendy Sokolowski und insbesondere Debbie Naftolin –, die den ersten Entwurf gelesen und mir wertvolle Anregungen gegeben haben. Meine Eltern, Lillian und Gerry Siegel, haben mir unermüdlich zur Seite gestanden, und ich danke ihnen für ihre Liebe und Anerkennung.

Schließlich möchte ich den Hunderten von Eltern und Kindern danken, mit denen ich in den letzten fünfundzwanzig Jahren zusammengearbeitet habe. Ihre Geschichten haben mich tiefer berührt, als sie je wissen werden.

Das Grundmodell für Liebe und Nähe – die Partnerschaft der Eltern

Vor zwei Jahren fragte mich eine Kollegin, ob ich Lust hätte, an einem Vortragsabend für Eltern in unserer Gemeinde teilzunehmen. Eine Expertenrunde, bestehend aus örtlichen Kinderärzten, Kinderpsychologen, Pädagogen und anderen Fachleuten, sollte über das Thema »Was Kinder im 21. Jahrhundert brauchen« diskutieren. Ich wurde gebeten, über die Veränderungen zu referieren, die sich im Familienleben abzeichneten, und insbesondere darauf einzugehen, welche Bedeutung die Beziehung der Eltern für die Kinder und ihre Bedürfnisse habe.

Meine erste Reaktion war eine gewisse Bestürzung. Seit fünfzehn Jahren beschäftigte ich mich bei meiner praktischen Arbeit, in Vorträgen und Veröffentlichungen fast ausschließlich mit Paartherapie. Dabei hatte ich mich langsam, aber ganz deutlich immer weiter vom Thema Kinder entfernt. Das war eine schockierende Erkenntnis, weil ich damals selbst Mutter zweier kleiner Kinder war und mit all den Veränderungen rang, die in meiner eigenen Partnerschaft nach ihrer Geburt stattgefunden hatten. Es kam mir seltsam vor, daß ich seit mehr als zehn Jahren mit Eltern von verhaltensgestörten Kindern arbeitete und dieses zentrale Thema aus den Augen verloren hatte. Selbstverständlich hatte die Ehe der Eltern Einfluß auf die Kinder. Selbstverständlich konnte ich auf dem Vortragsabend über dieses Thema sprechen.

Nach der Veranstaltung kamen viele Eltern auf mich zu, um mit mir über meinen Vortrag zu sprechen. Ich freute mich sehr über das Interesse und die echte Anerkennung, die sie zum Ausdruck brachten. Doch zwei Wochen später geschah etwas, das mich sogar noch stärker beeindruckte. Ich erhielt einen Anruf von einem Ehepaar, das um einen Termin bat: Peter und Catherine hatten meinen Vortrag gehört und sich daraufhin entschlossen, professionelle Hilfe in Anspruch zu nehmen. Sie brachten ihre entzückende, acht Monate alte Tochter mit zu der Sitzung. Nachdem sie mir Amy vorgestellt hatten, erklärte Catherine: »Es hat fünf Jahre gedauert, bis unser Kinderwunsch in Erfüllung gegangen ist. Wir haben eine endlose Odyssee durch Kliniken und zahllose Behandlungen hinter uns. Ich bin jetzt vierundvierzig, und Amy ist unser einziges Kind. Peter und ich möchten, daß sie glücklich wird, aber wir streiten uns dauernd. Schon jetzt schaut sie uns ganz merkwürdig an, wenn wir laut werden, und wenn wir dann nicht aufhören, fängt sie an zu schreien. Bitte helfen Sie uns – um ihretwillen.«

Ich werde später noch einmal auf Catherine und Peter zurückkommen. Tatsächlich ist dieses Buch voll von Geschichten über Elternpaare, die ich in den letzten zwanzig Jahren kennengelernt und behandelt habe. Mein Einstieg ins Berufsleben erfolgte als psychologische Beraterin im Kinderkrankenhaus von Toronto. Dort hatte ich mit Eltern zu tun, deren Kinder körperliche Symptome zeigten ohne medizinische Ursache. In dieser Tätigkeit habe ich mit mehreren hundert Eltern gearbeitet, die ihre Kinder alle innig liebten, aber keine Ahnung hatten, daß die Spannungen und Probleme in ihren Partnerschaften eine derart verheerende Auswirkung auf ihren Nachwuchs hatten. Damals habe ich zum ersten Mal einen Eindruck davon bekommen, wie stark Kinder auf Probleme reagieren, von denen Eltern fälschlicherweise annehmen, sie blieben unbemerkt oder überstiegen das Begriffsvermögen eines Kindes. Die Erfahrungen, die ich in dieser Zeit sammelte, halfen mir zu erkennen, wie tiefgreifend die Persönlichkeit und die seelische Entwicklung von Kindern durch die Beziehung der Eltern geprägt wird. Tatsächlich fing ich an, mich so sehr für dieses Thema zu interessieren, daß ich beschloß, meine Doktorarbeit darüber zu schreiben.

Mein Interesse an der Paartherapie beruhte also ursprünglich auf der Erkenntnis der Bedeutung der Beziehung der Eltern für die Entwicklung des Kindes, doch ich entdeckte noch eine weitere erstaunliche Tatsache: Obwohl die Erwachsenen, mit denen ich arbeitete, nicht von einem unglücklichen Familienleben oder einer symptomatischen Kindheit berichteten, hingen die Probleme, die ihrem Glück im Wege standen, auch unweigerlich mit der Beziehung ihrer eigenen Eltern zusammen.

Ich half Paaren, ihre Erwartungen und Verhaltensweisen zu klären, und mir wurde schnell klar, wie stark die Partnerschaft, die das Kind bei seinen Eltern beobachtet, seine eigenen künftigen Beziehungen beeinflußt. Fast alle Erwachsenen, die ich in der Paartherapie beraten habe, wurden von der Beziehung ihrer eigenen Eltern zutiefst geprägt. In der Kindheit »erlernte« Vorstellungen von Liebe und Nähe hatten dazu geführt, daß Ängste, Abwehrhaltungen und falsche Erwartungen die Fähigkeit zur Intimität untergruben. Bei vielen Personen schien sogar die Partnerwahl davon gesteuert zu werden, daß sie unbewußt danach strebten, bestimmte Elemente der elterlichen Partnerschaft zu wiederholen.

Zu meiner Überraschung stellte ich fest, daß dieses so offenkundige Phänomen in der Fachliteratur kaum behandelt wurde. Einzeltherapeuten betonten, wie stark das Kind von der Beziehung beeinflußt wird, die es zu jedem einzelnen Elternteil aufbaut, gingen aber mit keinem Wort auf die große Bedeutung der Beziehung *zwischen* den Eltern ein. Familientherapeuten konzentrierten sich auf die Probleme, die bei Kindern durch Probleme oder Konflikte der Eltern entstehen können, gingen aber nur am Rande darauf ein, wie die vom Kind beobachtete Elternbeziehung sein eigenes späteres Beziehungsverhalten beeinflußt.

Ich möchte mit diesem Buch das Bewußtsein für diese Dynamik fördern. In meiner fünfundzwanzigjährigen klinischen Erfahrung mit gestörten Familien und unglücklichen Paaren bin ich zu der Erkenntnis gelangt, daß die Partnerschaft der Eltern entscheidend für das Wohl und die psychische Gesundheit des Kindes ist. Was wir in früher Kindheit »über die Liebe lernen«, beeinflußt unser ganzes späteres Leben, auch wenn wir uns kaum noch an diese ersten Lektionen erinnern. Die Partnerschaft, die das Kind bei seinen Eltern beobachtet, vermittelt ihm seine Grundvorstellung von Intimität und wird zum Fundament, auf dem alle späteren Beziehungen aufbauen. Deshalb ist es sehr wichtig, daß Eltern einen Schritt zurücktreten und den »Lehrplan«, den sie für ihr Kind aufgestellt haben, kritisch betrachten. Sie sollten sich fragen, wie sich ihre Beziehung für das Kind darstellt und ob diese Beobachtungen zu seiner bestmöglichen Entwicklung beitragen.

Ich bin überzeugt, daß die meisten Eltern das Beste für ihre Kinder wollen. Während ich dieses Buch schrieb, dachte ich nicht nur an die Klienten, mit denen ich im Laufe der Jahre gearbeitet habe, sondern auch an meine eigenen beiden Kinder. Wie andere Eltern, die ich kenne, habe ich eine Wunschliste für meine beiden Kleinen. Ich hoffe, daß sie in dem Wissen aufwachsen, etwas ganz Besonderes zu sein, und immer stolz auf sich sein werden. Ich hoffe, daß sie gut mit anderen Menschen auskommen und nötigenfalls Kompromisse schließen können, aber auch in der Lage sind, sich leidenschaftlich für ihre tiefsten Überzeugungen einzusetzen. Vor allem hoffe ich, daß sie ihr Leben lang geliebt werden und beide einen Partner finden, der sie unterstützt und dasselbe leidenschaftliche Interesse an ihrem Glück hat wie ich.

Eltern, die solche und ähnliche Wünsche für ihre Kinder haben, sind aktive Eltern. Sie reden mit ihrem Kind über seine Erlebnisse in der Schule oder mit Freunden. Sie machen sich Gedanken über Disziplin und Selbstvertrauen und überlegen, was sie tun können, um die Entwicklung ihres Kindes optimal zu fördern. Doch obwohl die meisten Mütter und Väter der Beziehung zu ihrem Kind große Aufmerksamkeit widmen, sind sich doch viele nicht bewußt, wie stark ein Kind auch durch das emotionale Klima in der Familie beeinflußt wird. Sehr häufig gibt es Probleme, Spannungen und ungelöste Konflikte, die gemieden oder immer wieder aufgeschoben werden. Ich bin überzeugt, daß Eltern, wenn sie erst einmal wissen, wie ihre Kinder von diesen Themen berührt werden, die Stärke aufbringen, die Probleme in Angriff zu nehmen und an ihrer Beziehung zu arbeiten. Sie werden doppelt belohnt – durch ein glücklicheres Familienleben und durch die begründete Hoffnung, daß diese Generation in der Lage sein wird, die positiven Lektionen der Liebe zu lernen.

Als ich mich vor zwei Jahren auf den Vortrag für das Kolloquium vorbereitete, wurde mir etwas klar: Obwohl vermutlich jeder zustimmen würde, daß eine glückliche Beziehung den Kindern eine gute Ausgangsbasis bietet, brauchen doch die meisten Eltern Hilfe, um zu erkennen, welche spezifischen Elemente zum Aufbau einer glücklichen familiären Umwelt erforderlich sind. In den folgenden Kapiteln beschreibe ich sieben Schlüsselelemente einer Partnerschaft, aus denen die Kinder wichtige Lehren ziehen, nämlich: die Priorität der Paarbeziehung, Unterstützung, Respekt, Vertrauen, Verhandlungsbereitschaft, Konfliktlösung und Zuneigung. Bei der Festlegung dieser Themen habe ich mich auf theoretische Erkenntnisse, die neuesten Forschungsarbeiten zur kindlichen Entwicklung und viele Jahre klinischer Erfahrung mit Kindern und Paaren gestützt. Was sich hinter diesen Begriffen verbirgt, erläutere ich an Beispielen aus dem Alltag und aus typischen Familiensituationen. Zunächst erkläre ich, auf welche Weise Kinder von der Beziehung ihrer Eltern lernen. Wer sich für Psychologie interessiert, kann in diesem Teil aufschlußreiche Informationen finden, aber das Buch ist so aufgebaut, daß auch Eltern, die gleich in medias res gehen und erfahren möchten, wie das Kind durch ein einzelnes Thema beeinflußt wird, diesen einführenden Teil überspringen können.

Alle Ausführungen umfassen zwei wichtige Aspekte, auf die ich die Aufmerksamkeit von Eltern lenken möchte. Ich lege zum einen dar, wie Kinder aller Altersstufen im »Hier und Jetzt« auf die Stärken und Schwächen ihrer familiären Umwelt reagieren, und werfe zum anderen einen Blick auf die Konsequenzen, die in der Kindheit vielleicht nicht unmittelbar erkennbar sind, die sich jedoch zeigen, wenn das Kind erwachsen wird und sich selbst auf eine Partnerschaft einläßt. Dazu gehören sowohl die Partnerwahl als auch die unterschiedlichen Probleme, die das Kind wahrscheinlich in seinen eigenen Beziehungen erleben wird.

Ich hoffe, daß Sie im Laufe dieses Buches mehr darüber erfahren, wie Ihr Kind durch Ihre Partnerschaft beeinflußt wird. Bestimmt werden sich viele von Ihnen in den Fallbeispielen aus meiner Praxis »wiedererkennen«. Einige Kapitel werden Sie darin bestätigen, daß bestimmte Bereiche ihrer Partnerschaft gut funktionieren, und Ihnen bewußt machen, wieviel Gutes Sie Ihrem Kind damit auf den Weg geben. Bei anderen Bereichen fühlen Sie sich vielleicht veranlaßt, Ihre Situation aus einem neuen Blickwinkel zu betrachten und kritisch zu hinterfragen, was zwischen Ihnen und Ihrem Partner abläuft. Am Ende jeden Kapitels finden Sie außerdem einige Fragen, die Ihnen helfen, sich auf Ihre eigene Situation zu konzentrieren und über einzelne Probleme nachzudenken, die Ihr Kind möglicherweise aufgreift.

An dieser Stelle möchte ich kurz die jüngste Entwicklung in meiner beruflichen Laufbahn ansprechen, da ich inzwischen nicht nur als Therapeutin, sondern auch als Ausbilderin von Therapeuten arbeite. Wenn ich Kurse über die menschliche Entwicklung gebe, bin ich immer wieder erstaunt über die starken Reaktionen meiner älteren Schüler: Männer und Frauen, die Kinder großziehen oder deren Kinder bereits erwachsen sind. Oft schütteln sie den Kopf und erzählen mir mit nüchterner Selbstanklage, sie wünschten, sie hätten diese Informationen erhalten, als ihre Kinder jünger waren. Wenn ich Kurse über Paartherapie gebe, berichten mir Studenten, die verlobt sind oder eine Scheidung hinter sich haben, wie schmerzlich es ist, kritisch auf ihre eigene Beziehung zu schauen und die Verantwortung für eigene Fehler zu übernehmen. In meinen Unterrichtskursen rede ich mit den Menschen und versuche, ihnen die Schuldgefühle zu nehmen, die mit dieser Erkenntnis einhergehen. Ich sage ihnen, daß wir alle stets bestrebt sind, unser Leben nach besten Kräften zu bewältigen. Bei dem Versuch, Beziehungen besser zu verstehen, geht es nicht darum, sich selbst Vorwürfe zu machen. Das Entscheidende ist, daß wir erkennen, welche Richtung wir einschlagen müssen und was wir künftig besser machen können.

Es ist mir bewußt, daß dieses Buch nicht nur Interesse, sondern auch Ängste wecken kann. Befreundete Eltern waren neugierig, aber auch ein wenig erschrocken, als ich ihnen erzählte, daß ich an einem Buch über den Einfluß der elterlichen Partnerschaft auf Kinder arbeitete. Die meisten reagierten mit: »Das ist irgendwie unheimlich« und fügten dann hastig hinzu: »Ich würd's gern lesen, wenn du fertig bist.« Die meisten Menschen fürchten, daß sie anderen ungewollt Schaden zufügen, und scheuen vielleicht die Auseinandersetzung mit wunden Punkten in ihren eigenen Beziehungen. Doch sogar geschiedene Eltern sollten über die Beziehung zu ihrem oder ihrer »Ex« nachdenken und überlegen, in welcher Weise ihr Kind weiterhin davon beeinflußt wird. Dieses Buch ist ein Lehrbuch für Eltern. Es soll keine Schuldgefühle wecken, sondern möchte Ihnen die Informationen vermitteln und Sie zu den Veränderungen ermutigen, die vielleicht notwendig sind, damit Ihr Kind sich so entwickeln kann, wie Sie es ihm aus tiefstem Herzen wünschen.

Weil ich überzeugt bin, daß unsere partnerschaftlichen Beziehungen sehr stark von denen unserer Eltern beeinflußt werden, habe ich auch einige Fragen berücksichtigt, die auf diese Thematik abzielen. Ich weiß, daß auch dies ein angstbesetzter Bereich ist. Wenn ich Paar- und Familientherapeuten ausbilde, muß ich ihnen häufig helfen, unbewußte Annahmen und Reaktionen auf ihre Klienten zu hinterfragen. Dazu müssen sie über die wichtigen Beziehungen ihrer Kindheit und über ihre bestehenden Überzeugungen nachdenken. Ich habe festgestellt, daß viele zwar mühelos die Probleme im Leben anderer erkennen, aber große Mühe haben, sich den eigenen zu stellen.

Um wirklich zu verstehen, wie Ihre Partnerschaft sich entwickelt hat, ist es hilfreich, wenn Sie einmal überlegen, welche Lehren Sie als Kind unweigerlich aus der Partnerschaft Ihrer Eltern gezogen haben. Ich kann Ihnen nicht zur Seite stehen, wenn Zweifel oder Ängste aufkommen. Ich kann nur hoffen, daß Sie sich daran erinnern werden, daß Erkenntnis der erste Schritt zur Veränderung ist. Wenn Sie sich ehrlich damit auseinandersetzen, ob Ihre Überzeugungen und Erwartungen Ihnen geholfen haben, das Leben zu führen, das Sie sich wünschen, dann werden Sie auch erkennen, welche Art von Beziehung Sie wirklich wollen und in der Lage sein, an der Verwirklichung dieser Vision zu arbeiten. Das ist der Anfang eines Prozesses, der Ihre Partnerschaft grundlegend verändern kann und uns allen die Möglichkeit eröffnet, unsere größte Verpflichtung zu erfüllen, nämlich unseren Kindern ein positives Vermächtnis der Liebe zu hinterlassen.

Kapitel 1

Was Kinder von der Partnerschaft ihrer Eltern lernen

»Ich frage mich, an was du dich erinnern
wirst, wenn du erwachsen bist.«

Es ist allgemein bekannt, daß Kinder nicht tun, was man ihnen sagt, sondern was man ihnen vorlebt. Sicherlich haben Sie das schon oft gehört: Wenn Sie möchten, daß Ihr Kind mehr liest, können Sie dies am besten erreichen, indem Sie selbst zur Leseratte werden. Wenn Sie Ihrem Kind bessere Manieren oder mehr Rücksicht im Umgang mit anderen Menschen beibringen möchten, müssen Sie als erstes überlegen, wie Sie selbst mit anderen Menschen umgehen und was Ihr Kind durch die Beobachtung Ihres Verhaltens lernt. Kinder sind Meister der Nachahmung und übernehmen das Verhalten, das sie beobachten. Es stimmt zwar, daß ein Kind durch die Einzelbeziehung zum Vater und zur Mutter beeinflußt wird, aber es beobachtet auch die Beziehung *zwischen* seinen Eltern und lernt daraus. Tatsächlich wird diese Beziehung zum Modell für alle engen Beziehungen, die es später selbst eingehen wird.

Ich beobachte dich

Kinder sind scharfe Beobachter. Sie registrieren sehr genau, was in der Ehe ihrer Eltern geschieht, und nehmen auch feine Nuancen wahr. Viele Eltern denken, daß ihre Kinder noch nicht begreifen, was zwischen den Erwachsenen vor sich geht, doch in Wahrheit verstehen Kinder einen Großteil der elterlichen »Privatgespräche« und nehmen sehr wohl solche Details wie eine tröstende Geste oder einen feindseligen Blick wahr. Auch wenn die Kinder noch nicht über ihre Beobachtungen berichten können, kommen sie zu Schlüssen darüber, »was mit verheirateten Menschen passiert«. Diese Schlußfolgerungen werden zu einem festen Bestandteil ihrer Überzeugungen und Erwartungen und beeinflussen maßgeblich, wie sie später selbst an Ehe und Partnerschaft herangehen.

Kinder wenden sich ihren Eltern zu, um die Welt zu verstehen. Sie reagieren auch sehr sensibel und empfänglich auf das emotionale Klima, in dem sie leben, und stellen sich auf familiäre Konflikte und Spannungen ein, auch wenn sie nicht direkt daran beteiligt sind. Kinder wollen glücklich sein und entwickeln sich am besten in einer friedlichen und sicheren Umwelt. Da das Kind Strafe vermeiden und keine Probleme verursachen will, versucht es zu begreifen, welche Regeln gelten – und probiert dann aus, wie weit es diese Regeln beugen kann.

Doch Psychologen haben festgestellt, daß Kinder nicht nur durch direkte Erfahrung lernen. Sie lernen genauso viel, indem sie beobachten, was mit anderen Menschen geschieht, und übertragen diese »Regeln« dann auf sich selbst. Der Psychologe Alfred Bandura konnte diesen Prozeß, der als »soziales Lernen« bezeichnet wird, durch Experimente nachweisen.[1] Bandura ließ zwei Gruppen von Kindern in ein Zimmer gehen, in dem sich eine Vielzahl von Spielsachen befand – einschließlich einer aufgeblasenen »Bobo«-Plastikpuppe, die interessante Bewegungen machte, wenn man dagegenboxte. Die erste Gruppe spielte ungezwungen mit allen Spielsachen, einschließlich Bobo. Bevor die zweite Gruppe in das Spielzimmer geschickt wurde, zeigte man ihr einen Videofilm, in dem ein Kind mit Bobo spielte und daraufhin scharf von einem Erwachsenen zurechtgewiesen wurde, der ihm verbot, die Puppe anzufassen. Nachdem die Kinder den Film gesehen hatten, wurden sie in dasselbe Spielzimmer geführt wie die erste Gruppe. Bandura stellte fest, daß die Kinder der zweiten Gruppe zwanglos mit den meisten Spielsachen umgingen, aber kein einziges wollte irgend etwas mit Bobo zu tun haben! Obwohl man sie nicht direkt dazu angewiesen hatte, die Finger von Bobo zu lassen, hatten sie durch den Film und die Beobachtung des anderen Kindes gelernt, daß es sicherer sein würde, ein anderes Spielzeug zu wählen.

Auf dieselbe Weise beobachtet ein Kind auch sehr aufmerksam die Beziehung seiner Eltern. Es achtet darauf, wann und auf welche Weise Sie Meinungsverschiedenheiten mit Ihrem Partner austragen, es registriert, wie Sie aufeinander reagieren und bildet durch unzählige kleine Beobachtungen eine Vorstellung von den Gesetzmäßigkeiten des Ehelebens heraus. Es lernt zum Beispiel einiges über unterschiedliches Rollenverhalten, über die charakteristischen Tätigkeiten einer Mutter oder eines Vaters. Vielleicht erinnern Sie sich noch mit Vergnügen daran oder erleben gerade mit, wie Ihr Kind das Verhalten einer Mutter nachahmt und eine oscarreife Darbietung dieser Rolle liefert. Doch das Kind stellt sich auch auf das emotionale Klima in der Familie ein und registriert, wann sich die Eltern wohl fühlen und wann nicht. Es beobachtet, wie Sie mit Ihrem Partner interagieren und gemeinsam Probleme lösen. Daraus folgert es dann allgemein, wie Partner – in guten wie in schlechten Tagen – miteinander umgehen.

Wenn Monika beobachtet, wie ihre Eltern über den Kauf eines neuen Autos diskutieren, lernt sie, wie verheiratete Erwachsene gemeinsame Entscheidungen in Angriff nehmen. Wenn die Eltern ruhig miteinander reden und sich über ihre unterschiedlichen Vorstellungen austauschen, lernt Monika, daß die beiden einander respektieren und daß man ohne weiteres eine abweichende Meinung äußern darf. Wenn Monikas Vater durch sein Verhalten zeigt, daß er die Äußerungen seiner Frau nicht ernst nimmt und den Autokauf im Grunde für seine Entscheidung hält, lernt Monika sehr viel darüber, wie Menschen mit Macht und mit Problemen umgehen. Die Eltern sind sich vielleicht nicht einmal bewußt, daß Monika ihnen zuhört, und berücksichtigen nicht, daß sie mit ihrem Verhalten die Grundlage für Monikas Verständnis von Partnerschaft schaffen.

Was siehst du?

Fragen Sie sich mitunter, was im Kopf Ihrer Kinder vor-geht? Manchmal amüsieren sie uns mit den Erklärungen, die sie sich zurechtlegen. Manchmal verblüffen sie uns mit ihrer Intuition und scharfen Beobachtungsgabe. Was Kinder wahrnehmen, glauben und erinnern, verändert sich im Laufe ihrer Entwicklung.

Was Monika über die Ehe ihrer Eltern lernt, hängt teil-weise von ihrem Alter ab, aber auch von den Erwartungen, die sie aufgrund früherer Beobachtungen herausgebildet hat. Psychologen haben festgestellt, daß Kinder bereits sehr früh eine Art innerer Landkarte entwerfen, die ihnen hilft, sich in ihrer Umwelt zurechtzufinden. Sie brauchen diese Landkarten, damit sie neue Erfahrungen in einen für sie verständlichen Zusammenhang bringen und die Informationen besser verarbeiten können. Sogar als Erwachsene greifen wir auf Bekanntes zurück, um neue Situationen zu deuten. Die grundlegende Struktur, das sogenannte »Schema«, wird gelegentlich abgewandelt, um neue Informationen aufzunehmen, aber in den meisten Fällen sind unsere Interpretationen und Schlußfolgerungen ein Ausdruck unseres bereits bestehenden Denk- und Wertesystems. Studien über Kinder und Erwachsene haben gezeigt, daß sie eine Auswahl unter den angebotenen Informationen treffen oder sich auf bestimmte Informationen konzentrieren, die ihre bestehenden Überzeugungen bestätigen, während sie Beweise des Gegenteils ausblenden oder abwerten.[2]

Die Forschungsarbeiten von Jean Piaget veranschaulichen dies sehr deutlich.[3] Ich erinnere mich an einen faszinierenden Videofilm über ein Experiment, bei dem man Kindern im Vorschulalter zwei Becher zeigte, die auf einem kleinen Tisch standen. Der erste Becher, hoch und sehr schmal, war mit Wasser gefüllt. Die Kinder beobachteten, wie das Wasser in den zweiten Behälter umgegossen wurde, der niedrig, aber sehr breit war. Als sie gefragt wur-den: »In welchem Becher ist mehr Wasser?«, waren sich alle einig, daß das hohe Gefäß mehr Wasser enthielt. Obwohl sie beobachtet hatten, daß dieselbe Flüssigkeitsmenge wiederholt von einem Behälter in den anderen gegossen wurde, erklärten die Kinder, daß der Wasserstand im ersten Becher höher sei und dieser deshalb mehr Wasser enthalte. Die Kinder hatten ein Schema von Größe entwickelt, das ein Verständnis für Höhe, aber nicht für Durchmesser zum Ausdruck brachte. Trotz des Beweises, daß es sich um exakt die gleiche Wassermenge handelte, führte das Schema »höher heißt mehr« zu spezifischen Schlußfolgerungen. Der Durchmesserbegriff ist zu kompliziert für kleine Kinder. Irgendwann werden sie ihre Größenschemata abwandeln können, doch auch dann werden sie zu der spontanen Erwartung neigen, daß die Höhe Aufschluß über die Menge gibt. Die ursprünglichen Überzeugungen bleiben bestehen und beeinflussen unser Denken noch viele Jahre lang.

Aber wie lernen Kinder etwas über Beziehungen? Psychologen wissen zwar sehr viel darüber, wie Kinder bei ihren Freundschaften und in sozialen Situationen zwischen Richtig und Falsch zu unterscheiden lernen, aber die Frage, wie Kinder die Beziehungen in ihren Familien deuten, ist relativ unerforscht. Einige der wenigen Studien, die ich über dieses Thema gefunden habe, befaßten sich mit Stieffamilien.[4] Obwohl die Untersuchung einen anderen Schwerpunkt hatte, stellte die Psychologin Ann Bernstein fest, daß Kinder verschiedener Altersstufen recht unterschiedlich definieren, was Familie bedeutet. Kinder im Vorschulalter sind egozentrisch und verstehen unter Familie hauptsächlich, daß es Erwachsene gibt, die sich um ihre Bedürfnisse kümmern. Schulkinder orientieren sich stärker an faktischen Gegebenheiten und definieren die Familie nach historischen Kriterien und konkreten Lebensumständen. Jugendliche, die die Fähigkeit zum abstrakten Denken entwickelt haben, orientieren sich an komplexeren Begriffen wie Gegenseitigkeit oder der Qualität der Beziehung zwischen Eltern und Kind. Mit zunehmendem Alter entwickeln Kinder nach und nach die Fähigkeit zu einem mehrdimensionalen Verständnis. Von daher wird Monika die elterliche Diskussion über ein neues Auto mit fünf Jahren anders deuten und anders darauf reagieren als mit fünfzehn. Jüngere Kinder neigen eher dazu, sich selbst die Schuld daran zu geben, wenn die Eltern streiten; das ältere Kind begreift, daß die Eltern eine Beziehung haben, an der es nicht direkt beteiligt ist. Am Ende ergibt sich eine Vorstellung oder ein Schema von der elterlichen Beziehung, das vermutlich Elemente aus allen Entwicklungsstufen umfaßt.

Wie präzise kann solch ein Schema sein?

Das Beziehungsschema des Kindes beruht auf seinen Beobachtungen, doch die daraus abgeleiteten Schlußfolgerungen sind sehr subjektiv und offen für die Deutungen und emotionalen Reaktionen des Kindes. Das Schema besteht aus Erinnerungen, aber es ist mehr als die Summe der einzelnen Erinnerungsteile. Tatsächlich hat man nachgewiesen, daß Erinnerungen äußerst unbeständig sind, während die Schemata überdauern. Psychologen haben zum Beispiel untersucht, wie häufig Menschen die Details wichtiger Erlebnisse ausschmücken oder verändern, ohne sich dessen bewußt zu sein.[5] In einer Studie wurden Collegestudenten gefragt, wie sie von der Explosion der Raumfähre *Challenger* erfahren haben. Als man ihnen dieselbe Frage mehrere Jahre später erneut stellte, gaben sie völlig andere Antworten. Dennoch schworen alle, daß ihre letzten Angaben zutreffend seien, und waren schockiert, als sie ihre früheren Antworten lasen. Als man dagegen Erwachsene nach der Ehe ihrer Eltern befragte und ihnen fünf Jahre später denselben Fragebogen vorlegte, waren die Antworten praktisch identisch. Die Zeit hatte nichts an ihrer Einschätzung geändert. Anders als die Erinnerung an einzelne Ereignisse ist das Schema der elterlichen Beziehung beständig, es ist fast schon, wie einige Wissenschaftler meinen, ein Teil unserer Identität.[6]

Doch es ist nie zu spät, das Beziehungsmodell, das wir unseren Kindern vermitteln, zu verändern. Auch wenn unsere Kinder manches miterlebt haben, das uns vielleicht leid tut, können erwachsene Kinder zwischen verschiedenen Phasen des Familienlebens in ihrer Kindheit unterscheiden.

Studien haben gezeigt, daß Erwachsene die Unterschiede in den frühen und späteren Phasen der elterlichen Ehe beschreiben können.[7] Das Gesamtschema setzt sich offenbar aus vielfältigen Aspekten zusammen, die im Laufe der Zeit integriert werden.

Man sollte auch betonen, daß das Kind dieses innere Bild aktiv zusammensetzt. Jedes Kind reagiert anders und nimmt Familienereignisse auf ganz individuelle Weise wahr.[8] Wenn Sie dies überprüfen wollen, fragen Sie einfach Ihre Geschwister. Auch wenn Sie alle aus derselben Familie stammen, wird jeder das Zusammenleben ganz anders einschätzen und seine »ganz eigene Wirklichkeit« beschreiben. Vermutlich können Sie sich auf die Zahl der Schlafzimmer in Ihrem Elternhaus einigen, doch auf Fragen nach dem Humor in der Familie oder wie eine Entscheidungsfindung abläuft wird es wahrscheinlich eine Fülle unterschiedlicher Antworten geben. Anstatt also nach *der* Wahrheit zu suchen, ist es wichtiger, die subjektiven Wahrheiten aller Beteiligten zu akzeptieren.

Stumme Überzeugungen

Man hält selten inne, um kritisch unter die Lupe zu nehmen, was man für wahr hält und wie man zu dieser Überzeugung gelangt ist. Schemata sind uns nicht voll bewußt und wirken häufig im Verborgenen. Nachdem sich ein Schema herausgebildet hat, wird es normalerweise zu einem »stummen« Wissen – das heißt, zu einer Überzeugung, die man wie eine allgemeingültige Wahrheit akzeptiert hat. Diese Art von Überzeugungen verleiten uns zu der Annahme, daß für alle Menschen gilt, was für uns gilt. So wird ein Kind, das in einer typisch amerikanischen Familie aufwächst, registrieren, daß die Leute mit Messer und Gabel essen. Es wird dies für selbstverständlich halten und davon ausgehen, daß alle Menschen auf diese Weise essen. Man kann sich seine Überraschung vorstellen, wenn es das erste Mal in ein chinesisches Restaurant kommt und sieht, daß manche Leute mit Stäbchen essen! Erst eine starke Infragestellung des Schemas führt dazu, daß noch subtilere

Unterschiede wahrgenommen werden. Doch wenn das Kind einmal erkannt hat, daß es unterschiedliche Eßgewohnheiten gibt, ist es darauf eingestimmt, auf bestehende Variationen zu achten.

Viele der Beobachtungen, die Kinder über die Beziehung ihrer Eltern machen, entwickeln sich zu »stummen« Informationen – zu Überzeugungen, die nur indirekt durch die Art, wie man Ereignisse deutet und darauf reagiert, erkennbar werden. Doch die Vorstellungen davon, wie eine Beziehung sein sollte, lassen sich auf die Erfahrungen zurückführen, die der einzelne in seiner Ursprungsfamilie gemacht hat. Wenn Partner ihre Familiengeschichten vergleichen, stellen sie häufig überrascht fest, wie unterschiedlich zwei Familien sein können. Jeder ist überzeugt, daß die Art, wie die Dinge in seiner eigenen Familie gehandhabt wurden, die richtige ist. Ich habe einmal mit einem Paar gearbeitet, das nach zehn Jahren Ehe immer noch über das »richtige« Essen für Thanksgiving stritt.

Diese früh gebildeten Überzeugungen sind ungeheuer einflußreich. Das verborgene Wissen, das in der Kindheit aufgenommen wird, formt die Überzeugungen, mit deren Hilfe kulturelle Vorstellungen von einer Generation an die nächste weitergegeben werden. Sogar wenn ein Mensch als Erwachsener einer völlig anderen Situation ausgesetzt ist, hält er an den Überzeugungen, Werten und Erwartungen fest, die er in seiner Herkunftsfamilie erworben hat.[9]

Ich bin die Tochter meiner Mutter; ich bin der Sohn meines Vaters

Wie Kinder durch die Beziehung ihrer Eltern beeinflußt werden, läßt sich auch durch den psychischen Prozeß der Identifikation erklären – durch die Art, wie sich das Kind ein Vorbild an den Erwachsenen nimmt, die eine wichtige Rolle in seinem Alltag spielen. Es ist leicht zu erkennen, wenn Ihr Kind Sie oder Ihren Partner nachahmt, indem es eine bestimmte Sprechweise, eine charakteristische Gebärde oder eine bestimmte Art zu gehen »ausborgt«. Doch anders als beim Rollenspiel sind Identifikationen keine vorübergehenden Nachahmungen, die das Kind wieder aufgibt, wenn es sich dem nächsten Spiel zuwendet. Anfangs sind Identifikationen etwas »Geborgtes«, doch mit der Zeit werden sie zu Merkmalen oder Eigenschaften, die das Kind als Teil seiner selbst erlebt. Der Identifikationsprozeß ist immer dann am Werk, wenn das Kind eine elterliche Eigenschaft als Teil seiner Psyche verinnerlicht.[10]

Man sollte nicht denken, daß Kinder sich nur mit dem gleichgeschlechtlichen Elternteil identifizieren. Kinder sind sich der Geschlechtsunterschiede und ihrer eigenen sexuellen Identität erst im Alter von drei oder vier Jahren bewußt. Bis zu diesem Alter ahmen sie ungehemmt beide Elternteile nach. Auch danach identifizieren sie sich mit Eigenschaften beider Eltern, und die Art, wie sie den gleichgeschlechtlichen Elternteil sehen, spielt zweifellos eine wichtige Rolle bei der Identitätsbildung.[11]

Kinder müssen die Eigenschaften ihrer Eltern nicht notwendigerweise mögen, und sie akzeptieren auch nicht zwangsläufig die Rollenmodelle, die man ihnen vorlebt. Das zeigt sich deutlicher, wenn die Kinder älter werden und versuchen, sich von ihren Eltern abzugrenzen, indem sie verstärkt gleichaltrigen Freunden, Filmstars oder Sporthelden nacheifern. Man kann diesen Prozeß als sogenannte »negative Identifikation« auffassen. Das bezieht sich auf jenen Teil der Identität, der darauf beruht, daß ein Kind bestimmte Eigenschaften eines Elternteils ablehnt und beschließt, *nicht* so zu werden wie er.[12] Wer bestimmte Merkmale ablehnt, will unter Umständen diese Identifikationen bekämpfen. Doch auch die abgelehnten Elemente werden zu einem Teil der Identität und bleiben eine Quelle emotionaler Verletzlichkeit. Wie die Psychologin Ruthellen Josselson sagt: »Mit Menschen, die wir nicht ertragen können, sind wir ebenso eng verbunden wie mit Menschen, die wir verehren.«[13]

Das bedeutet, daß Ihr Kind, wenn es die Interaktionen zwischen Ihnen und Ihrem Partner beobachtet, bestimmte Anteile von Ihnen beiden in seine eigene Identität integriert oder übernimmt. Wenn Ihr Kind stolz auf eine bestimmte

Eigenschaft ist oder sie positiv bewertet, wird es eine positive Identifikation herstellen. Es wird sich diesen Teil von Ihnen »aneignen« und stark motiviert sein, sich in seiner eigenen Beziehung genauso zu verhalten. Doch wenn Ihr Kind sich abgestoßen fühlt oder sich für Sie beide schämt, wird es vielleicht versuchen, sich von der Identifikation wieder zu distanzieren. Ein Kind kann sich schon sehr früh vornehmen, daß es ein bestimmtes Verhalten, das es in der Beziehung seiner Eltern beobachtet hat, niemals selbst an den Tag legen oder tolerieren will. Eine negative Identifikation kann dazu führen, daß das Kind später eine Abwehrhaltung einnimmt, um zu vermeiden, daß es seinen Eltern zu ähnlich wird oder etwas wiederholt, das es abstoßend fand. Das gilt für Wertvorstellungen und Verhaltensweisen gegenüber anderen Familienmitgliedern ebenso wie für persönliche Eigenschaften.[14] Eine Tochter etwa, die überzeugt ist, daß ihre Mutter eine Egoistin ist, weil diese wenig Zeit für ihre Kinder hat, sich aber ständig mit anderen Leuten trifft, schwört sich vielleicht, daß sie sich selbst besser um ihre Kinder kümmern wird; ein Sohn, der miterlebt, wie sein Vater das Geld für die Miete verspielt, nimmt sich vielleicht fest vor, daß er seine eigene Familie finanziell stets gut versorgen wird.

Identifikationen können sich also zu einer Quelle der Kraft oder auch zu einer seelischen Belastung entwickeln. Bei positiven Identifikationen fühlen wir uns inspiriert, wenn wir auf die Teile unseres Selbst zurückgreifen, die am innigsten mit den Stärken unserer Eltern verbunden sind. Negative Identifikationen können übertriebene Reaktionen und Spannungen auslösen, insbesondere wenn wir in Situationen geraten, die jene Teile unseres Selbst wachrufen, denen wir abgeschworen haben.

Das verinnerlichte Paar

Wir alle tragen ein Beziehungsmodell in uns, ein inneres Paar, das auf unseren frühen Erfahrungen in unserer Herkunftsfamilie beruht. Das Problem ist, daß ein Großteil davon entstanden ist, als wir noch zu klein waren, um wirklich zu begreifen, was Partnerschaft bedeutet. Die Überzeugungen und Erwartungen sind zudem gefärbt von der Gefühlswelt des Kindes, die, wie die Psychiater Jill und David Scharff ausführen, von Realität und Phantasie gleichermaßen beherrscht wird. Unsere Überzeugungen beruhen zweifellos auf unseren Beobachtungen, aber unsere Phantasie steuert einige Besonderheiten bei.[15] Die realen Ereignisse geben die Konturen des Bildes vor, doch seine Farben spiegeln die Stimmung und die emotionale Verfassung des Kindes wider.

Wenn zum Beispiel Monikas Vater eine laute Stimme hat, die ihr Angst macht, oder wenn er bei Streitereien mit der Mutter häufig die Beherrschung verliert, wirkt auf das innere Paar bei Monika möglicherweise ein Gefühl des Entsetzens ein. In ihrer Phantasie führen die Streitigkeiten der Eltern vielleicht zu wilden Zornesausbrüchen oder sogar zu Mord und Totschlag. Das Phantasiebild entbehrt jeder »faktischen« Grundlage, dennoch wird es zu einem Teil des Denk- und Wertsystems, das Monikas eigene Erwartungen und ihr Verhalten bei Konflikten beeinflussen wird.

Das innere Paar ist keine »Tatsache«, der das Kind sich willentlich zuwendet, sondern ein emotionaler Bezugswert, der seine ganz eigenen Wirkmechanismen hat. Die unterschiedlichsten Situationen können die Überzeugungen und emotionalen Reaktionen wachrufen, die Teil dieses verinnerlichten Paares sind. Wenn Monikas emotionaler Bezug zur Ehe so beschaffen ist, daß sie Konflikte als bedrohlich empfindet, wird sie die Überzeugung entwickeln, daß Meinungsverschiedenheiten leicht zu Gewalt und Zerstörung führen können. Ihre Ängste und emotionalen Reaktionen werden sie lange Zeit begleiten und ihre Fähigkeit zum Aufbau einer vertrauensvollen, liebevollen Beziehung beeinträchtigen.

Wenn die Identität eines Kindes Bereiche umfaßt, die von Verwirrung und Spannung erfüllt sind, zeigt es nicht zwangsläufig Symptome, die auf diese gravierenden Probleme hinweisen. Bei einigen Kindern deuten sich die Probleme darin an, daß sie diese Konflikte mit gleichaltrigen

Freunden nachahmen oder ausagieren. Doch andere zeigen keinerlei sichtbare Anzeichen für ihre Probleme. Vielleicht ist das Kind übergewichtig; vielleicht ist es schüchtern oder mißtrauisch. Die Folgen der Verinnerlichung werden erst wirklich deutlich, wenn das Kind zum jungen Erwachsenen heranreift und auf diese Elemente seiner Identität zurückgreift, um selbst eine Liebesbeziehung einzugehen. Aus Gründen, die noch nicht völlig geklärt sind, stehen offenbar alle Menschen unter dem Zwang, die Verletzungen und Spannungen ihrer Kindheit zu wiederholen. Als Erwachsene gehen wir mit problematischen Themen ganz ähnlich um wie Kinder mit ihren Problemen – indem wir die Situation immer wieder durchspielen.[16]

Wenn Kinder spielen, wiederholen sie häufig dasselbe Thema, wobei sie jedesmal nach einer besseren Lösung suchen. Ich habe aus meiner Erfahrung als Paartherapeutin gelernt, daß unverarbeitete Probleme, die immer wieder auf schmerzliche Weise wiederholt werden, nicht unbedingt mit der Beziehung zusammenhängen, die der Betreffende zu einem einzelnen Elternteil gehabt hat. Sehr oft arbeite ich an schmerzlichen Themen, die aus der Beziehung der Eltern stammen und die der Klient in seiner Kindheit verinnerlicht hat.

Unglückliche Kinder

Kinder reagieren sehr sensibel auf ungelöste Konflikte zwischen ihren Eltern und lernen, daß sie durch bestimmte Verhaltensweisen verhindern können, daß ein Konflikt an die Oberfläche kommt und die Familie als ganze in Gefahr bringt. Herauszufinden, wie Kinder auf Spannungen zwischen ihren Eltern reagieren, ist eine der wichtigsten Aufgaben der Familientherapie. Es ist erstaunlich, wie stark Kinder ihr Verhalten und ihre Persönlichkeit anpassen, um eine Aufgabe in ihrer Familie zu erfüllen oder um die Familie zusammenzuhalten.[17] Normalerweise sind die Eltern die letzten, denen dieses Phänomen auffällt.

Wenn Monika hört, wie die Eltern sich über das neue Auto streiten, wird sie wahrscheinlich alles in ihren Kräften stehende tun, um den Streit zu beenden. Kinder fühlen sich unbehaglich und verängstigt, wenn die Beziehung der Eltern aus dem Gleichgewicht gerät, und tun instinktiv alles, was sie können, um den Familienfrieden wiederherzustellen. Vielleicht bittet Monika ihre Eltern ganz direkt, mit dem Streiten aufzuhören. Wenn diese Bemühung fehlschlägt, wird sie vielleicht versuchen, die Eltern abzulenken, indem sie ein Chaos veranstaltet oder einen Streit mit ihrem jüngeren Bruder vom Zaun bricht. Wenn Monika den Störenfried spielt, müssen die Eltern aufhören zu zanken und sich um das Chaos zwischen den Kindern kümmern. So entsteht eine neue Rolle für Monika.

Zu den ersten Lektionen, die ich als Familientherapeutin lernte, gehörte, daß viele Kinder etwas von Dr. Jekyll und Mr. Hyde haben. Immer wieder erlebte ich, daß ein Kind ein bestimmtes Verhalten zeigte, wenn ich allein mit ihm sprach, und ein völlig anderes Verhalten, wenn die übrige Familie an der Sitzung teilnahm. Monikas aggressives Verhalten, das notwendig ist, damit die Eltern aufhören zu streiten, besteht möglicherweise nur innerhalb des familiären Umfeldes. In der Schule oder im Freundeskreis ist Monika vielleicht ein geselliges, freundliches kleines Mädchen. Sie ist ein Beispiel für ein Kind, das erkennt, in welchen Situationen es auf bestimmte Weise handeln muß, um die familiären Spannungen aufzulösen, während es in anderen Situationen sein wahres Ich zeigen kann. Doch in anderen Fällen kann das Bedürfnis des Kindes, eine bestimmte Rolle für die Familie auszufüllen, dazu führen, daß es sein wahres Ich verdrängt und tatsächlich zu der Person »wird«, die für das emotionale Überleben der Familie nötig war. Sollte das bei Monika geschehen, würde ihr Selbstverständnis als Unruhestifterin und Problemkind der Familie zur Folge haben, daß diese Seite von ihr in allen Lebensbereichen zutage tritt.

Beispiele für den Zusammenhang zwischen Familienproblemen und dem Verhalten und der Entwicklung von Kindern finden sich insbesondere in der Fachliteratur über Kinder aus Alkoholikerfamilien. In diesen Familien übernehmen die Kinder vorhersagbare Rollen, entwickeln etwa ein extremes Verantwortungsbewußtsein oder auch die Rolle des Clowns oder des Problemkindes. Das Problemkind zeigt häufig ein so schwer gestörtes Verhalten, daß schließlich die ganze Familie therapeutisch behandelt werden muß. Doch alle diese Kinder leiden aufgrund der Erfahrungen, die sie mit der Beziehung ihrer Eltern gemacht haben, unter den gleichen grundlegenden Problemen und Verletzlichkeiten.[18] Für Eltern ist es oft schwer zu begreifen, daß ein Kind, das große Verantwortung übernimmt oder »perfekt« wirkt, in Wahrheit sehr unglücklich und verwirrt sein kann. Sehr häufig bleiben diese emotionalen Themen im Verborgenen, bis das Kind beinahe erwachsen ist und seine ersten Verabredungen mit dem anderen Geschlecht hat. Auch hier ist es wiederum nicht überraschend, daß diese jungen Erwachsenen sich zu Partnern hingezogen fühlen, die mit ähnlichen Problemen zu kämpfen haben, und dann die Dynamik wiederholen, die sie in ihren Herkunftsfamilien erlebt haben.

Konflikte zwischen den Eltern sind nicht der einzige Bereich, der Kindern Probleme bereiten kann. In einigen Familien gibt es ein hohes Spannungsniveau, das die Kinder in ihrer psychischen Entwicklung hemmt. Meistens hängt diese Anspannung damit zusammen, daß Menschen fürchten, zurückgewiesen oder allein gelassen zu werden, was sie dazu bringt, sich auf ungesunde Weise aneinander zu klammern. Die Mitglieder solcher Familien neigen dazu, alle Meinungsunterschiede und Konflikte zu vermeiden, weil sie Angst haben, daß ihre enge Bindung dadurch gefährdet werden könnte. Da Zorn und Wut nicht toleriert werden, müssen die Kinder ihre Gefühle so stark verdrängen, daß es zu psychosomatischen und emotionalen Problemen kommen kann. Wenn Kinder in einer Atmosphäre unterschwelliger Angst aufwachsen, werden sie häufig unsicher und klammern sich deshalb in übertriebener Weise an Erwachsene. Da die Eltern ihr eigenes Bedürfnis nach Verbundenheit durch die Nähe zu ihren Kindern befriedigen, ist es unwahrscheinlich, daß sie diese unterstützen, wenn sie nach mehr Unabhängigkeit streben oder soziale Kontakte außerhalb der Familie suchen. So wird die unterschwellige Angst von einer Generation an die nächste weitergegeben und führt zu einem gestörten Beziehungsverhalten in der Familie und im Umgang mit anderen.

Doch Kinder werden nicht nur durch belastende oder beunruhigende, sondern auch durch positive Interaktionen beeinflußt. Wenn Eltern einander ihren Respekt und ihre Zuneigung zeigen und ihre Meinungsunterschiede konstruktiv bewältigen, können sie ihren Kindern sehr viel geben. Sie schaffen eine sichere Umgebung, in der sich die Kinder auf ihre eigenen Themen konzentrieren können und nicht mit den Problemen der Eltern belastet werden. Diese Kinder haben nicht nur hervorragende Rollenmodelle, sondern können, was noch wichtiger ist, ein inneres Schema von einer Beziehung entwickeln, das von positiven Überzeugungen und Erwartungen erfüllt ist. Für diese Kinder ist die feste Beziehung ein Ort, an dem Menschen fürsorglich miteinander umgehen, die Gesellschaft des anderen genießen und wissen, wie man Probleme bewältigt.

Im Gegensatz dazu machen Kinder, die aus zerrütteten Ehen stammen, eine ganz andere Erfahrung. Man raubt ihnen die Möglichkeit, ihre eigenen Prioritäten zu setzen, und bürdet ihnen eine viel zu große Verantwortung auf. Da sie Eltern ausgesetzt sind, die nicht liebevoll miteinander umgehen und einander nicht unterstützen, entwickeln sie die Überzeugung, daß die Ehe weder ein sicherer noch ein angenehmer Ort ist und zweifeln daran, daß man Menschen wirklich vertrauen kann. Wenn sie beobachten, wie ein Elternteil den anderen herabwürdigt, demütigt oder mißhandelt, geraten sie in eine Position, in der sie sich mit keinem Elternteil auf positive Weise identifizieren können. Ihr Alltag ist gekennzeichnet durch Loyalitätsforderungen, die Druck und Ressentiments erzeugen, was dazu führt, daß sie als Erwachsene auf keinen Fall erneut in diese Situation geraten wollen. Nicht nur, daß diese Kinder in der Adoleszenz mit ihrem Selbstwertgefühl, mit Depressionen und starken Wutgefühlen zu kämpfen haben; es ist auch absehbar, daß sie als Erwachsene unter schweren Beziehungsproblemen leiden werden.

Die »wunden Punkte« oder emotionalen Schwachstellen in einer Familie übertragen sich von einer Generation auf die nächste. Wenn Eltern mit extremen Verhaltensweisen aufeinander reagieren, wiederholen sie normalerweise problematische Situationen aus ihrer eigenen Kindheit. Kinder neigen dazu, die emotionalen Konflikte aufzunehmen und Verwundbarkeiten im selben Bereich zu entwickeln. Wenn die Eltern ständig aneinander herumnörgeln oder den anderen für alle Schwierigkeiten verantwortlich machen, sind sie vermutlich in sehr fordernden oder überkritischen Familien aufgewachsen. Unabhängig davon, ob sie dieses Beziehungsverhalten auf ihre Partnerschaft beschränken oder sich auch ihren Kindern gegenüber anspruchsvoll und mißbilligend verhalten, vermitteln sie ein Bild des Umgangs, das Vergebung und Unterstützung ausschließt. Auch die Kinder werden als Erwachsene wieder überempfindlich auf Kritik und Schuldzuweisungen reagieren.

Schwierigkeiten für Kinder können sich auch entwickeln, wenn die Probleme zwischen den Eltern die Grenzen ihrer Partnerschaft überschreiten und auf die Beziehung, die der einzelne Elternteil zum Kind hat, übertragen werden. Häufig lassen Eltern, die unter einer bestimmten Eigenschaft ihres Partners leiden, aber nicht in der Lage sind, sich direkt mit ihm auseinanderzusetzen, ihre Frustrationen an einem Kind aus, das dem Partner in irgendeiner Weise ähnelt oder in anderer Weise zum Sinnbild für ihren Kummer wird. In anderen Situationen verwickeln die Eltern das Kind in ihre Probleme, indem sie es dazu drängen, den Konflikt stellvertretend für sie selbst auszutragen. Wenn ein Kind dazu benutzt wird, Spannungen in der Ehe abzubauen oder davon abzulenken, wird es in eine Dreiecksbeziehung hineingezogen. Das ist zum Beispiel der Fall, wenn sich Vater oder Mutter bei Eheproblemen oder anderen Sorgen an das Kind wenden, damit es ihnen Unterstützung oder »elterliche Zuwendung« gibt. In all diesen Situationen konfrontieren die Eltern ihr Kind mit Informationen, die es von den

Prioritäten der Kindheit ablenken und ihm eine zu große Last aufbürden. Auch hier gilt wieder, daß einige Kinder sofort Symptome entwickeln, während andere gut angepaßt wirken, bis sie ihre ersten eigenen Partnerschaften eingehen.

Das Gute wie das Schlechte

Therapeuten werden aufgesucht, wenn Menschen Probleme haben, und wir neigen dazu, unsere Theorien mit Beispielen von Problemsituationen zu veranschaulichen. Doch Eltern können ihren Kindern auch viele positive Lektionen in Sachen Liebe erteilen. Genauso wie Kinder Spannungen und Konflikte spüren, nehmen sie auch ein fürsorgliches und liebevolles Verhalten wahr. Glücklich verheiratete Paare können uns viel über die Geheimnisse ihres Erfolgs erzählen. Es ist nicht überraschend, daß das positive Beispiel der elterlichen Beziehung häufig ganz oben auf der Liste der Kinder steht. Wenn glückliche Paare darüber berichten, was ihre Beziehung auszeichnet und wie wichtig ihnen ihre Partnerschaft ist, nennen sie normalerweise die Ehe ihrer Eltern als positiven Einfluß und als Quelle der Inspiration.[19]

Wenn ein Kind in einer liebevollen, fürsorglichen Umgebung aufwächst, in der die Eltern sich eindeutig aneinander erfreuen, lernt es den Wert einer liebevollen Beziehung zu schätzen und entwickelt den Wunsch nach Nähe und Intimität. Wer in seiner Kindheit beobachtet und erlebt hat, daß eine vertrauensvolle Partnerschaft Kraft und Trost spendet, wird offener für Nähe und Intimität in seiner eigenen Partnerschaft. Psychologische Studien über positive Erwartungen und das Bedürfnis nach Intimität zeigen, daß Männer und Frauen, die diese Grundüberzeugung entwickelt haben, glücklicher in ihrer Beziehung sind, die Elternschaft mehr genießen und auch körperlich gesünder sind.[20] Ob eine Partnerschaft glücklich wird, hängt natürlich von vielen Faktoren ab. Doch wenn junge Erwachsene Intimität für etwas Positives halten und davon ausgehen, daß sie selbst eine glückliche Beziehung führen werden, besteht eine höhere Wahrscheinlichkeit, daß sie dieses Ziel tatsächlich erreichen.

Kleine Kinder lernen eine Vielzahl von unterschiedlichen Beziehungsmustern kennen, wenn sie die Familien ihrer Freunde besuchen und mit den Fernsehfamilien des Vorabendprogramms vertraut werden, aber die Partnerschaft der eigenen Eltern bleibt ein lebenslanger Einfluß. Das Verhalten und die Werte, die kennzeichnend für sie sind, finden Eingang in das grundlegende Wertesystem des Kindes. Auch wenn die Lehren der Liebe selten formuliert werden, »weiß« ein Kind aufgrund seiner Beobachtungen, was es zu erwarten hat. Die Macht dieser Art von Lernerfahrungen kann gar nicht überschätzt werden, vor allem weil dieser Prozeß unbewußt abläuft.

In den folgenden Kapiteln werde ich Ihnen Menschen vorstellen, mit denen ich gearbeitet habe, und deren Beispiel zeigt, wie und was Kinder von der Beziehung ihrer Eltern lernen. Die meisten dieser Fallgeschichten veranschaulichen die Probleme, die entstehen können, wenn entweder Kinder mit allen Mitteln versuchen, einen zerbrechlichen Frieden aufrechtzuerhalten, oder wenn Erwachsene den Zusammenhang zwischen ihren derzeitigen Problemen und der Ehe ihrer Eltern erforschen. Die Therapie hat diesen Menschen geholfen, ihre Probleme zu erkennen und schließlich zu bewältigen. Doch das vorrangige Ziel eines Therapeuten ist die Vorbeugung. Wenn Sie kritisch betrachten, wie Sie in Ihrer eigenen Partnerschaft mit den dargestellten Themenkomplexen umgehen, haben Sie viel dafür getan, Ihren Kindern ein positives Bild der Liebe zu vermitteln.

Kapitel 2

Der Partnerschaft Priorität einräumen

»Papa und ich sind die wichtigsten
Menschen füreinander.«

Bei meiner klinischen Arbeit mit Problemkindern und mit Menschen in unglücklichen Partnerschaften bin ich zu der Überzeugung gelangt, daß eine stabile Partnerschaft das Fundament für das Wohlergehen einer Familie ist. Wenn die Eltern in ihrer Beziehung Unterstützung und Zuneigung finden, fühlen sie sich gestärkt und bereichert und können aneinander und an ihren Kindern mehr Freude haben. Kinder, die in einer solchen Atmosphäre aufwachsen, bekommen zwei wertvolle Geschenke: Eine beständige familiäre Umgebung und ein Modell für eine glückliche Beziehung, das ihnen, wenn sie älter sind, dazu verhelfen wird, ebenfalls eine erfüllte Partnerschaft anzustreben. Doch die Statistik bestätigt, daß glückliche Beziehungen alles andere als die Regel sind. In den USA hat die Scheidungsrate 50 Prozent erreicht, und sie steigt weiter an. Paartherapeuten berichten zudem, daß es viele unglückliche Partnerschaften gibt, die nicht geschieden werden, aber auch nicht auf traditionelle Therapieansätze reagieren. Selbst Studien über Menschen, die unter Depressionen leiden, zeigen, daß die Hälfte der Hilfesuchenden als größtes Problem ihre Liebesbeziehung angeben.[1] Von daher scheint es sinnvoll, sich einmal genauer anzuschauen, worin sich glückliche von unglücklichen Partnerschaften unterscheiden. Was richtig und was falsch läuft, fällt nämlich nicht nur dem Therapeuten auf, sondern auch den Kindern.

Ein Element, das nach meinen Erkenntnissen für den Aufbau einer guten Beziehung äußerst wichtig ist, ist die Fähigkeit beider Partner, der Partnerschaft in ihrem Leben Priorität einzuräumen.[2] Für manche Paare beginnt die Herausforderung bereits in dem Moment, in dem sie eine Bindung eingehen. Schon zu diesem frühen Zeitpunkt sind sie nicht in der Lage, das richtige Gleichgewicht zwischen den Ansprüchen ihres Partners und ihrer Loyalität zu ihrer Herkunftsfamilie zu finden. Bei anderen Paaren entstehen die Schwierigkeiten später, wenn sie Kinder haben und sie lernen müssen, Eltern zu sein und neben dieser neuen Rolle genügend Privatsphäre und Zeit für ihre eigene Beziehung zu finden. In der heutigen hektischen Zeit, in der ein Termin den anderen jagt, braucht nahezu jedes Paar Hilfe, wenn es lernen will, seine Beziehung vor dem Druck der Außenwelt zu schützen.

Wenn Eltern den Forderungen von verschiedenen anderen Seiten in einem solchen Maße nachkommen, daß für ihre Beziehung zu wenig Energie oder Zeit übrig bleibt, verlieren sie das Gefühl dafür, wie sehr sie sich gegenseitig brauchen und schätzen, und reagieren dann häufig mit Wut oder Depressionen auf diesen Verlust. Auch wenn die Ehe nicht die einzige Verpflichtung ist, die Menschen in ihrem Leben eingehen, muß sie doch als etwas Besonderes behandelt werden, wenn sie Bestand haben soll. Wenn Eheleute so handeln, als seien sie mit ihren Eltern, ihren Kindern oder ihrer Arbeit stärker verbunden als mit ihrem Partner, dann ist die Partnerschaft gefährdet. Viele Menschen, mit denen ich in der Paartherapie gearbeitet habe, beklagten sich darüber, daß der Partner ihre Gegenwart und ihr Tun für selbstverständlich hielt. Wenn ich ein Paar zum ersten Mal sehe, frage ich normalerweise, wieviel Zeit die beiden allein miteinander verbringen und welchen Raum ihre Beziehung zwischen ihren anderen Verpflichtungen und Aufgaben einnimmt. Ich habe festgestellt, daß Partner, die einander nur sehr wenig Zeit widmen, nicht in der Lage sind, sich gegenseitig zu unterstützen und auf die Bedürfnisse des anderen einzugehen, und daß sich daraus schmerzliche Konsequenzen ergeben.

Jede Familie schafft eine für sie typische Atmosphäre und Kultur. Die Art, wie die Eltern miteinander sprechen, wie sie sich berühren, wie sie übereinander reden, der Umgangston, der die alltäglichen Interaktionen begleitet ... das alles läßt Überzeugungen, Wertvorstellungen und Erwartungen entstehen, die die Familienmitglieder teilen. Die Atmosphäre und die Art, wie das Alltagsleben bewältigt wird, prägen die Vorstellung von Partnerschaft, die ein Kind entwickelt. Wenn Eltern sich gegenseitig schätzen, wenn sie sich freuen, einander zu sehen, und die Bedürfnisse des anderen im Blick haben, lernen ihre Kinder, wie wichtig Nähe in der Partnerschaft ist. Wenn Paare dagegen wenig Zeit miteinander verbringen und ihre Beziehung außer acht lassen, vermitteln sie ihren Kindern, daß andere Menschen und andere Verpflichtungen wichtiger sind. Unabsichtlich lehren sie ihre Kinder, daß Partner sich nicht notwendigerweise aneinander freuen, sondern daß sie ihre wahre Freude und Befriedigung aus der Arbeit, der Freizeit oder dem Freundeskreis ziehen.

»Bist du mit mir verheiratet oder mit deiner Familie?«

Paar- und Familientherapeuten sind der Ansicht, daß eine Familie voraussagbare Stadien der Verbundenheit durchlebt.[3] Es ist zum Beispiel normal, daß Kinder ihre Eltern lieben und an ihnen hängen. Zu einem bestimmten Zeitpunkt jedoch müssen Heranwachsende sich von ihren Eltern entfernen und Beziehungen zu anderen Jugendlichen entwikkeln, die dann gleichermaßen wichtig werden. Durch diesen Prozeß der emotionalen Trennung von den Eltern lernen junge Menschen, Platz für neue geliebte Menschen zu schaffen.

Wie man eine intime Beziehung zu einem anderen Menschen aufbaut, weiß niemand aus sich heraus. Man muß es lernen, und das ist keine leichte Aufgabe. Die meisten Menschen kämpfen darum, ein Gleichgewicht zwischen den eigenen Ansprüchen und den Forderungen des anderen zu finden, und sie lernen, mit den dabei auftretenden Meinungsverschiedenheiten und Enttäuschungen umzugehen. Wenn die Beziehung ernsthafter wird, gehört es zum Erfolgsrezept, daß beide bereit sein müssen, sich vom anderen abhängig und verletzlich zu machen. Aber ob eine Beziehung wächst und Bestand hat, hängt auch davon ab, wie die Partner lernen, die Aufgaben in ihrer neuen Partnerschaft mit den Verpflichtungen gegenüber ihrer Herkunftsfamilie zu vereinbaren und letztere neu zu bewerten.

Um eine gute Partnerschaft aufzubauen, muß man drei verschiedene Aspekte der Identität zusammenfügen und miteinander in Einklang bringen: Das Selbst, das eine unabhängige Person ist, das Selbst, das von nun an die Hälfte eines Paares ist, und das Selbst, das immer noch Kind und Bruder oder Schwester ist. Es ist nicht leicht, die Erwartungen der Ursprungsfamilie zu erfüllen und gleichzeitig dem Partner und der neuen Familie Loyalität zu zeigen. Meistens ist dieses Problem kurz nach der Bekanntgabe etwa der Verlobung am größten. Die Planung der Hochzeit ist häufig mit Streß verbunden, denn jedes Detail kann einen Familienkrach auslösen. In einer Phase, die eigentlich besonders glücklich sein sollte, kämpfen die meisten Paare darum, die Erwartungen von Familienmitgliedern auf einen Nenner zu bringen und niemandem auf den Schlips zu treten. Auch das erste gemeinsame Jahr ist für viele Paare noch eine anstrengende Zeit, weil die Loyalität, die Verantwortlichkeit und die Zuverlässigkeit der Partner immer wieder auf die Probe gestellt werden.

Wenn die Herkunftsfamilie Vorrang hat: Miteinander verstrickte Familien

Wenn man sich anschaut, welche Beziehungen Paare in den verschiedenen Kulturen zu ihren Herkunftsfamilien haben, findet man die unterschiedlichsten Varianten, und jede von ihnen hat Konsequenzen für die partnerschaftliche Beziehung. In Gesellschaften, in denen die Gruppe oder die Großfamilie einen höheren Stellenwert hat, ist die Erwartung, daß sich zwischen den Partnern eine besondere Nähe entwickelt, weniger stark ausgeprägt. In diesen Kulturen geht man davon aus, daß die Bindungen zwischen Eltern und Kindern und die Loyalität gegenüber der Ursprungsfamilie ein Leben lang bestehen bleiben und betrachtet dies als Norm, während der partnerschaftlichen Liebe und dem individuellen Glück weniger Gewicht beigemessen werden. Erwachsene wenden sich gleichgeschlechtlichen Freunden, der Großfamilie und sogar den Kindern zu, wenn sie Freundschaft, Anregungen und Anschluß suchen.[4]

In unserer Gesellschaft besteht dagegen die Überzeugung, daß man eine Beziehung eingeht, weil man im Partner einen Seelenverwandten sucht und findet. Ein einziger Mensch wird bei uns als die fruchtbarste Quelle von Freundschaft und Zuneigung betrachtet, und oft gilt die Ehe als Höhepunkt und Vollendung der romantischen Liebe. Da jene Aspekte der Partnerschaft, die mit Verliebtheit, Sexualität und Intimität zu tun haben, ausschließlich zwei Menschen vorbehalten sind, gibt es in unserer Kultur für Eltern oder Schwiegereltern wenig Platz.

Doch das Leben besteht nicht nur aus der Paarbeziehung, und jeder Partner muß einen Weg finden, um ein gutes Verhältnis zur eigenen Familie aufrechtzuerhalten. Nur selten sind sich beide Partner von Anfang an einig darüber, was als »richtiges« Maß an Kontakt anzusehen ist. Ich selbst zum Beispiel machte mir Sorgen, weil mein Mann sich so selten mit seiner Mutter traf, während er seinerseits genervt war, daß ich soviel Zeit und Geld für die Ferngespräche mit meinen Eltern und meinen Schwestern opferte. Wir mußten uns mit dem Problem auseinandersetzen, daß wir beide recht unterschiedliche Vorstellungen davon hatten, welche Informationen weitergegeben werden durften und was in unserer Ehe unsere Privatsache bleiben sollte.

Wenn ein Paar nicht in der Lage ist, sich vor der Geburt der Kinder in angemessener Weise von den Ursprungsfamilien abzugrenzen, wird die Situation normalerweise später noch schwieriger. Eltern, denen es schwerfällt, ihre erwachsenen Kinder loszulassen, finden oft ihre wahre Bestimmung, wenn das erste Enkelkind geboren wird. Ein Paar, das nicht gelernt hat, die Beziehung zur älteren Generation zu regulieren, ist deutlich im Nachteil, wenn es mit der unvermeidlichen Flut von wohlgemeinten Ratschlägen und Forderungen überschüttet wird. Wenn die Grenzen nicht in den ersten Jahren der Partnerschaft klar definiert werden, lernen die Kinder, daß ihre Eltern den Beziehungen zu Familienmitgliedern einen höheren Stellenwert beimessen als der Partnerschaft. Das ist problematisch, weil es für das Kind entscheidend ist, daß es sieht, wie wichtig den Eltern ihr Verhältnis ist.

Kinder, die in einem Zuhause aufwachsen, wo etwa die Großeltern einen Keil zwischen ihre Eltern treiben, halten es unter Umständen für normal, daß die Loyalität gegenüber den Eltern oder den Geschwistern Vorrang hat, die Partnerschaft aber nicht an erster Stelle steht. Wenn ein Elternteil sich seiner Herkunftsfamilie stärker verbunden fühlt als dem Partner, betrachtet er den Partner vielleicht als Außenstehenden, was bei den Kindern zu Spannungen und Loyalitätskonflikten führt. Vielleicht gelten die Kinder als Mitglieder der »besseren« Familie, während der andere Elternteil mit seiner Verwandtschaft herabgesetzt wird. Zudem entwickeln die Kinder unter Umständen ähnliche Vorurteile gegenüber anderen Menschen. Diese Art der Überheblichkeit führt oft zu einer Anspruchshaltung, was in einer Beziehung zusätzliche Spannungen erzeugt. So war es zum Beispiel bei Paul und Irene.

Paul und Irene

Nach einem Monat auf dem College lernte Irene Paul kennen, und als er ihr acht Monate später einen Diamantring schenkte, war sie begeistert. Als Irenes Familie Paul kennenlernte, meinte die Mutter später, er sei »ein bißchen ungehobelt«, habe aber »gutes Potential«. Die Familie gab ihre Zustimmung zu der Verbindung, machte Paul aber klar, daß er seine Umgangsformen und seine Garderobe auf Vordermann bringen müsse, um in die Familie hineinzupassen. Irenes Mutter legte sehr großen Wert auf das Urteil anderer Leute und sorgte dafür, daß ihre Familie überall einen guten Eindruck machte. Sie hatte einen Mann geheiratet, der finanziell erfolgreich war, aber aus einer armen Einwandererfamilie stammte. Ihren Schwiegereltern gegenüber war sie zwar höflich, aber enge verwandtschaftliche Beziehungen pflegte sie nur zu ihrer eigenen Herkunftsfamilie. Irene und ihre beiden Brüder hatten zu den Verwandten mütterlicherseits engen Kontakt, in der Familie des Vaters aber waren sie nahezu Fremde.

Dieses Muster wiederholte sich jetzt, da Irenes Familie erfolgreich und gesellschaftlich anerkannt war, während Paul als Sohn einfacher Leute galt. Obwohl Paul intelligent, sehr humorvoll und charmant war, verachtete Irenes Familie ihn ein wenig. Paul hatte erfahren, wie seine zukünftige Schwiegermutter ihn beschrieben hatte, und ihre Bemerkungen verletzten ihn. »Solange du nicht auch so denkst, ist alles in Ordnung«, hatte er zu seiner zukünftigen Frau gesagt. Doch als die Hochzeit näherrückte, wurde das Ausmaß des Problems deutlicher.

Irenes Eltern schlugen dem Paar vor, die große Geldsumme, die zur Ausrichtung von Irenes Hochzeit bestimmt war, als Anzahlung für ein Haus zu verwenden. Es sollte trotzdem einen kleinen Empfang geben, aber nur für nahe Verwandte und enge Freunde. Paul jedoch stammte aus einer sehr großen Familie, die Wert darauf legte, besondere Anlässe feierlich zu begehen. Seine Eltern waren gekränkt und verwirrt, als sie von dieser Alternative hörten, und machten geltend, daß die Geschenke, die das Paar zur Hochzeit bekommen würde, beim Erwerb eines Hauses hilfreich wären. Aus ihrer Sicht hatte der Hauskauf keine Eile, während sie allen Grund hatten, die erste Hochzeit in Pauls Generation zu feiern. Paul fragte sich außerdem, ob Irenes Mutter sich seiner Familie schämte und Angst hatte, was ihre Freundinnen denken würden, wenn sie sahen, wie arm und unkultiviert seine Verwandten waren. Als Irene das Angebot ihrer Eltern befürwortete, war Paul überrascht und bestürzt. Nachdem er erkannt hatte, wie sehr Irene von ihrer Familie beeinflußt wurde und wie wenig sie auf seine Gefühle einging, sagte er die Hochzeit ab.

Probleme für die Kinder

Es gibt durchaus positive Beispiele für enge Beziehungen zu Eltern und Schwiegereltern. Deshalb muß man sich davor hüten, intensive Kontakte zwischen Eltern und ihren erwachsenen Kindern als grundsätzlich »falsch« zu betrachten. Dennoch gibt es auch Hinweise darauf, daß Eltern, die eine zu starke Bindung an ihre eigenen Eltern haben, das Leben ihrer Kinder erschweren können. Eine Reihe von Familientherapeuten hat Zusammenhänge zwischen engen Beziehungen von Eltern und Großeltern und Problemen von Kindern und Jugendlichen hergestellt. Mehrere Psychiater haben festgestellt, daß Jugendliche mit schwerer Magersucht aus Familien stammen, in denen die Mutter übermäßig mit ihrer Ursprungsfamilie verbunden ist.[5] Jill Harkaway, die mit adipösen Kindern arbeitet, weist ebenfalls darauf hin, daß ihre Patienten in der Mehrzahl aus Familien stammen, in denen es den Eltern nicht gelungen ist, eine unabhängige Identität aufzubauen und sich von ihren eigenen Eltern zu lösen.[6] In solchen Familien, die von Familientherapeuten als »verstrickt« beschrieben werden, verbünden sich Vater oder Mutter oder beide Elternteile meistens mit den eigenen Eltern und nicht mit dem Partner. Dieses Muster der generationsübergreifenden Bindungen setzt sich oft fort und schafft für die Kinder Streß und emotionale Belastungen. In einer Familie, mit der ich vor einigen Jahren gearbeitet habe, war das recht offensichtlich.

Die Familie Perlmutter

Rhonda und Jack Perlmutter hatten schon einmal eine Eheberatung begonnen, aber nach einigen Sitzungen abgebrochen. Sie gaben eine sarkastische, abwertende Beschreibung von ihrer früheren Therapeutin, die sie als naiv und oberflächlich betrachteten, und bezweifelten auch, daß ich ihnen helfen könnte. Aber ihr Kinderarzt machte sich Sorgen wegen der familiären Umgebung und hatte die beiden gedrängt, noch einmal anderseitig Hilfe zu suchen.

Das Ehepaar hatte drei erwachsene Kinder und eine Tochter im Vorschulalter. Schon in den ersten Minuten konnte ich erkennen, daß das jüngste Kind eine wichtige Rolle in den derzeitigen Problemen des Paares spielte, daß die Ehe aber auch schon vor der Ankunft des Mädchens problematisch gewesen war. Das Paar hatte Elana adoptiert, als Rhonda sechsundvierzig war, ein Jahr, nachdem ihr jüngstes leibliches Kind ausgezogen war, um aufs College zu gehen. Während Jack sich freute, daß er nun die Möglichkeit hatte, mehr zu reisen und auf die Jagd zu gehen, ein Sport, den er mit Leidenschaft betrieb, war für Rhonda die Einsamkeit unerträglich, und sie drängte Jack so lange, bis er der Adoption zustimmte. Jetzt fühlte Rhonda sich mit dem sehr lebhaften Kind und einem Ehemann, der seinen Lebensstil nicht ändern wollte, überfordert. Jack machte Überstunden, und an den Wochenenden verließ er das Haus schon am frühen Morgen, um die beste Zeit für die Jagd zu nutzen. Als Rhonda bei mir Unterstützung suchte, knurrte Jack: »Was hast du denn erwartet? Ich habe dir doch schon vor der Adoption gesagt, daß ich meine Arbeitsgewohnheiten nicht ändere und auch die Jagd nicht aufgebe. Das war unsere Abmachung. Du warst einverstanden, und jetzt mußt du dich daran halten!«

Als der Konflikt einmal zur Sprache gekommen war, brach die Feindseligkeit zwischen den Partnern mit ganzer Macht aus. Innerhalb von Sekunden schrien sie sich gegenseitig an und warfen sich Beleidigungen an den Kopf. Nur unter Aufwendung meiner ganzen Kraft konnte ich die beiden soweit beruhigen, daß ich ein wenig über sie als Einzelpersonen zu erfahren vermochte und darüber, wie ihr Leben vor der Adoption ihrer Tochter ausgesehen hatte.

Rhonda war das jüngste von drei Kindern gewesen. Ihre Eltern waren Einwanderer, die politisches Asyl erhalten hatten. Sie waren hart arbeitende, liebevolle Menschen, aber sie erholten sich nie von der politischen Unterdrückung und blieben Außenstehenden gegenüber immer ängstlich und mißtrauisch. Ihr Bedürfnis, die Kinder zu beschützen, wurde noch verstärkt, als Rhonda und ihr Bruder im Abstand von einem Jahr chronisches Asthma bekamen. Weil Rhondas Mutter überzeugt war, daß die Kinder empfindlich waren und sterben könnten, wenn sie mit weiteren Krankheiten in Berührung kämen, behielt sie alle drei zu Hause, wo sie mehrere Jahre lang von Privatlehrern unterrichtet wurden. Selbst als sie wieder zur Schule gehen konnten, mißbilligte die Mutter es, wenn Rhonda Freundschaften schloß oder außerhalb der Familie Interessen entwickelte. »Du hast doch mich und die Familie – wozu brauchst du andere Leute, die sich gar nichts aus dir machen?«

Rhonda meinte scherzhaft, in gewisser Weise sei es ein Wunder, daß sie überhaupt geheiratet habe. Die Beziehung zwischen ihrer Mutter und den drei Kindern war so eng, daß für Außenstehende kein Platz war. Selbst als die Kinder heranwuchsen, gingen sie selten mit anderen aus und verfolgten kaum Interessen außerhalb der Familie. Doch Rhonda hatte sich immer nach eigenen Kindern gesehnt, und als sie zwanzig Jahre alt war, fing sie an, sich heimlich mit Jack zu treffen. Sie stellte sich vor, ihre Familie könne ihn »adoptieren«, was ihr letztlich erlauben würde, den sehnlichen Wunsch ihrer Mutter nach einem Enkelkind zu erfüllen.

Auch Jack war in gewisser Weise ein Einzelgänger, und er hatte nur wenige Frauen kennengelernt, bevor er Rhonda traf. Er stammte aus einer Familie, in der akademischer Erfolg einen großen Stellenwert hatte, doch er selbst war in der Schule gescheitert, weil er unerkannter Legastheniker war. Seine Schwierigkeiten beim Lesenlernen waren ihm und seinen Eltern peinlich gewesen, und er hatte unter schweren Versagensängsten gelitten. Ein Problem schien zum nächsten zu führen, und weil Jacks Nerven angegriffen waren, begann er, in der Schule zu stottern, woraufhin die anderen Kinder ihn hänselten und ihm aus dem Weg gingen. Daraufhin hatte sich Jack der Jagd zugewandt: In diesem Sport fand er Ruhe und Bestätigung und außerdem eine Umgebung, in der er alles unter Kontrolle hatte. Schließlich wurde Jacks Lernproblem diagnostiziert und behoben. Als wollte er sein früheres Versagen wiedergutmachen, erbrachte Jack auf der Hochschule hervorragende Leistungen und gründete dann eine sehr anspruchsvolle und hoch angesehene Unternehmensberatung.

Jack und Rhonda waren von einem gemeinsamen Freund bekannt gemacht worden. Obwohl Jack beruflich sehr erfolgreich war, hatte er sich nie lockere gesellschaftliche Umgangsformen angeeignet, und Rhondas Überschwenglichkeit und ihr Plauderton zogen ihn an. Rhonda wußte, daß ihre Eltern Jacks finanziellen Erfolg und sein ruhiges Wesen gutheißen würden, und sie freute sich sehr, daß sie die Chance hatte, selbst eine Familie zu gründen. Jack wußte zwar, daß Rhonda ein enges Verhältnis zu ihrer Mutter und zu ihrer Schwester hatte, aber er glaubte, diese Beziehungen würden Rhonda beschäftigen, so daß er weiter seinen beruflichen Verpflichtungen nachkommen und zur Jagd gehen konnte. Als die Kinder geboren wurden, sprang Rhondas Familie ein, und so wurde das Muster fortgesetzt.

Doch im Laufe der Jahre hatten die Eheleute begonnen, sich gegenseitig zu kritisieren und unzufrieden zu werden. Jack war es am liebsten, wenn er zu Hause seine Ruhe hatte. Er wollte entspannen und ärgerte sich über das, was er als Rhondas »ständiges Redebedürfnis« bezeichnete. Rhonda ihrerseits fühlte sich oft allein und überfordert und wußte nicht, wie sie mit ihrer Unsicherheit und Ängstlichkeit umgehen sollte, die auftauchten, wenn ihre Kinder normale Infektionskrankheiten bekamen oder bei ihren Freunden übernachteten. Als Rhondas Mutter unerwartet starb, wurde die Lage noch schwieriger. Rhondas Schwester war durch ihren Ehemann und durch Nachwuchs gefordert, und Rhonda fühlte sich zum ersten Mal vollkommen allein. Ihre Angst führte dazu, daß sie zuviel aß, worauf Jack mit Verachtung reagierte. Die Ehe zerbrach allmählich, aber die älteren Kinder waren weit fort.

Als die Kinder jünger gewesen waren, hatten sie der Reihe nach die Rolle der Vertrauten und besten Freundin der Mutter übernommen. Jack hatte zwar zugelassen, daß sich diese engen Beziehungen entwickelten, aber zum Ausgleich hatte er dafür gesorgt, daß die Kinder aktiv Sport trieben, musikalische Interessen verfolgten und jeden Sommer in ein Ferienlager fuhren. Jetzt waren die Kinder junge Erwachsene, die weit entfernt vom Zuhause der Eltern ihr eigenes Leben aufbauten. Doch ihre Abwesenheit führte für Rhonda zur Krise. Ohne ihre Mutter war sie allein und schutzlos. Sie hatte nie eine echte Beziehung zu ihrem Mann entwickelt; ihr Identitäts- und ihr Zugehörigkeitsgefühl hatte sie aus der Mutter-Kind-Beziehung geschöpft. Ihr Bedürfnis, ein Kind zu adoptieren, um die Leere zu füllen, die die älteren Kinder hinterlassen hatten, grenzte an Verzweiflung – schließlich kannte sie keine andere Daseinsweise.

Als ich die jüngste Tochter kennenlernte, verstand ich, warum Rhonda das Gefühl hatte, völlig überlastet zu sein. Elana war ein Wirbelwind, ein Kind, das keine Sekunde stillsitzen konnte. Rhonda sagte, man habe bei ihr ein Aufmerksamkeitsdefizitsyndrom (ADS) diagnostiziert, aber beide Eltern bezweifelten, daß Medikamente bei einem so kleinen Kind die beste Lösung seien, und mißtrauten der Genauigkeit des Testverfahrens. Sowohl Rhonda als auch Jack sahen ein, daß ihre eheliche Situation Elanas Verhalten verschlimmerte, denn wenn die Eltern zu streiten begannen, war Elana kaum noch zu kontrollieren. Das Mädchen geriet außer sich und rief um Hilfe, so daß Rhonda gezwungen war, sich ganz auf ihr jüngstes Kind zu konzentrieren. Rhonda zog zwar Genugtuung daraus, daß sie gebraucht wurde, aber sie war auch erschöpft und frustriert. Sie hatte davon geträumt, eine süße kleine Tochter zum Spielen zu haben, aber jetzt hatte sie ein Kind, dessen Forderungen ihre Angst und ihre Selbstzweifel nur noch verstärkten. Doch das Muster der bemühten, ängstlichen Mutter, die eine enge Bindung an ihre Tochter hat und sich hingebungsvoll um sie kümmert, bestand unverändert weiter. Solange die Ehe unbefriedigend blieb, würde sich dieses Schema wohl auch niemals ändern.

Leider konnte ich diesem Paar nicht helfen, ihre recht starren Positionen aufzugeben. Rhonda warf Jack weiterhin vor, sein Egoismus sei an ihrem Unglück schuld, und Jack weigerte sich, irgendwelche Abstriche an seinem Lebensstil zu machen. Er schöpfte seine Befriedigung aus der Arbeit, aus dem Sport und aus den Telefonkontakten zu seinen älteren Kindern. Rhonda intensivierte ihre Bindung an Elana und an eine kleine Gruppe von Therapeuten, die ihr helfen konnten, den alltäglichen Anforderungen gerecht zu werden.

Was hat Vorrang?

Rhonda und Jack sind nicht die einzigen, die sich nicht mehr an den Partner wenden, wenn es um die Befriedigung ihrer Bedürfnisse geht. Viele Menschen fühlen sich irgendwann so enttäuscht und erschöpft von dem anstrengenden Verhandlungsprozeß, der erforderlich ist, wenn man seine Bedürfnisse in der Partnerschaft geltend machen möchte, daß es ihnen einfacher erscheint, sich anderswohin zu wenden. Vielleicht stellen wir heute tatsächlich übertriebene Ansprüche an die Paarbeziehung, wenn wir vom Partner nicht nur Freundschaft und guten Sex, sondern auch alle anderen Formen von emotionaler Zuwendung erwarten, die unserer Ansicht nach zur Intimität dazugehören. Ruthellen Josselson, die wichtige Beiträge zu diesem Gebiet geliefert hat, weist darauf hin, daß echte Intimität erst dann erreicht werden kann, wenn ein Mensch das Gefühl hat, daß er geschätzt wird, erwünscht ist und umsorgt wird.[7] Es gibt Zeiten, in denen es uns leichtfällt, auf die Bedürfnisse eines Partners einzugehen, aber es gibt auch Phasen, in denen es uns einfach zu anstrengend ist, die Wünsche des Partners zu erfüllen. Zu häufig haben Partner gleichzeitige oder einander entgegengesetzte Bedürfnisse, halten aber beide ihre eigene Situation für wichtiger als die des anderen und meinen, sie müßte vorrangig berücksichtigt werden. Intimität erfordert häufig Geduld, Selbstaufopferung und die Fähigkeit, mit den zur Verfügung stehenden Mitteln zu jonglieren, damit beide Partner zufriedengestellt werden können.

Meiner Erfahrung nach liegt hier eine der Erklärungen dafür, daß in so vielen Ehen Bitterkeit und Groll herrschen. Zur Zeit unserer Großeltern hatte das Wohlergehen der Familie insgesamt Priorität, und der Weg, den Männer und Frauen einschlagen mußten, um zum Erfolg der Familie beizutragen, war klar definiert. An die eheliche Beziehung wurden weniger Anforderungen gestellt, und abgesehen von härterer Arbeit gab es fast keine Möglichkeiten, die Umstände zu verbessern. Heutzutage wird das Recht des einzelnen auf Glück und Selbstverwirklichung stärker betont. Frauen investieren ihre Energie ebenso wie Männer in ihren Beruf und in soziale und sportliche Betätigungen, die Anregung und Befriedigung bieten. Wer andere Quellen der Selbstverwirklichung erschlossen hat, reagiert auf die Anforderungen einer intimen Beziehung ganz anders als jemand, der etwa die Ehe als die höchste Erfüllung im Leben begreift.[8] Letzterer betrachtet Entscheidungen, die einem Partner Vorrang vor dem eigenen Selbst einräumen, nicht unbedingt als Opfer, denn für ihn ist der Lohn, den eine glückliche Beziehung bringt, das Allerwichtigste. Doch wenn jemand überzeugt ist, daß das Glück im beruflichen Erfolg liegt, dann erscheinen ihm die Zeit und die Energie, die er der Beziehung widmet, eher als Störung oder als unbefriedigende Verpflichtung. Wenn Eltern ihrer partnerschaftlichen Beziehung großen Wert beimessen, treffen sie Entscheidungen, die nicht nur die Bedürfnisse des Partners, sondern auch die Bedürfnisse der Partnerschaft als solcher berücksichtigen. In diesen Fällen gibt es weniger Konflikte darum, was gut für »mich« und was gut für »uns« ist.

Wenn die Arbeit Vorrang hat: Arbeitssüchtige Familien

Der Gedanke, der Beziehung Priorität zu geben, mag für viele Eltern verlockend klingen, aber um ihn zu verwirklichen, muß man die Realitäten des Arbeitslebens berücksichtigen. Eltern können aus unterschiedlichen Gründen mit ihrer Arbeit »verheiratet« sein. Für heutige Familien ist es oft schwierig, den Lebensstil beizubehalten, mit dem sie aufgewachsen sind. Die Kosten für Wohnraum und lebensnotwendige Ausgaben sind gestiegen, die Einkommen aber in viel bescheidenerem Maße. In einer Zeit der Personaleinsparungen und Unternehmensfusionen erleben viele Arbeitnehmer, daß sie mehr Zeit für den Beruf aufbringen müssen. Viele Erwachsene stellen fest, daß sie, um ihre Stelle zu behalten, regelmäßig zehn bis zwölf Stunden am Tag arbeiten.

Es stimmt zwar, daß Mütter in der Mehrzahl erwerbstätig sind, aber die meisten verheirateten Frauen stimmen ihre Berufstätigkeit mit ihren familiären Verpflichtungen ab und betrachten sich nicht als Hauptverdiener der Familie. Da

Männer im allgemeinen mehr verdienen als Frauen und da es für den Status quo weniger bedrohlich ist, legen die meisten Paare fest, daß der Mann derjenige ist, der in der Hauptsache für die finanzielle Sicherheit der Familie verantwortlich ist. Der Psychologe Gill Barnes gibt zu bedenken, daß dies zu einem paradoxen Dilemma führt, denn die Arbeit wird zu der Quelle, die das Paar ernährt und für seine Existenz sorgt, gleichzeitig aber raubt sie der Familie die gemeinsame Zeit, die nötig ist, um die enge Verbundenheit aufrechtzuerhalten.[9] Da die meisten Mütter inzwischen halbtags oder ganztags arbeiten, haben die Partner weniger Zeit füreinander und müssen die Pflichten der Hausarbeit und Kinderbetreuung häufiger teilen. Berufstätige Mütter stecken in dem Dilemma, daß sie Freude an ihrer Erwerbstätigkeit und an dem zusätzlichen Geld haben, das der Familie zur Verfügung steht, daß sie aber gleichzeitig von ihrem schlechten Gewissen geplagt werden, weil sie weniger Zeit für ihre Kinder erübrigen können. Und wenn es schon schwierig ist, trotz der Berufstätigkeit noch Zeit für die Kinder zu haben, wo bleibt dann noch Zeit für die Beziehung?

Die Bezeichnung »arbeitssüchtig« weist darauf hin, daß eine Person ihre Arbeit nicht nur verrichtet, um Geld zu verdienen, sondern auch, weil sie psychischen Nutzen daraus zieht, sich kompetent und produktiv zu fühlen. Nach Ansicht mehrerer Psychologen fühlen sich viele Männer unbehaglich mit dem Maß an Nähe, das ihre Partnerinnen sich wünschen, oder auch mit den Aufgaben, die sich aus der Elternrolle ergeben. Anstatt nun zu versuchen, diese Situation anzuerkennen und sich damit auseinanderzusetzen, lassen viele Männer die Anforderungen ihres Berufs einfach derart anwachsen, daß kein Raum für die belastenden Gefühle bleibt, die durch die familiäre Intimität freigesetzt werden. Besonders häufig kommt das vor, wenn die Arbeit dem Mann das Gefühl gibt, unersetzlich und wichtig zu sein, während seine Frau ihm ein Gefühl von Unzulänglichkeit vermittelt.[10]

Der Druck, den die Berufstätigkeit erzeugt, kann einerseits durch die Realität am Arbeitsplatz bedingt sein, er kann aber auch zum Teil eingebildet sein und als willkommener Vorwand für die Flucht vor der Nähe dienen. Doch nur wenige Menschen hinterfragen die Macht, die Organisationen über ihr Leben haben, und lassen stattdessen ihre Frustration aneinander aus. Ich habe festgestellt, daß ich mich genauso verhalte wie die Frauen, von denen Gill Barnes in ihrer Studie über Doppelverdiener-Ehen berichtet, und meinen Terminplan auf die Arbeitsbelastung meines Mannes abstimme. Es gibt zwar Tage, an denen ich einsehe, daß seine lange Arbeitswoche auch für ihn nicht gerade ein Vergnügen ist, aber zu anderen Zeiten überkommen mich Erschöpfung und Frustration. Es ist nicht leicht, seine beruflichen Verpflichtungen zu akzeptieren, wenn meine eigenen dadurch beeinträchtigt werden, oder den Gedanken zu verdrängen, daß seine Loyalität eher seinem Job als seiner Familie gehört. Es fällt mir schwer, meinem Mann dafür nicht die Schuld zuzuschieben. Und an seinen langen Arbeitstagen bin ich nicht nur traurig, weil unsere Kinder ihren Vater nicht zu Gesicht bekommen, sondern ich spüre auch, daß ich selbst allein bin.

In meiner eigenen Ehe wie auch bei anderen Paaren, mit denen ich gearbeitet habe und in denen beide Partner erwerbstätig sind, führt das übermäßige berufliche Engagement des Mannes zu Distanz und Konflikten. Wenn die Betroffenen sich nicht gemeinsam mit dieser Situation auseinandersetzen und sich nicht an den Partner wenden können, wenn sie Unterstützung brauchen, frißt der Groll sich fest. Allzu häufig beginnt dann ein Teufelskreis: Die Frau beklagt sich, und der Mann verbringt noch mehr Zeit außer Haus. Wie Sie in Kapitel 7 sehen werden, sind Beziehungskonflikte immer eine Belastung für die Kinder. Aber Kinder aus arbeitssüchtigen Familien können auch noch in anderer Weise betroffen sein. In manchen dieser Familien konzentriert die Frau sich zu sehr auf die Mutterrolle, um sich so für die Einsamkeit und die Enttäuschung zu entschädigen, die sie in ihrer Rolle als Partnerin erlebt.[11] Die Kinder können eine übertriebene Solidarität mit der Mutter entwickeln, was ihre Beziehung zum Vater anspannt und belastet. Das war in der Familie Sampson der Fall.

Die Familie Sampson

Bei ihrer Hochzeit hätte man unmöglich vorhersagen können, daß zwei so zuversichtliche und hoffnungsvolle Menschen fünf Jahre später so unglücklich sein würden. Janet und Russel Sampson lernten sich als Jurastudenten auf einer der besten Universitäten des Landes kennen. Sie waren hochbegabt, bei ihren Kommilitonen gern gesehen und allgemein beliebt, und ihre Zukunft schien in jeder Hinsicht gesichert zu sein. Vor ihrer Heirat sprachen Janet und Russel darüber, wie sie Berufsleben und Kinder miteinander vereinbaren würden. Sie einigten sich darauf, daß Janet zwar zu Hause bleiben sollte, bis das jüngste Kind in die Schule käme, daß sie aber beide engagierte Eltern sein würden. Russel erklärte, seine Familie werde ihm wichtiger sein als sein Beruf, und er werde soviel wie möglich zu Hause sein, um sich an der Kindererziehung zu beteiligen.

Der Zufall wollte es, daß Russel im selben Monat, in dem Janet entdeckte, daß sie schwanger war, in das Hauptbüro seiner Firma versetzt wurde. Sie beschlossen umzuziehen, weil sie wußten, daß dies eine notwendige Voraussetzung für einen erfolgreichen Einstieg in die neue Kanzlei war. Doch am neuen Wohnort war das Paar von der Familie und den Freunden weit entfernt, und als das Baby kam, merkte Janet, daß sie ganz allein war. Russel hatte zwar versprochen, ihr zu helfen, aber in seinen juristischen Fällen kam es zu einer Krise nach der anderen, so daß er den ganzen Tag und einen großen Teil der Nacht in der Kanzlei festgehalten wurde. Bei Janet machten sich zunehmend Erschöpfung, Wut und schließlich auch Depressionen breit. Am schlimmsten war der Moment, als Janet wieder einmal bat, Russel möge früher nach Hause kommen, und er zu ihr sagte: »Mit dir stimmt doch irgendwas nicht. Wieso bist du nicht in der Lage, wie eine normale Frau mit einem gesunden Baby klarzukommen?«

Ohne es zu merken hatte Russel Janets empfindlichsten Nerv getroffen. Janets Mutter war immer mit ihren eigenen Interessen und mit den sportlichen Verpflichtungen von Janets jüngerem Bruder beschäftigt gewesen und für Janet

hatte sie keine Zeit gehabt. Wenn Janet irgendwo hinge-
bracht werden wollte oder einen Rat brauchte, hatte ihre
Mutter sie beiseite geschoben. Gelegentliches Kranksein
war »nicht erlaubt«. Janet erinnerte sich, daß sie eines
Abends, nachdem sie erbrochen hatte, allein zu Hause gelassen wurde, weil ihre Mutter den Bruder bei einem Bas-
ketballspiel anfeuern mußte. Sie erzählte mir: »Es war nicht
einmal eine Meisterschaft oder sonst irgendwas Entscheidendes, bloß ein ganz normales Spiel!« Janet lernte, selbständig zu sein und sich auf niemanden zu verlassen – bis
sie sich in Russel verliebte. Jetzt hatten Russels Worte die alten Gefühle wieder geweckt: Er hielt sie offenbar für unfähig, weil sie seine Hilfe brauchte; sie war eben nicht gut
genug, um geliebt zu werden. Für Janet schien es so, als
hätte Russel die Arbeit ihr und ihrem gemeinsamen Kind
vorgezogen, ähnlich wie ihre Mutter den Sohn bevorzugt
und die Tochter im Stich gelassen hatte.

Als die beiden zur Paartherapie kamen, hatten sie ernsthafte Schwierigkeiten. Russel war wie erwartet befördert
worden und in die sichere berufliche Position aufgestiegen,
die er angestrebt hatte, und er genoß in seiner Firma hohes
Ansehen. Aber Janet sprach verbittert über seinen Erfolg.
Sie behauptete, Russel sei süchtig nach dem Lob seiner Seniorpartner und würde alles für sie tun. Sie dagegen hatte
selbst das Gefühl, betteln zu müssen, damit Russel auch nur
die elementarsten Forderungen berücksichtigte, und sie
nahm ihm sein offensichtliches Desinteresse an ihr und den
mittlerweile zwei Kindern übel. Janet selbst hatte die Hoffnung, daß Russell emotional für sie da war, seit langer Zeit
aufgegeben, aber sie meinte, daß die Kinder, die inzwischen
vier und zweieinhalb Jahre alt waren, dringend einen Vater
brauchten. Manchmal, wenn ihr Tag begann, hörten die
Kleinen, daß der Papa schon in die Kanzlei gefahren war,
und vor dem Einschlafen fragten sie immer noch: »Wann
kommt Papa nach Hause?«

Weil Russel so selten zu Hause war, verstand er die Kinder nicht so gut wie Janet. Paula, die Ältere, war leicht überreizt und wurde wild und aggressiv, wenn Russel mit ihr

gebalgt hatte. Ryan war in einem Alter, in dem er ständig seine Grenzen testete. Wenn Russel ihm zum Beispiel sagte, er solle das Glas mit beiden Händen festhalten, schaute Ryan seinem Vater fest in die Augen und schüttete die Milch auf den Teppich. Natürlich war es dann Janets Aufgabe, einzuspringen und die Kinder zu beruhigen. Wenn Russel ärgerlich wurde und die Art kritisierte, wie Janet die Kinder erzog, hielt Janet dagegen, daß die Kinder sich im Zusammensein mit ihr nicht so benahmen und daß die beiden sich vielleicht auch bei Russel anders verhalten würden, wenn er sich die Zeit nähme, sie kennenzulernen.

Janet und Russel wollten beide versuchen, die Familie zu retten, aber in ihrer Beziehung war nur noch wenig Zuneigung und Fürsorglichkeit übriggeblieben. Russel nahm es Janet übel, daß sie sich nicht über seinen beruflichen Erfolg freute und nicht anerkennen konnte, wie hart er für die Familie arbeitete. Janet machte sich lustig darüber, daß er nicht wußte, wie er seine Arbeit einschränken könnte. Ihrer Meinung nach sollte er sich einen anspruchsloseren Job suchen und mehr Zeit zu Hause verbringen. Beide Partner fühlten sich allein, im Stich gelassen und unglücklich, obwohl ihre Träume sich, oberflächlich gesehen, alle erfüllt hatten.

Wenn die Kinder Vorrang haben: Kinderzentrierte Familien

Janet und Russel standen vor einem Problem, von dem alle jungen Eltern in der einen oder anderen Form betroffen sind. Partner müssen nicht nur lernen, ihre Beziehung vor dem Berufsalltag zu schützen, sondern auch, nach der Ankunft der Kinder die Nähe zueinander zu bewahren. In den vergangenen Jahren haben Psychologen die spezifischen Veränderungen in der Beziehung untersucht, die durch die Schwangerschaft und durch die anschließende Anpassung an das Baby, das Kleinkind und den Teenager hervorgerufen werden.[12] Für manche Paare ergibt sich schon eine Veränderung, wenn die gewünschte Schwangerschaft nicht eintritt, denn der Wunsch nach einem Kind ändert die Liebesbeziehung. Die Liebesakte werden jetzt vom Steigen und Fallen des Thermometers oder von der Verfärbung des Lackmuspapiers diktiert. Doch auch Paare, denen der Streß, eine Schwangerschaft gezielt herbeizuführen, erspart bleibt, stellen fest, daß ihr Leben sich grundlegend ändert, sobald ihr Baby da ist. Die Eltern haben nun weniger Zeit, ihre Zweisamkeit zu genießen, und müssen nahezu jeden Aspekt ihrer Beziehung neu definieren.

Es überrascht nicht, daß die beiden ersten Jahre der Elternschaft am anstrengendsten sind und daß viele Paare, die von dem Glück träumten, gemeinsam ein Kind zu haben, nun anfangen, über eine Scheidung nachzudenken. Der Psychologe Ron Taffel meint, ein großer Teil der Belastung und der Anspannung rühre daher, daß Männer und Frauen die Pflichten der Elternschaft und die Bewältigung der Hausarbeit unterschiedlich angehen. Obwohl die beiden Geschlechter seit vielen Jahren gleichberechtigt sind, ist es immer noch die Mutter, die bei der Arbeit im Haus und mit den Kindern körperlich und psychisch den Großteil der Verantwortung übernimmt.[13] Beim Vater ändert sich zwar das Leben innerhalb der Familie nicht so dramatisch, aber er spürt allmählich die Last der größeren finanziellen Verantwortung, die noch schwerer wird, wenn die Frau einen längeren Mutterschaftsurlaub nimmt oder ihren Beruf ganz aufgibt. So bildet sich ein Muster heraus, in dem der Vater mehr Zeit auf seiner Arbeitsstelle verbringt und die Mutter sich zu einem Zeitpunkt, da sie am nötigsten Hilfe bräuchte, im Stich gelassen fühlt. Junge Mütter reagieren verärgert, wenn sie das Gefühl haben, nicht darauf zählen zu können, daß ihre Männer zu Hause mehr helfen, und so erhöht sich der Streß in der Paarbeziehung. Das Ergebnis ist, daß die Befriedigung, die die Partner aus ihrer Beziehung schöpfen, abnimmt und die Konflikte zunehmen. Die Krise nach der Geburt des ersten Kindes kann schwerwiegend sein. Etwa 15 Prozent der Paare leben zwei Jahre nach der Geburt des Babys nicht mehr zusammen.[14]

Der Streß, den ein Baby für die Beziehung bedeutet, hängt oft damit zusammen, daß zwischen dem Vorsatz der jungen Eltern, die Elternpflichten gemeinsam zu übernehmen, und der Realität, in der beide nun unvorhergesehene Pflichten teilen müssen, ein scharfer Kontrast besteht. Das alte Muster, daß der Mann das Geld verdient, während die Frau sich um die Kinder kümmert, gilt heute für die meisten Paare nicht mehr, denn die Mehrheit der Mütter mit kleinen Kindern ist berufstätig. Auch haben die meisten Paare zu Beginn ihres gemeinsamen Lebens nicht die Absicht, die Rollenklischees fortzusetzen, die vor dreißig Jahren vorherrschten. In den meisten »postmodernen« Beziehungen geloben sich beide Partner am Anfang, daß Gleichheit herrschen soll.[15] Aber die Geburt eines Babys verändert alles, und selbst die fortschrittlichsten Paare scheinen in die alten, stereotypen Rollen hineinzurutschen. Mann und Frau greifen auf die Muster zurück, die in ihren eigenen Herkunftsfamilien begründet wurden, auch wenn sie dies gleichzeitig ablehnen. Das gilt insbesondere für Frauen, die sich mit der Macht ihrer Väter identifiziert haben und im Beruf sehr erfolgreich geworden sind. Durch die Geburt des Babys wird die Frau in eine andere Position versetzt, denn jetzt erfährt sie sich als Mutter. Das Modell, das die Ehe der Eltern liefert, wird erneut mit Leben gefüllt, und ohne es zu wissen akzeptiert die junge Mutter eine Art von Beziehung, gegen die sie vielleicht noch vor wenigen Jahren vehement protestiert hat.

Verschiedene Arten der Liebe

Nur wenigen Menschen ist klar, wie sehr die Zeit und die Energie, die Partner füreinander haben, durch ein Baby im Haushalt eingeschränkt wird. Die meisten werdenden Eltern erwarten, daß die Geburt des Kindes sie noch näher zusammenführt, doch oft tritt genau das Gegenteil ein. Auch wenn ich mich an die Enttäuschung und an die Streitigkeiten erinnere, die nach der Geburt unseres Sohnes in meiner eigenen Ehe auftraten, war ich doch überrascht, als ich erfuhr, daß viele Männer etwa zu dem Zeitpunkt, wenn ein Kind geboren wird, außereheliche Verhältnisse eingehen.[16] Um das richtig zu verstehen, muß man sich vergegenwärtigen, wie stark das Gefühl, erwünscht und etwas Besonderes zu sein, von der Intimität abhängt. In einer Partnerschaft zählt man darauf, daß der Partner einem das Gefühl vermittelt, wertvoll und wichtig zu sein. Wenn dieses Grundbedürfnis nicht befriedigt wird, geschieht es leicht, daß ein Partner sich anderswo Bestätigung sucht. Während manche Männer ihr Bedürfnis nach Anerkennung im Beruf erfüllen können, lassen andere sich auf eine Liebesaffäre ein, um ihr Selbstbewußtsein zu stärken.

Bei der Umstellung auf die Elternrolle kommt es noch zu einer weiteren Schwierigkeit, wie ich sowohl bei mir als auch bei meinen Klienten festgestellt habe. Den meisten jungen Müttern fällt es schwer, ihre Rollen als Partnerin und als Mutter miteinander zu vereinbaren, vor allem, solange das Kind noch sehr klein ist. Die Erschöpfung und die Überforderung, unter denen die Mutter leidet, werden gewöhnlich noch durch Schlafmangel verstärkt. Weil die Ansprüche des Babys real und dringlich sind, ist es normal, daß die junge Mutter ihre eigenen Bedürfnisse zurückstellt. Doch kompliziert und anstrengend wird es, wenn sie auch den Ansprüchen gerecht werden will, die ihr Mann an sie stellt. Die meisten jungen Väter sind zwar begeistert über den Familienzuwachs, aber sie sind nicht bereit, die enge Vertrautheit mit ihrer Partnerin aufzugeben.

Wenn die Partner nicht in der Lage sind, Zeit für sich allein zu finden, leidet die Beziehung. Die Frau sucht zunehmend Bestätigung in ihrer neuen, wichtigen Rolle als Mutter. Gleichzeitig verbringt der Vater mehr Zeit bei der Arbeit oder mit neuen Interessen, die ihm helfen, Anerkennung zu finden. Weil die Partner sich auf emotionaler Ebene nicht umeinander kümmern, muß jeder lernen, für sich selbst zu sorgen – ein Prozeß, der normalerweise von Groll und Enttäuschung begleitet wird. Statt sich zu verbünden, um die Herausforderungen der Elternschaft gemeinsam zu bewältigen, lernen die Partner, daß sie um Zeit für sich selbst kämpfen müssen. So entsteht eine Atmosphäre, in der jeder Elternteil um die Befriedigung seiner persönlichen Bedürfnisse kämpft. Wenn durch die Elternschaft Freunde zu Gegnern werden, bekommen die Kinder Probleme.

Die Sampsons, Fortsetzung

Janet und Russel, die beide vor der Geburt ihrer Kinder erfolgreiche Rechtsanwälte waren, wurden zu den besten Gegnern, die ich je kennengelernt habe. Zu Hause und in unseren Therapiesitzungen stritten sie zum Beispiel über die Zeit, die sie brauchten, um Sport zu treiben oder um Anrufe zu beantworten. Häufig wurde ich von ihren beredten, gut begründeten »Beweisvorträgen« so mitgerissen, daß ich vergaß, daß ich ihnen eigentlich helfen sollte, miteinander zu reden anstatt sich gegenseitig mit brillanten Plädoyers zu übertrumpfen! Sie glaubten zwar beide, daß sie gewinnen würden, wenn sie ihren Standpunkt gut darstellten, aber dieses Vertreten von gegnerischen Positionen untergrub ihre Nähe. Als ich Janet und Russel bat, eine Szene in der Zukunft zu beschreiben, in der ihre Träume vom bestmöglichen Leben Wirklichkeit geworden waren, malten beide das Bild einer glücklichen Familie aus, die viel Spaß zusammen hatte. Die Schauplätze waren zwar verschieden, aber in beiden Antworten war das Gefühl von Anteilnahme und Gemeinsamkeit lebendig. Ich bat sie, sich zu überlegen, inwiefern ihre kämpferische Haltung ihnen bei der Verwirklichung ihrer Träume nützlich sein würde. Erst da konnten sie erkennen, daß es ihnen nie gelingen würde, die Familie aufzubauen, nach der sie sich beide sehnten, wenn sie sich als Gegner behandelten.

Leider kann man eheliche Spannungen und Konflikte nicht vor den Kindern verbergen. Als ich zuhörte, wie Janet und Russel beschrieben, wie ihre Kinder sich aufspielten, fiel mir eine Studie von Phillip und Carolyn Cowan ein.[17] Im Rahmen dieser Untersuchung hielten die Cowans zehn Jahre lang Kontakt zu den beobachteten Familien. Sie trafen sich nicht nur mit den Eltern, sondern beurteilten auch die Kinder zu verschiedenen Zeitpunkten und fügten ihren Daten sogar Einschätzungen von Lehrern hinzu. Wenn Eltern ihre eheliche Vertrautheit verlieren und zu Konkurrenten werden, so stellten sie fest, nehmen Wärme und Zuwendung in der Familie ab. Kinder aus solchen Familien waren der Beschreibung zufolge im Kleinkindalter schwieriger als andere. Als sie einige Jahre später erneut beurteilt wurden, berichteten ihre Vorschullehrer, daß diese Kinder größere Schwierigkeiten hatten, sich anzupassen, als andere aus ihrer Gruppe. Als Russel und Janet anfingen, zusammenzuarbeiten und versuchten, den Standpunkt des anderen zu verstehen, fanden sie glücklicherweise Möglichkeiten, stärker aufeinander einzugehen und sich gegenseitig zu unterstützen. Innerhalb von Monaten hatte sich das Verhalten der Kinder beruhigt.

Das Wiederaufleben unglücklicher Erinnerungen

In ihren Gesprächen mit Eltern erfuhren die Cowans von einem weiteren wichtigen Faktor, der viele Familien betraf. Mehrere der beobachteten Paare, denen es vor der Schwangerschaft gut zu gehen schien, gerieten während der Übergangszeit vom Ende der Schwangerschaft bis zum ersten Geburtstag des Kindes unter Streß und wurden unglücklich. Alle diese Paare berichteten, daß die Tatsache, daß sie ein Kind bekommen hatten, bei einem der Partner Erinnerungen an Aspekte der eigenen Kindheit geweckt hatte, über die er jahrelang nicht nachgedacht hatte. In allen erinnerten Situationen hatte es in der Herkunftsfamilie Konflikte, Gewalt oder Leid gegeben. Als die Betroffenen nun selbst Vater oder Mutter wurden, tauchten die schmerzhaften Erinnerungen wieder auf und führten zu Depressionen und emotionaler Labilität. Wenn das Paar diese in der Vergangenheit entstandenen Probleme nicht verstehen und durcharbeiten konnte, wurde die Beziehung anstrengend und konfliktgeladen. Die Kinder solcher Paare reagierten mit Verhaltensstörungen, waren im Kleinkindalter verschlossen oder aggressiv und hatten später Probleme in der Schule.

Elternschaft als Flucht

Manchen Paaren hilft die enge Beziehung, die sie zu ihren Kindern entwickeln, den Problemen in der Partnerschaft zu entfliehen. Vielleicht wünschten sie sich ursprünglich Kinder, weil sie erwarteten, daß die Elternschaft sie näher zusammenbringen würde, doch häufig überdeckt dieser Wunsch Beziehungsprobleme. Wenn die Kinder dann tatsächlich kommen, entscheidet sich der unglückliche Elternteil oft dafür, lieber das Verhältnis zu den Kindern zu genießen, als Zeit in die Paarbeziehung zu investieren, die angespannt und unangenehm erscheint. Manche Eltern benutzen das Zusammensein mit den Kindern als Vorwand, um Schwierigkeiten mit dem Partner auszuweichen. Anstatt sich einem Problem zu stellen, kann ein Elternteil sich darauf berufen, daß das Unvermögen, für den anderen da zu sein, durch die übergroßen Bedürfnisse eines Kindes entstanden sei. Damit gibt er dem Partner oder der Partnerin das Gefühl, egoistisch zu sein, weil er oder sie auf Kosten des Kindes Ansprüche an die Beziehung stellt. Ein extremes Beispiel für einen derartigen Fall finden wir in der Beziehung von Lynn und Mark.

Lynn und Mark

Lynn und Mark waren seit zehn Jahren verheiratet, als sie bei mir mit der Paartherapie begannen. Die beiden hatten zwei Töchter, die sie als aufgeweckt, aber schüchtern und ängstlich beschrieben. Amy, die Jüngere, wurde von Alpträumen geplagt, und wenn Lynn sie beruhigen wollte, verbrachte sie oft die ganze Nacht im Bett ihrer Tochter.

Lynn hatte Mark im letzten Jahr der Highschool kennengelernt. Obwohl er zehn Jahre älter war als sie, hatten ihre Eltern die Beziehung gebilligt, und das Paar hatte in Lynns zweitem Jahr auf dem College geheiratet. Lynns Familie war autoritär und streng gewesen. Durch die katholische Schule, die Lynn besucht hatte, waren die Wertvorstellungen der Eltern noch bestärkt worden, so daß Lynn von sich sagte, zu dem Zeitpunkt, als sie Mark kennenlernte, sei sie völlig naiv und leicht beeinflußbar gewesen. Im Gegensatz dazu war Mark der älteste Sohn von eingewanderten Eltern, die ihn häufig vernachlässigt hatten, weil ihre beruflichen Verpflichtungen sie völlig beanspruchten. Mark hatte die Schule abgebrochen, um Geld zu verdienen, und hatte sich höchst erfolgreich nach oben gearbeitet. Als er

Lynn kennenlernte, war er finanziell abgesichert und leitete ein eigenes, gut eingeführtes Unternehmen. Obwohl er nicht religiös war, spendete er seiner Kirche große Geldsummen – es war die gleiche Kirche, die Lynn und ihre Familie besuchten.

Mark entsprach dem Bild eines respektablen, konservativen Mannes, aber im Privatleben war er genau das Gegenteil. Im Mittelpunkt stand für ihn sein sexuelles Vergnügen, und er hatte Lynn mit zahlreichen sexuellen Stimulantien und Praktiken bekannt gemacht. Zu Beginn ihrer Beziehung hatte Lynn »mitgespielt«, sie hatte für intime Fotos posiert, pornographische Erfahrungen mit ihm geteilt und sogar Drogen genommen, um das sexuelle Vergnügen zu erhöhen. Wenn Lynn unbehaglich zumute gewesen war, hatte sie diese Gefühle verdrängt. Genauso, wie sie die Forderungen ihrer Eltern erfüllt und deren Vorstellungen von einem »braven Mädchen« entsprochen hatte, ließ sie es nun zu, daß Mark sie zu der Ehefrau machte, die er sich wünschte.

Die Veränderung begann für Lynn, nachdem sie Mutter geworden war. Weil die Mädchen in einem Abstand von zwei Jahren geboren wurden, hatte Mark anfangs akzeptiert, daß Lynn die Sexualität in ihrer Beziehung einschränkte, weil sie schwanger war, stillte oder einfach völlig erschöpft war. Doch als die Mädchen ins Vorschulalter kamen, duldete Mark Lynns Ausreden, sie sei zum Sex zu müde, immer weniger. Er war strikt gegen weitere Kinder, obwohl Lynn gerne noch einen Sohn haben wollte.

Von den Einzelheiten ihres Privatlebens und davon, wie unglücklich sie in ihrer Ehe war, hatte Lynn niemandem etwas erzählt. Schließlich hatte sie ein schönes Haus, zwei wohlgeratene Töchter und einen angesehenen, erfolgreichen Ehemann. Auch wußte sie, daß ihre Eltern eine Trennung oder gar eine Scheidung niemals unterstützen oder auch nur akzeptieren würden. Zudem hatte Lynn nicht gelernt, ihre Gefühle auszudrücken, und wußte nicht, wie sie ihre Wünsche nach einem anderen Sexualleben erfolgreich vorbringen sollte. Mark war ein talentierter Verkäufer und setzte seine Überredungskunst und seinen Charme ein, um ihre Argumente alle zu widerlegen. Die Beziehung zu ihren Töchtern war für Lynn der einzige Ausweg. Als Amy anfing, Alpträume zu haben, reagierte Lynn, indem sie die ganze Nacht in der Nähe ihrer Tochter blieb. Vielleicht spürte Amy, daß die Mutter Angst hatte und erleichtert über den neuen Schlafplatz im Bett der Tochter war, denn ihre Alpträume ließen nicht nach, so daß Mark im Ehebett allein blieb. Er war unzufrieden mit der Situation, aber er saß in der Klemme. Mit ihrer Aufmerksamkeit und Fürsorglichkeit war Lynn die Mutter, die er selbst sich immer gewünscht hatte. So lange, wie Amy ihre Mutter wirklich brauchte, war Lynn vor ihm sicher.

Probleme für die Kinder

Wenn Kinder in einem Zuhause aufwachsen, in dem die Eltern sich emotional voneinander entfernt haben, erhalten sie die Botschaft, daß das Besondere im Leben nicht in der Beziehung zu finden ist. Sie lernen, daß Kinder, Arbeit, Freunde oder Sport die Gebiete sind, auf denen man sich leidenschaftlich engagiert. Im Gegensatz dazu erscheint die Partnerschaft leer und langweilig. Wenn der einsame Elternteil die Abwesenheit des Partners auszugleichen versucht, indem er sich übermäßig an die Kinder klammert, hat das unmittelbar schädliche Auswirkungen. Kleine Kinder können emotionale Probleme oder Verhaltensauffälligkeiten entwickeln, die »erfordern«, daß ein Elternteil übermäßig aktiv bleibt. Älteren Kindern fällt es schwer, Freundschaften aufrechtzuerhalten, und sie leiden auch auf andere Weise. Forschungen haben ergeben, daß Teenager, die eine enge Bindung an einen Elternteil hatten und deren Eltern einander distanziert gegenüberstanden, einen hohen Grad an Depression und Angst zeigen.[18] Freundschaften mit Gleichaltrigen können manche Symptome der Depression lindern, aber selbst in diesen Fällen litten Teenager, deren Familien solche Charakteristika aufwiesen, unter Angst und anderen emotionalen Problemen. Das gleiche galt für Teenager, die berichteten, daß ihre Eltern sich nicht nahestanden, daß ein Elternteil aber eine besonders enge Beziehung zu einem

Großvater oder einer Großmutter hatte. Die Untersuchungen bestätigen, was Therapeuten schon lange wissen: Kinder und Jugendliche, die eine übermäßig enge Bindung zu einem Elternteil entwickeln, haben es als Heranwachsende besonders schwer. Die Probleme bestehen bis ins Erwachsenenalter hinein, und die erwachsenen Kinder ahmen oft das Muster ihrer Eltern nach, indem sie darauf vertrauen, daß eigene Interessen, die Großfamilie oder die Arbeit ihnen Glück und Zufriedenheit bescheren.

Eltern, die für ihre Kinder das Beste wollen, sollten sich anschauen, ob die Kinder wirklich die Freiheit haben, sich auf sich selbst zu konzentrieren. Eine Umgebung, in der das möglich ist, läßt sich viel leichter schaffen, wenn die Eltern eine erfüllte Beziehung leben. Der Beziehung Priorität einzuräumen bedeutet nicht, daß alle anderen Pflichten und Aufgaben beiseite geschoben werden, sondern es heißt, daß die Partner ständig die Bedürfnisse des anderen im Blick haben. Selbst bei entgegengesetzten Ansprüchen respektieren sie den Partner.

Wenn Eltern möchten, daß ihre Kinder später glückliche Partnerschaften führen, müssen sie auf die Botschaften achten, die sie mit dem Beispiel ihrer eigenen Partnerschaft geben. Wenn Kinder sehen, wie sehr die Eltern sich gegenseitig schätzen und wie wertvoll ihnen ihre Beziehung ist, lernen sie an diesem Beispiel, daß die Beziehung eine wichtige Quelle der Erfüllung und der Befriedigung ist. Wenn Partner ihre Beziehung vor den Ansprüchen anderer Verpflichtungen schützen können, nehmen sie den Kindern nichts weg, sondern sie schenken ihnen die Hoffnung und die Erwartung, daß sie selbst auch eines Tages eine liebevolle Partnerschaft erleben werden.

Fragen

1. Wieviel Zeit verbringen Sie beide als Paar pro Woche allein miteinander? Sind Sie mit diesem Zeitraum beide zufrieden, oder möchte einer von Ihnen lieber mehr oder weniger Zeit mit dem Partner oder der Partnerin verbringen?

2. Fallen Ihnen drei Dinge ein, die Ihr Partner oder Ihre Partnerin für Sie tut und die Ihnen das Gefühl geben, etwas Besonderes zu sein? Fallen Ihnen drei Dinge ein, die Sie für Ihren Partner oder Ihre Partnerin tun und für die er oder sie wirklich dankbar ist?
3. Wie war Ihre Beziehung, bevor die Kinder da waren, und wie ist sie jetzt? Was vermissen Sie am meisten? Was ist zu Ihrem gemeinsamen Leben hinzugekommen?
4. Wie hat Ihr Vater Ihrer Mutter gezeigt, wie wichtig sie ihm war? Wie hat Ihre Mutter Ihrem Vater ihre Liebe gezeigt? Was hatte Ihrer Ansicht nach im Leben Ihrer Eltern Vorrang: die Arbeit, die Kinder, Verpflichtungen der eigenen Herkunftsfamilie gegenüber oder das gesellschaftliche Leben? In welchem Maß spiegeln sich diese Prioritäten in Ihrem eigenen Leben wider?

Kapitel 3

Den Wert wechselseitiger Abhängigkeit lehren

»Mama und ich sind immer füreinander da.«

Zu den wichtigsten Lehren, die wir unseren Kindern vermitteln möchten, gehört, daß sie nicht allein durchs Leben gehen müssen. Idealerweise wird der Mensch, den Sie vielleicht einmal heiraten, derjenige sein, an den Sie sich wenden können, wenn sie Hilfe benötigen. Wie ein kleines Kind Eltern braucht, die es trösten und bestätigen, so braucht auch ein Erwachsener einen besonderen Menschen im Leben, der ihm Zuwendung und Ermutigung schenkt. Sowohl Forscher als auch Therapeuten haben bemerkt, wie wichtig Unterstützung für die Erhaltung der körperlichen und der seelischen Gesundheit ist.[1]

Wechselseitige Abhängigkeit ist etwas, das sich vielleicht alle Erwachsenen wünschen, aber für die meisten Paare, mit denen ich gearbeitet habe, war sie äußerst schwer zu erlangen. In unserer Gesellschaft kämpfen viele Erwachsene gegen die Vorstellung, emotional, physisch oder finanziell voneinander abhängig zu werden. Mehr als je zuvor gilt Unabhängigkeit heutzutage als Ideal, das alle erwachsenen Personen anstreben sollten. Selbständigkeit wird so stark betont, daß viele Menschen erwarten, alle ihre Ziele aus eigener Kraft erreichen zu können. Auf dem Gebiet der Partnerschaft ist das natürlich kontraproduktiv.[2]

Eine Reihe von Büchern und Artikeln, die sich mit der Bedeutung und den Konsequenzen der Unabhängigkeit für Männer befassen, haben mich sehr beeindruckt.[3] Den größten Teil meiner Praxisjahre habe ich hart daran gearbeitet, männlichen Klienten einen Prozeß zu erleichtern, der verlangt, daß sie sich selbst wahrnehmen und ihre Gefühle ausdrücken können. Die meisten Männer werden dazu erzogen, in jeder Situation die Kontrolle zu behalten und Stärke zu zeigen, und sie lernen, sich vor ihren Gefühlen der Schwäche und der Verletzlichkeit abzuschotten, um diesen Anforderungen gerecht zu werden. Doch in einer intimen Beziehung ist es die Norm, daß man seine Schwächen zeigt. Es ist traurig und enttäuschend, wenn man sieht, wie sehr Männer sich von ihren Emotionen distanzieren. Ihre Anstrengung, dem gesellschaftlichen Bild vom idealen Mann gerecht zu werden, kollidiert mit den Eigenschaften, die entwickelt werden müssen, wenn Partner sich gegenseitig unterstützen wollen.

Ein Großteil der in diesem Buch besprochenen Probleme hängt unter anderem mit Geschlechterrollen und der geschlechtsspezifischen Sozialisation zusammen. Für die Vorstellungen von Unterstützung und Abhängigkeit spielen sie eine absolut entscheidende Rolle. Jeder von uns könnte eine Liste mit Eigenschaften der idealen Frau und eine weitere mit Eigenschaften des perfekten Mannes aufstellen. Bei einem Vergleich dieser Listen fänden wir möglicherweise einige Unterschiede – insbesondere, wenn wir aus verschiedenen Generationen, sozialen Schichten oder ethnischen Gruppen stammen –, aber unsere Listen würden mehr Ähnlichkeiten als Unterschiede aufweisen. Zum Beispiel würden die meisten Menschen die ideale Frau als fürsorglich, zärtlich und offen für die emotionalen Bedürfnisse anderer beschreiben. Im Gegensatz dazu müßte der typische Mann unabhängig, leistungsorientiert, durchsetzungsfähig und rational sein.[4] Diese Unterschiede haben keine biologische oder physiologische Basis, sondern sind »erworbene« Verhaltensweisen. Wenn Männer oder Frauen in Rollen hineingedrängt werden, die ihrem Wesen im Grunde nicht entsprechen, sind die Betroffenen oft unglücklich oder bekommen sogar psychische Probleme, wie Angstsymptome oder Depressionen.

Die geschlechtsspezifischen Rollen haben Einfluß darauf, wie Männer und Frauen mit Abhängigkeit umgehen, und beide Geschlechter werden – auf unterschiedliche Weise – durch diesen Einfluß behindert.[5] Falls ein Mann sich zu weiblich oder zu verwundbar vorkommt, weil er Trost oder Bestätigung braucht, wird er seine Gefühle unterdrücken. Doch leider verschwinden Gefühle nicht einfach, sondern sie verschaffen sich anderswo Ausdruck. Es überrascht nicht, daß Männer, die nicht wissen, wie sie unangenehme Gefühle ertragen sollen, sich dem Alkohol oder anderen Mitteln zuwenden, die betäuben oder ablenken können. Auch Druck und Streß, über die man sich nicht austauschen kann, können zu gesundheitlichen Problemen führen.[6] Wenn ein Mann, der sich unbehaglich fühlt, wenn er seine Schwäche zeigt, miterlebt, wie eine Frau über ihre Schwachstellen spricht, möchte er der Situation häufig entfliehen oder sie beenden, bevor seine eigenen, unterdrückten Gefühle wach werden. Eine mögliche Reaktion ist Wut, und eine Alternative dazu ist der emotionale Rückzug oder das Abschalten der Gefühle. Manche Männer haben zu ihren zärtlichen Gefühlen so wenig Zugang, daß ihnen nicht einmal der Wortschatz zur Verfügung steht, um sie zu beschreiben. Darüber zu sprechen ist dann nicht erleichternd, sondern anstrengend, weil es den Betroffenen so schwer fällt, ihr inneres Erleben in Worte zu fassen und zu äußern. Wenn sie sich mit einer wortgewandten, klugen Ehefrau über Emotionen unterhalten, wird ihr Gefühl, unfähig und schwach zu sein, nur noch verstärkt.

Die in unserer Gesellschaft vorherrschenden Idealvorstellungen von den Geschlechtern können auch den Frauen schaden. Weil sie das Bedürfnis nach Nähe haben, zögern viele Frauen, enge Beziehungen durch Konflikte aufs Spiel zu setzen, und vermeiden es möglicherweise sogar, über Probleme, die Wutgefühle erzeugen könnten, auch nur nachzudenken. Nach Auffassung mehrerer Psychologen blühen Frauen durch Kontakte auf und bekommen Angst bei dem Gedanken, zurückgewiesen oder allein gelassen zu werden. Folglich kann es Frauen schwerfallen, Vorstellungen und Wünsche durchzusetzen, die die Nähe gefährden könnten. Längerfristig gesehen führt das zu einem Mangel an Authentizität, der einen echten Austausch und echte Abhängigkeit unmöglich macht. Man hat auch darauf hingewiesen, daß Frauen den Bedürfnissen anderer Menschen Vorrang einräumen und sich für selbstsüchtig halten, wenn sie von ihrem Partner Zuwendung verlangen. Und natürlich fühlt eine Frau, die glaubt, sie habe keine Aufmerksamkeit verdient, sich nicht berechtigt, um die Wahrnehmung oder Befriedigung ihrer eigenen Bedürfnisse zu bitten.[7]

Trotz der Tatsache, daß sich alle Männer und Frauen Interesse und Zuwendung wünschen, wurden wir so sozialisiert, daß wir je nach Geschlecht bestimmte Aspekte der Abhängigkeit akzeptieren oder von uns weisen. Die Unterschiede werden schon früh im Leben deutlich. Betroffen sind unter anderem die Art und Weise, wie Männer und Frauen Hilfe leisten und annehmen. Jungen verstehen unter Beziehungen, in denen man sich gegenseitig unterstützt, etwas völlig anderes als Mädchen. Die Vorstellung, die Jungen von gegenseitiger Hilfe entwickeln, entsteht beim Sport oder durch Gruppenaktivitäten, bei denen sie Seite an Seite agieren. Mädchen verbringen mehr Zeit mit Aktivitäten, bei denen sie zu zweit, von Angesicht zu Angesicht, kommunizieren und sich austauschen.[8] Bis wir erwachsen sind, sind uns diese Unterschiede in Fleisch und Blut übergegangen, denn während Frauen emotionalen und verbalen Kontakt anstreben, fühlen Männer sich wohler, wenn sie etwas Konkretes tun können, um ihre Fürsorge zu demonstrieren. Männer möchten lieber handeln als reden und drücken ihre Zuneigung aktiv, etwa durch Sex oder durch Geschenke, aus. Für Frauen bedeutet Nähe, daß man sich über persönliche Gedanken und Gefühle austauscht. Männer neigen bei Gesprächen über Probleme dazu, mit Lösungen aufzuwarten und scheuen ausgedehnte Unterhaltungen über Gefühle.

Doch beide Geschlechter sehnen sich nach einem Menschen, der für sie da ist, und sie sind wütend und enttäuscht, wenn der Partner oder die Partnerin sie im Stich läßt. Es wäre viel einfacher, wenn Abhängigkeit nicht so viele negative Assoziationen wecken würde. In einer idealen Welt würde man die Tatsache, daß man gegebenenfalls beim Partner Hilfe sucht, als normal und entwicklungsfördernd ansehen und nicht als Eingeständnis von Schwäche.[9] Wenn Partner glauben könnten, daß die Fähigkeit, sich auf jemanden zu verlassen und selbst ein verläßlicher Mensch zu sein, ein Gewinn für ihre Partnerschaft ist, hätten sie weniger Hemmungen, ihre Bedürfnisse zu äußern.

Die Fähigkeit, sich vom Partner abhängig zu machen, um Unterstützung zu geben und zu empfangen, gehört zu den Faktoren, die glückliche Paare von solchen unterscheiden, die auseinandergehen oder die als unbefriedigend empfunden werden. Damit eine Beziehung gelingt, müssen beide Partner lernen, ein Gefühl gegenseitiger Verbundenheit und Abhängigkeit zu entwickeln, so daß jeder sich auf den anderen verlassen kann. Sie müssen sich füreinander öffnen, um sich geliebt und unterstützt zu fühlen. Jüngste Untersuchungen über Intimität zeigen, daß gegenseitiges Verständnis eines ihrer wichtigsten Elemente ist. Am zufriedensten sind Partner, die voneinander wissen, wie sie über bestimmte Themen denken, und die glauben, daß sie vom anderen verstanden werden.[10]

Die Psychologen Richard Mackey und Bernard O'Brien haben glückliche Ehen untersucht, die überdauert haben. Sie stellten fest, daß Partner sich nicht automatisch gegenseitig unterstützen. Um sich unterstützt zu fühlen, mußten sie erst lernen, über die Dinge zu sprechen, die ihnen durch den Kopf gingen. Anfänglich fühlten die meisten Ehemänner sich wohler, wenn sie etwas tun konnten und nicht reden mußten, aber im Laufe der Jahre änderte sich das deutlich. Nach zwanzig Ehejahren hatten Partner, die mit ihrer Ehe zufrieden waren, gelernt, miteinander über eine große Bandbreite an Themen zu sprechen. Wie wichtig es ist, daß Partner lernen, über Gefühle zu reden, wird auch von anderen Studien bestätigt. Männer, die unangenehme Gefühle, wie Traurigkeit, anerkennen und ertragen können, verhalten sich in ihrer Ehe zärtlicher und liebevoller. Ihre Fähigkeit, sich über Gefühle auszutauschen, verhilft der Partnerschaft zu mehr Stabilität und verschafft ihnen selbst und ihren Frauen mehr Zufriedenheit.[11]

Kinder, die in einer Familie aufwachsen, in der beide Eltern offen über ihre Gefühle sprechen können, haben einen großen Vorteil. Wenn ein Vater mit seiner Frau emotional verbunden ist, hat er mit hoher Wahrscheinlichkeit auch emotionalen Kontakt zu seinen Kindern. Das ist besonders wichtig, weil viele Männer den Mangel an Nähe zu ihrem eigenen Vater bedauern. Ein Vater, der in der Lage ist, einen emotionalen Bezug zu seinen Kindern herzustellen, hat die Möglichkeit, die schmerzhaften Konsequenzen, die sich in seiner eigenen Kindheit und Jugend aus der Unterdrückung und Leugnung von Gefühlen ergaben, aufzulösen. Die Kinder haben dann die Freiheit, sich nicht nur an die Mutter, sondern auch an den Vater zu wenden, wenn sie Unterstützung und emotionale Anleitung brauchen. Besonders für Jungen ist die Erkenntnis wichtig, daß die Offenheit des Vaters seiner Macht keinen Abbruch tut, sondern ihm zu größerem Ansehen verhilft. So bekommt auch der Sohn die Möglichkeit, sich zu öffnen und Gefühle auszudrücken.[12] In einer Familie, mit der ich vor nicht allzu langer Zeit gearbeitet habe, war das ein interessanter Nebeneffekt.

Paul und Elaine

Paul wuchs in einer Familie auf, in der Männer als stark, verantwortungsbewußt und rational galten. Vielleicht waren diese Vorurteile in Pauls Familie besonders ausgeprägt, denn seine Mutter war eine ängstliche Frau, die zu hysterischen Reaktionen neigte. Insekten versetzten sie in Panik, und wenn eines der Kinder sich das Knie aufschlug, schrie sie so laut, daß die Nachbarn herbeiliefen. Genauso wie sein Vater lachte Paul über solche Ausbrüche, während er selbst nur noch stoischer wurde und seine eigenen Gefühle abwertete. Als Paul auf der Highschool Elaine kennenlernte, war er bereits ein zielstrebiger, tüchtiger junger Mensch, der sich in seiner Familie um alles kümmerte. Dieses Muster führte er auch in seiner Beziehung mit Elaine weiter, deren Schüchternheit und Selbstzweifel seine Beschützernatur weckten.

Auch wenn es Elaine leichter fiel, ihre Gefühle zu erforschen, führten die beiden doch selten Gespräche über dieses Thema. Paul warf Elaine in solchen Fällen vor, sie rede endlos und bleibe nicht bei der Sache, und er reagierte gereizt und ärgerlich. Das Ergebnis war, das Elaine einen großen Teil ihrer Gefühle für sich behielt, aber gleichzeitig zunehmend distanzierter wurde. Je kompetenter und zielstrebiger Paul wurde, desto unfähiger und bedrückter fühlte sich Elaine.

Als die beiden mit der Paartherapie begannen, hatte sich starker, heimlicher Groll zwischen ihnen angesammelt. Paul fand Elaines Schwächen im Umgang mit Geld und in der Haushaltsführung unerträglich, und Elaine ärgerte sich im stillen über Pauls Dominanz und seine herablassende Haltung ihr gegenüber. Zusammengehalten wurde das Paar von den Kindern, die beiden viel Freude machten und ihr ganzer Stolz waren. Doch Benjamin, der Ältere, kam nun in die Pubertät und wurde immer verschlossener. Er sprach nur selten über die Schule oder über seine Freunde und reagierte mit Sarkasmus, wenn seine Eltern versuchten, mehr über sein Leben herauszufinden.

Nachdem ich von den Problemen der beiden erfahren hatte, zu denen zu seltener Sex und ein Mangel an Nähe gehörten, bat ich sie einzuschätzen, wie sehr sie sich gegenseitig unterstützten. Paul antwortete rasch, er unterstütze Elaine in jeder Hinsicht und kümmere sich um nahezu alle ihre Lebensbereiche. Er war schockiert, als Elaine sagte: »Ich fühle mich von Paul überhaupt nicht unterstützt. Er mag zwar die Rechnungen bezahlen und mit den Handwerkern sprechen, aber ich glaube, ihn interessiert nicht im geringsten, wie es mir geht.« Als ich Elaine fragte, ob sie meine, sie unterstütze Paul, erwiderte sie: »Ich würde es tun, wenn ich glauben könnte, daß er es von mir annehmen würde.« Paul versetzte mich in Erstaunen, denn er hielt den Atem an, bevor er mit bewegter Stimme sagte: »Ich wünsche es mir mehr als alles in der Welt.«

Paul begann, darüber zu sprechen, wie einsam er sich fühlte. Die anderen Männer in dem Büro, in dem er arbeitete, telefonierten mit ihren Frauen, und er hörte, wie sie lachten oder Momente voller Nähe mit ihren Frauen teilten. Elaine jedoch rief ihn nie an, und wenn sie miteinander sprachen, ging es um Verpflichtungen, die koordiniert werden mußten, oder um andere mit dem Zuhause verbundene Aufgaben. Paul wurde wütend und beschuldigte Elaine, nicht dankbar für all das zu sein, was er ihr gegeben hatte, und ihm ihrerseits nicht das zu geben, was er wirklich brauchte.

Wie viele Menschen fand Paul es leichter, seine Wut zum Ausdruck zu bringen, als über die darunter verborgenen Gefühle der Einsamkeit zu sprechen. Mit ein wenig Drängen und Unterstützung jedoch fing er erneut an, von seinem Gefühl zu reden, daß er nicht geliebt werde. Seine Worte schienen bei Elaine Resonanz zu finden, und beide erklärten, sie wünschten sich, einen Weg zu finden, um anders miteinander umzugehen. Ich erläuterte Paul, daß er durch sein ganzes Organisieren und Planen für die Familie offenbar auf tätige Weise seine Liebe zum Ausdruck brachte, und stellte dann die Frage in den Raum, wie es möglich war, daß ein Mann, der soviel Liebe zu geben hatte, eine Frau haben konnte, die sich ungeliebt fühlte. Zuerst war es für Paul schwierig, das Problem zu verstehen, aber als die beiden weiter miteinander sprachen, konnte er erkennen, daß Elaine sich nicht unterstützt, sondern herabgesetzt fühlte, wenn er ihr Dinge aus der Hand nahm. Paul konnte Elaine seine Hilfsbereitschaft besser zeigen, wenn er sich ihre Sichtweise und ihre Gefühle anhörte, auch wenn sie unzusammenhängend sprach und nicht gleich zur Sache kam. Wie Elaine erklärte: »Ich weiß nicht immer, was ich empfinde, wenn ich anfange zu reden, aber wenn du mir eine Chance gibst, kannst du mir sehr helfen, indem du einfach zuhörst.«

Paul räumte ein, daß er selbst in dieser Hinsicht noch weit mehr Probleme hatte als Elaine und überhaupt keinen Zugang zu seinen eigenen Gefühlen hatte. »Ich glaube, ich habe mir nie die Zeit genommen, wirklich über meine Gefühle nachzudenken. Und ich bin wohl in dem Glauben aufgewachsen, daß, selbst wenn ich Gefühle hätte, sowieso niemand darauf reagieren würde.« Diese Mißachtung war typisch für die Ehe von Pauls Eltern gewesen, die Gefühle entweder lächerlich gemacht oder abgetan hatten. Als Paul mir mehr über die Ehe seiner Eltern erzählte, erkannte ich auch, welche Herausforderung es für ihn bedeutete, seine Abhängigkeit von Elaine einzugestehen. In Pauls Familie wurden Frauen als irrational und vollkommen unzuverlässig betrachtet, was die Überzeugung bestärkte, daß Männer vollkommen selbständig sein mußten. Aber diese Beziehungsform stimmte weder für Paul noch für Elaine, und als ihnen klar wurde, in welchem Maße die Vergangenheit ihre Gegenwart beherrschte, arbeiteten sie engagiert am Aufbau einer andersgearteten Partnerschaft.

Unsere Arbeit in der Therapie half Paul, seine eigenen Schwächen und Ängste zu erkennen, denen er vorher ausgewichen war, indem er sich auf Elaines Schwächen konzentrierte. Für Elaine war es nicht immer leicht, ihm zuzuhören und auf ihn einzugehen, denn weil sie sich selbst als hilflos wahrnahm, wünschte sie sich einen starken, fürsorglichen Partner. Doch als sie allmählich ihre eigene Stärke und ihre eigenen Fähigkeiten entdeckte, konnte sie auch leichter zulassen, daß Paul seine Zweifel, Sorgen und Ängste äußerte. Paul war zunehmend stolz darauf, daß es ihm gelang, Elaine aufmerksam zuzuhören und sie auf diese Weise zu unterstützen, anstatt sofort eine Lösung für ihre Probleme zu präsentieren und die Sache selbst in die Hand zu nehmen.

Während der Zeit, in der Paul und Elaine sich immer freier äußerten und sich zunehmend gegenseitig unterstützten, fand auch in Benjamins Verhalten eine interessante Veränderung statt. Nachdem er einige Monate mitangehört hatte, wie seine Eltern sich unterhielten und ihre Reaktionen auf verschiedene Themen erkundeten, begann er plötzlich, über seine eigenen Gefühle zu sprechen. Benjamin war auf beide Eltern wütend und hatte eine Liste von Ereignissen, bei denen sie unwissentlich »falsch gehandelt« hatten. Ich bin nicht sicher, ob es mir auch so gut gelungen wäre, diese Liste von Vorwürfen einfach anzuhören, und ich war beeindruckt, wie geduldig Elaine und Paul mit ihrem Sohn zusammensaßen. Als Benjamin fertig war, sagte Paul einfach: »Ich bin so froh, daß du uns erzählen konntest, wie es dir geht. Das hilft uns, es von jetzt an anders zu machen.« Von nun an hörte man Benjamins Stimme wieder regelmäßiger, und sein Sarkasmus ließ nach, bis er nur noch als Erinnerung an eine vorübergehende Phase lebendig war.

Den Kindern emotional zur Verfügung stehen

Wenn ein Mann die eigenen Gefühle oder die Gefühle seiner Partnerin nicht ertragen kann, weiß er auch nicht, wie er auf die emotionale Verletzlichkeit seiner Kinder reagieren soll. Eltern, die ihren Kindern helfen möchten, schwierige Emotionen zu verstehen und zu bewältigen, müssen zuerst mit ihren eigenen Gefühlen umgehen können. In jüngeren Studien wird betont, wie wichtig es ist, daß Eltern die Gefühle ihrer Kinder anerkennen und darauf reagieren. Partner, die sich emotional nah sind, sind auch für weniger intensive Emotionen ihrer Kinder empfänglich und können den Kindern helfen, über das, was in ihnen vorgeht, zu sprechen. Wenn ihre Kinder traurig oder aufgebracht sind, können sie sich in den emotionalen Aufruhr einfühlen und ihrem Kind dann dabei helfen, sich Bewältigungsstrategien für die Situation auszudenken.

Im Gegensatz dazu gibt es viele Familien, in denen Gefühle Unbehagen bereiten und die Reaktionen der Kinder oft übergangen werden. Solche Eltern lieben ihre Kinder häufig sehr und möchten ihnen helfen, aber weil sie mit ihren eigenen Gefühlen nicht umgehen können, neigen sie dazu, auch die Gefühle ihrer Kinder zu leugnen oder abzuwerten. Zum Beispiel versuchen sie vielleicht, ihr Kind abzulenken, indem sie es zum Lachen bringen oder indem sie ein erfreuliches Thema anschneiden. Sie vermitteln damit möglicherweise die Überzeugung, daß man sich mit unangenehmen Gefühlen nicht befassen soll. Weil Gefühle ihnen Unbehagen bereiten, werden sie leicht ungeduldig und bedeuten ihrem Kind mit Worten oder Gesten, es solle »nicht mehr dran denken«. Dem Kind entgeht dadurch eine Gelegenheit zu lernen, wie man unangenehme Gefühle bewältigt und wie man den Bereich der Emotionen als wichtige Informationsquelle benutzt.

Doch es gibt noch weitere Konsequenzen. Wenn Kinder von ihren Eltern auf emotionalem Gebiet »trainiert« werden, lernen sie, ihre Gefühle zu regulieren, und ziehen daraus in vielfacher Hinsicht Nutzen. Weil diese Kinder von ihren Gefühlen nicht überwältigt werden, geraten sie auch nicht in ein emotionales Chaos, wenn sie sich aufregen, und können sich trotzdem auf ihre Pflichten, etwa die Hausaufgaben, konzentrieren. Außerdem kommen sie besser mit Freunden und Schulkameraden zurecht und entwickeln seltener Verhaltens- oder Gesundheitsprobleme. Zudem sind ihre schulischen Leistungen besser. Nach den Ergebnissen einer Studie erhielten Kinder, deren Eltern sich gefühlsmäßig auf sie einließen, in Lesen und Rechnen bessere Noten als Kinder, deren Eltern emotional abweisend waren.[13]

Wenn das Kind zum emotionalen Anker wird

Wenn eine Frau sich mit ihrem Partner emotional nicht verbunden fühlt, entstehen Probleme, die Auswirkungen auf ihre ganze Familie haben. Die Psychologinnen Susan Whitbourne und Joyce Ebmeyer untersuchten Paare, die seit über zwanzig Jahren verheiratet waren, um herauszufinden, wie zwei Menschen sich im Laufe der Zeit aneinander anpassen. Sie stellten fest, daß Frauen, deren Partner Schwierigkeiten mit Nähe hatten, in den frühen Jahren der Beziehung versucht hatten, die Situation zu ändern, indem sie ihre Männer zum Reden drängten oder indem sie ganz besonders empfindsam auf feine Hinweise ihrer Partner reagierten. Mit den Jahren gaben die meisten dieser Frauen auf. Sie beschrieben sich als ausgebrannt und begannen, anderswo nach Nähe zu suchen. Andere Frauen reagierten auf die unterentwickelte Intimitätsfähigkeit des Mannes, indem sie anfänglich ihre Einsamkeit leugneten und nach Entschuldigungen dafür suchten, daß ihre Männer sich vorrangig mit anderen Dingen befaßten. Im Laufe der Zeit jedoch wurden die Ausreden fadenscheinig, und schließlich konnten diese Frauen erkennen, daß ihre Männer sie nie so umsorgen und unterstützen würden, wie sie es sich erhofft hatten. Wie die Frauen der ersten Gruppe wandten sie sich schließlich von ihren Partnern ab und suchten in anderen Beziehungen nach Nähe.[14] Während manche Eltern sich Freunden und Geschwistern zuwenden, gibt es andere, die unglücklicherweise bei ihren Kindern Nähe zu finden hoffen. Wenn ein Elternteil diese Art der emotionalen Zuwendung bei einem Kind sucht, gibt es immer Probleme.

Es ist nur natürlich, daß Kinder ihren Eltern Hilfe und Trost anbieten, denn es ist in ihrem Interesse, glückliche Eltern zu haben. Die Fähigkeit eines Kindes, sich einzufühlen und Mitgefühl zu äußern, ist zwar eine Stärke, aber es ist unfair und ungesund, wenn Erwachsene Kinder dazu benutzen, die Defizite in der Beziehung auszugleichen. Die Kinder sind dann keine Kinder mehr und übernehmen Verpflichtungen, vor denen man sie eigentlich noch viele Jahre schützen sollte. Manche Kinder kommen in solchen Situationen scheinbar gut zurecht und werden zu »kleinen Erwachsenen«, die perfekt wirken. Vielleicht genießen sie es sogar, das »Lieblingskind« zu sein und die entsprechende Aufmerksamkeit zu erhalten. In Wahrheit aber hat man ihnen eine viel zu große Last aufgebürdet. Da sie für das Glück eines Elternteils verantwortlich sind, kommen ihre eigenen Bedürfnisse letztlich zu kurz. Das war in der Familie McNeil der Fall.

Die Familie McNeil

Das Problem, mit dem Robert McNeil in meine Praxis kam, war die Trunksucht seines Vaters. Edward McNeil nahm freiwillig an einem ambulanten Entzugsprogramm teil, nachdem sein Chef ihn direkt darauf angesprochen hatte, daß er in letzter Zeit häufiger gefehlt hatte und daß er am Wochenende oft zuviel trank. Edward, ein ruhiger Mann, war in jeder anderen Hinsicht ein äußerst pflichtbewußter Arbeitnehmer und hatte sein Problem sofort eingestanden. Als sein Therapeut im Entzugsprogramm die Ansicht äußerte, man solle Robert in die Therapie miteinbeziehen, waren beide Eltern erschrocken. Robert war mit seinen elf Jahren ein »perfektes« Kind: gehorsam, respektvoll und ein hervorragender Schüler. Roberts Mutter Diane war fest überzeugt, daß sie die schwere Prüfung, die der Alkoholismus ihres Mannes ihr aufgebürdet hatte, ohne dieses empfindsame, liebevolle Kind nie durchgestanden hätte.

Robert selbst war voller Mißtrauen, als wir uns trafen. Die Zeichnungen, die er für mich anfertigte, waren sehr kontrolliert und technisch. Anders als andere Kinder, die ich begutachtet habe, hatte er meinen Beobachtungen nichts hinzuzufügen. Als er fertig war, fragte ich ihn, ob er seine Bilder behalten wolle oder ob ich sie haben könnte. Robert antwortete, indem er die Zeichnungen zu einer Kugel zusammenknüllte und bemerkte: »Sie sind sowieso nicht gut.« Als ich den Jungen bat, mir zu erzählen, wie es zu Hause lief, zuckte er die Achseln und schaute weg. Sein Unbehagen in diesem Gespräch unter vier Augen machte die Sitzung für uns beide unangenehm, und ich konnte das, was ich als Barriere des Mißtrauens empfand, nicht durchbrechen. Kinder aus Alkoholikerfamilien haben oft Angst, das Familiengeheimnis preiszugeben, aber ich war besorgt, daß Roberts Problem umfassender war und daß er grundlegende Probleme mit einem geringen Selbstwertgefühl hatte. Meine Empfehlung lautete: Familientherapie.

In Gegenwart seiner Eltern war Robert entspannter, aber immer noch still und übermäßig zurückhaltend. Ihm war durchaus bewußt, daß sein Vater sich immer wieder betrank, denn wenn Edward lange ausblieb, ging sein Sohn ins Zimmer seiner Mutter, um bei ihr zu sein, wenn sie weinte. Diane hatte gehofft, daß Edward seine Alkoholsucht ohne professionelle Hilfe überwinden könnte, und es war ihr peinlich, daß ihre Familie solch ein Problem hatte, denn für sie war es wichtig, ihr Ansehen in der Gemeinde aufrechtzuerhalten. Vor Roberts Geburt hatte Diane in der Schule an ihrem Wohnort unterrichtet, und man achtete sie als ausgezeichnete Mutter und als hilfsbereites Mitglied des Elternbeirates. Die Tatsache, daß Robert still war, beunruhigte die Eltern nicht weiter, denn weder Diane noch Ed hielten sich für extrovertiert. Beide Eltern waren jedoch bestürzt, als ich darauf hinwies, daß Robert bestimmte Aspekte von sich selbst abzulehnen schien, und meine Besorgnis äußerte, hinter der schönen Fassade könnte ein Junge leben, der viele Gefühle hatte, die er nicht äußerte.

Neben der Tatsache, daß Edward trank, gab es in der Ehe auch noch andere offensichtliche Probleme. Diane hatte spät geheiratet, und sie hatte nicht sehr viele Gemeinsamkeiten mit ihrem Mann. Zusätzlich zu ihrer unterschiedlichen ethnischen Herkunft waren die Ursprungsfamilien des Paares auch finanziell unterschiedlich gestellt gewesen. Edward konnte mit Dianes Leidenschaft für Musik und Kunst nichts anfangen und fand es albern, daß Robert Geigenstunden hatte und mit seiner Mama Duette spielte. Für Edward bestand Freizeitvergnügen darin, im Kreis seiner Kumpel ein Fußballspiel anzuschauen und dabei Brezeln und Bier zu konsumieren, eine Aktivität, die Diane wiederum als Zeitverschwendung verabscheute. Aus meiner Sicht war Robert mitten zwischen den beiden gefangen, und pflichtbewußt übte er jeden Tag Geige, bevor er auf den Sportplatz ging, um Fußball zu spielen. Über die Unterschiede zwischen den Eltern wurde nie gesprochen; beide guckten einfach weg und hofften, daß sich eines Tages etwas ändern würde. Und während Vater und Mutter wenig miteinander anfangen konnten, liebten beide den Sohn über alles. Als Edwards Trinken allerdings immer schlimmer geworden war, hatte Robert die Lücke gefüllt und dafür gesorgt, daß er zu Hause war, damit seine Mutter sich nicht einsam fühlte. Falls er dabei Wut oder Groll empfunden hatte, hatte er sie tief in sich verschlossen. Abgeschnitten von seinen Gefühlen führte er ein Leben als perfekter Sohn. Glücklicherweise konnten die McNeils sich auf den therapeutischen Prozeß einlassen und die ehelichen Spannungen, die ihren Sohn so lange gefesselt hatten, auflösen.

Wenn das als Partnerersatz dienende Kind heranwächst

Die Probleme, die entstehen, wenn ein Kind einen Elternteil unterstützt, der in der Partnerbeziehung nicht genügend

Nähe erfährt, sind leider nicht auf die Kindheit beschränkt. Die Selbstaufopferung und die Verantwortung, die von einem in dieser Weise benutzten Kind verlangt werden, erzeugen einen Groll, der vielleicht erst richtig sichtbar wird, wenn das herangewachsene Kind selbst auf Partnersuche ist und das Risiko der Nähe eingeht. Wenn Intimität bedeutet, daß man sich selbst verliert, um sich um jemand anderen zu kümmern, dann lohnt es sich nicht, danach zu suchen. Kinder, die bei der Unterstützung eines Elternteils zuviel Verantwortung übernommen haben, vermeiden es als Erwachsene oft, sich auf eine Bindung einzulassen, oder sie wählen einen Partner, dessen Bedürftigkeit sie zwingt, weiter die Rolle des Fürsorglichen zu spielen. Sehr oft fühlen sie sich von Menschen angezogen, die echter Nähe mißtrauisch oder ablehnend gegenüberstehen, und ohne es zu beabsichtigen, ahmen sie dann die Beziehung ihrer Eltern nach.

Angst vor Nähe kann auch entstehen, wenn man aus früheren Erfahrungen gelernt hat, mißtrauisch zu sein. Auf die Zuwendung und den Trost eines anderen angewiesen zu sein, versetzt uns in einen Zustand der Verletzlichkeit, denn wenn der Partner seine Aufgabe nicht erfüllen kann oder will, führt das unweigerlich zu Enttäuschung. Auch in einer Partnerschaft geht man immer das Risiko ein, abgewiesen oder enttäuscht zu werden, daher müssen beide Partner darauf vertrauen, daß der andere guten Willens ist. Doch wenn ein Mensch große Enttäuschungen erlebt hat, wird er dieses Risiko vielleicht nicht eingehen wollen. Es ist viel sicherer, die Bedeutung der ersehnten Zuwendung zu leugnen, als das Verlangen danach zuzugeben und dann enttäuscht zu werden.[15] Vielleicht ist das der Grund, warum es Kindern, die Vater oder Mutter verloren haben, so häufig schwerfällt, sich auf einen anderen Menschen einzulassen. Doch auch junge Erwachsene, die als Kinder nur beobachtet haben, wie ihre Eltern sich innerlich abkapselten, fragen sich, ob sie darauf vertrauen können, daß ein anderer Mensch auf ihre Bedürfnisse eingeht.

Das passierte Irene und Bob.

Irene und Bob

Irene und Bob hatten schon einmal eine Paartherapie begonnen, sie aber nach fünf Sitzungen abgebrochen. Jetzt, sechs Jahre später, waren sie vollkommen niedergeschlagen und standen kurz vor der Scheidung. Irene fürchtete sich davor, eine Trennung bekanntzugeben, denn sie war ein sehr zurückhaltender Mensch und mochte es nicht, wenn andere Leute um ihre Angelegenheiten wußten. Bob war zwar einsam und unglücklich, hoffte aber immer noch, daß die Ehe, die seit dreißig Jahren bestand, gerettet werden könne. Beide waren sich einig, daß ihr Hauptproblem die Kommunikation war: Sie konnten ihre Meinungsverschiedenheiten einfach nicht beilegen. Wenn sie keine Entscheidung zu treffen vermochten, mit der beide leben konnten, wurde Bob schließlich wütend, und Irene zog sich wochenlang zurück. Im Laufe der Jahre wurden diese Phasen der Spannung und der Distanz immer ausgedehnter, und von der Nähe zwischen den beiden Partnern war fast nichts mehr übrig.

Irene und Bob hatten sich mit Anfang zwanzig bei einem gemeinsamen Freund kennengelernt. Sie waren zwar ein attraktives Paar, aber der Reiz lag in der physischen Verschiedenheit: Bob war dunkel und sehr groß, Irene zierlich und blond. Auch ihr familiärer Hintergrund war sehr unterschiedlich, denn Bob war der älteste Sohn einer Arbeiterfamilie und Irene die Tochter eines erfolgreichen Geschäftsmannes. Doch beide waren sehr intelligent und geistreich, und wenn sich die Spannung zwischen ihnen gelegentlich löste, hatten sie beide ein herrlich ansteckendes Lachen.

Bobs Vater war plötzlich gestorben, als der Junge elf Jahre alt war, und seine Mutter stand ohne Lebensversicherung und mit drei Kindern da. Als Bob sechzehn war, heiratete sie zwar wieder, aber bis dahin hatte die Familie anstrengende Jahre durchgemacht. Bob hatte so viele Jobs angenommen, wie er nur konnte, um den Lohn der Mutter ein wenig aufzustocken und zum Lebensunterhalt der Familie beizutragen. Doch noch wichtiger war, daß Bob der

»Mann« in der Familie geworden war und seine Mutter ihre alltäglichen Mühen und Sorgen mit ihm besprochen hatte.

Irenes Familie war wohlhabend und hatte keinerlei Geldsorgen, aber auf der emotionalen Ebene gab es Differenzen. Irene erzählte, daß ihr Vater zu Wutausbrüchen neigte, bei denen er schrie und tobte. Seine Wut richtete sich meistens gegen seine Frau, die er als unfähig und bedürftig betrachtete. Ihre Bitten um Hilfe oder Aufmerksamkeit riefen bei ihm Sarkasmus oder Zorn hervor, und er verspottete sie, wenn sie die geringste Schwäche zeigte. Irene war sein Lieblingskind, weil sie so intelligent und schön war und ihm Paroli bieten konnte, wenn er sie herausforderte. Mit den Streitereien ihrer Eltern aufzuwachsen war für Irene sehr anstrengend, insbesondere, weil ihre Mutter wiederholt versuchte, die Tochter als Beschützerin zu gewinnen und auf ihre Seite zu ziehen. In Gedanken lehnte Irene beide Eltern ab, aber besonders verachtete sie die verzweifelte Bedürftigkeit, die ihre Mutter verkörperte.

Manchmal geben Paare durch ihre Handlungen mehr zu erkennen als durch Worte. In unserer zweiten Sitzung löste Bobs Goldkette sich und fiel ihm in den Schoß. Die nächsten fünf Minuten versuchte er ungeschickt, das Schloß wieder im Nacken zu schließen, während er sich gleichzeitig am Gespräch beteiligte. Schließlich unterbrach ich ihn und fragte, ob er schon einmal daran gedacht habe, Irene um Hilfe zu bitten. Er sah aus, als sei er über meine Frage erschrocken, und antwortete, der Gedanke sei ihm gar nicht gekommen. Als ich Irene fragte, ob sie beide diesen Drang nach unbedingter Selbständigkeit hätten, oder ob er nur für Bob gelte, meinte sie, sie könne sich kaum erinnern, ihren Mann jemals um etwas gebeten zu haben. Irene hatte immer dafür gesorgt, daß sie allein zurechtkam. Die wenigen Jahre, die sie im Beruf ausgesetzt hatte, um sich um ihre beiden Kinder zu kümmern, waren sehr schwierig für sie gewesen, und sie hatte sich so schnell wie möglich wieder Arbeit gesucht, um ihr eigenes Geld zu verdienen.

Als ich von den umfassenden Verpflichtungen erfuhr, die

man Bob in seiner Kindheit aufgeladen hatte, glaubte ich, sein Bedürfnis nach Unabhängigkeit einigermaßen verstehen zu können. Seine Mutter hatte ihm unabsichtlich die Freiheit geraubt, die die meisten Jugendlichen genießen, und er hatte sich von ihren Sorgen und Nöten erstickt gefühlt. Der Schock des plötzlichen, unerwarteten Todes ihres Mannes hatte dazu geführt, daß sie Bob immer genau im Auge behielt, wissen wollte, wo er hinging und wann genau er wiederkommen würde. Natürlich machte sie sich große Sorgen, wenn er auch nur fünf Minuten zu spät kam. Doch Bob war ein pflichtbewußter Sohn, und wenn er sich auch über die Angst der Mutter und über ihr Bedürfnis nach Nähe ärgerte, lehnte er sich doch nie dagegen auf. Aber das war nur die halbe Wahrheit. Als ich Bob fragte, wie die Ehe seiner Eltern vor dem Tod des Vaters ausgesehen hatte, meinte er, er könne sich fast gar nicht daran erinnern. Er erklärte, er habe so wenig Erinnerungen an seinen Vater, daß alles, was er sagen könnte, auf Geschichten beruhe, die er von anderen gehört habe.

Als ich weiter nach Erinnerungen bohrte, überkam es Bob. Tränen traten ihm in die Augen, aber als ich ihn darauf hinwies, meinte er, er habe keine Ahnung, warum er weine. Ich fragte ihn, ob er glaube, daß er jemals um seinen Vater getrauert habe und den Schmerz darüber gespürt habe, daß er diesen besonderen Menschen in so jungen Jahren verloren hatte. Bob setzte wieder seine versteinerte Miene auf und sagte, wahrscheinlich habe er nicht getrauert, weil seine Mutter von ihrem Kummer so überwältigt gewesen sei und ihn gebraucht habe, um das Familienleben zu organisieren. Ich gab Bob zu bedenken, daß er wahrscheinlich viele komplizierte und schmerzhafte Gefühle in sich trage, Gefühle eines Elfjährigen, dessen Vater ihn verlassen hatte. Er stehe vor der schwierigen Aufgabe, diese Gefühle zu akzeptieren und sich dadurch von einer Last zu befreien, die ihn erschöpfe. Nur so könne er Irene nahekommen, ohne Angst zu haben, daß auch sie ihn verlassen würde.

Als Irene das hörte, meinte sie, daß die Hartnäckigkeit, mit der Bob alle Gefühle leugnete, wohl das größte Problem in ihrer Ehe sei. Er stand ihr dadurch als Freund nicht zur Verfügung, weil er ihre Gefühle genauso wenig ertragen konnte wie seine eigenen. Alle Gespräche endeten in dem Augenblick, in dem sie einen emotionalen Beiklang bekamen. Ich erklärte Irene, daß Bobs Selbständigkeit und seine rationale Einstellung keine neuen Eigenschaften seien, sondern auch schon offensichtlich gewesen sein mußten, als die beiden sich kennenlernten und beschlossen zu heiraten. Welche Bedeutung hatten diese Eigenschaften für Irene? Wieso war es ihr ungefährlich erschienen, Bob zu lieben? Irene begann, von ihren Eltern zu sprechen und darüber, daß sie sich von beiden gefangen gefühlt hatte. Ihr Vater hatte ihr bei der Wahl ihrer Freundinnen und ihrer Hobbys seinen Willen aufgezwungen, und er war kein Mensch, dem man einfach widersprechen konnte. Ihre Mutter hatte anscheinend immer versucht, ihre Freundin zu werden, aber Irene mißtraute ihren wahren Motiven. Sie hatte das Gefühl, wenn sie Nähe zu ihrer Mutter zuließe, würde die Mutter versuchen, sie in Besitz zu nehmen und ihre gesamte Zeit beanspruchen. Insofern hatte Irene sich ebenfalls von den Bedürfnissen anderer Menschen erstickt gefühlt, und sie meinte, man habe auch ihr das Recht geraubt, ein eigenes Leben zu führen. Außerdem hatte sie gelernt, daß es gefährlich war, Fehler und Schwächen zuzugeben. Die Erinnerung an die Ehe ihrer Eltern ließ sie befürchten, daß Bob sie auslachen oder erniedrigen würde, wenn sie auch nur die kleinste Schwäche zu erkennen gab. Mehr als alles andere hatte Irene die Verletzlichkeit ihrer Mutter und die Wut ihres Vaters verachtet.

Bob war ein Mensch, dessen ruhiges Auftreten Irene Geborgenheit gab. Solange zwischen ihnen alles reibungslos lief, fühlte sich Irene sicher und zufrieden. Wenn sie anfing, wütend oder gekränkt zu sein, wurde sie sehr aufgeregt und war über sich selbst unglücklich. Mit sehr wenig Interpretation von meiner Seite erkannte Irene schnell, daß sie den zornigen Wesenszug an sich haßte, weil er sie an ihren Vater erinnerte, und daß sie ihre verletzliche Seite ablehnte, weil sie ihre Mutter repräsentierte. Außerdem wurde ihr klar, daß Bobs Unabhängigkeit sie zu der Überzeugung verleitet hatte, er würde im Gegensatz zu ihren Eltern keine Ansprüche an sie stellen. Bobs kühle Fassade hatte Irene ursprünglich angesprochen, weil seine Verhaltensweise auch die emotionale Seite in ihr unter Kontrolle hielt. Doch als es zwischen den beiden nicht mehr klappte, hatte keiner der Partner die Möglichkeit, seine Gefühle zu verarbeiten und darüber zu sprechen, denn um diese Gefühle zu verstehen und eine akzeptable Lösung zu finden, mußte man sie erst einmal erkennen.

Wechselseitigkeit

Wenn man in einer Partnerschaft wechselseitige Abhängigkeit entwickeln möchte, muß das auf Gegenseitigkeit beruhen. Unausgesprochen schließen Partner einen Vertrag, der den Fluß von Geben und Nehmen regelt, so daß sich ein Gefühl von Gerechtigkeit einstellt. Wenn die Partner abwechselnd unterschiedliche Beiträge leisten, um den anderen und die Beziehung zu stärken, sorgt dieses Quidproquo für Fairneß. Beide können Opfer für den anderen bringen, weil sie darauf vertrauen, daß der Partner zu einem anderen Zeitpunkt oder auf andere Weise ebenso verfahren wird. Wenn die Beziehung sich gut entwickelt, leidet keiner der Partner unter dem Gefühl, daß er allein im Leben steht oder ausschließlich selbst für sein Wohlergehen verantwortlich ist. Stattdessen leben sie in einer Atmosphäre, in der jeder für das Wohlbefinden des anderen sorgt. Studien über gute langjährige Partnerschaften und Zufriedenheit weisen immer wieder darauf hin, daß Gerechtigkeit und Fairneß zu den wichtigsten Faktoren gehören.[16]

Im Laufe der Jahre habe ich erfahren, daß es viel Freude macht, mit Paaren zusammenzusein, zwischen denen sich diese Art der wechselseitigen Unterstützung entwickelt hat. Man spürt sofort, wie sehr den Partnern das Wohlergehen des anderen am Herzen liegt, und findet diesen Eindruck bestätigt, weil sie aufmerksam auf die Gefühle des anderen achten und sensibel darauf eingehen. Je mehr die Partner einander geben, desto mehr scheinen sie zu bekommen und zurückgeben zu können. Kinder, die in einer solchen Umgebung aufwachsen, beobachten, daß ihre Eltern sich in schlechten Zeiten gegenseitig um Hilfe bitten können. Sie spüren die Nähe, die sich durch diese gegenseitige Fürsorge zwischen den Eltern entwickelt hat. In den Augen dieser Kinder wird man in einer festen Beziehung beschützt, geliebt und unterstützt.

In der familiären Umgebung, die entsteht, wenn die Eltern sich gegenseitig unterstützen, bekommen auch die Kinder mehr emotionale Zuwendung und Aufmerksamkeit. Weil Kinder auf die allgemeine Stimmung in der Familie so sensibel reagieren, werden sie in ihrer Entwicklung gefördert, wenn die Eltern sich gegenseitig helfen. Psychologische Untersuchungen an Babys haben ergeben, daß Eltern, die sich wechselseitig unterstützen, beim Versorgen der Kinder sensibler sind und daß ihre Kinder sicherer wirken. Kinder aus solchen Familien hatten weniger Probleme und zeigten eine gesundere Anpassung an das Leben.[17]

Wenn Eltern sich gegenseitig unterstützen, wird ihre Beziehung zu einer Kraftquelle, die die Partner befähigt, auch mit Streß und Problemen außerhalb der Partnerschaft fertig zu werden. Viele glücklich Verheiratete haben schlimmste Probleme ertragen, wie Armut, rassistische Angriffe, lebensbedrohliche Krankheiten und physische Behinderungen. Partner, die aufeinander zählen können, lassen nicht zu, daß solche Widrigkeiten die Beziehung belasten. Sie haben vielmehr das Gefühl, daß ihre liebevolle, unterstützende Beziehung ihnen hilft, die größten Herausforderungen zu bewältigen. Ich möchte von einer mir bekannten Familie berichten, deren Mitglieder eine wirklich bemerkenswerte Fähigkeit besaßen, sich in Krisen gegenseitig zu unterstützen.

Steven Lewis

Ein mit mir befreundeter Neurologe von der Kinderklinik in Toronto trat eines Tages mit einer vorsichtigen Frage an mich heran. »Ich weiß, daß Sie normalerweise nicht mit Patienten arbeiten, die unter Muskeldystrophie leiden«, meinte er, »aber könnten Sie mir einen Gefallen tun und heute nachmittag in der Klinik vorbeischauen? Ich habe schlechte Nachrichten für eine Familie, die ich schon lange kenne.« Der neunjährige Steven war das dritte von vier Kindern in dieser Familie und der jüngste Sohn. Bei seinem älteren Bruder war die Duchenne-Muskeldystrophie diagnostiziert worden, als er gerade in die Schule kam, und inzwischen saß er seit fünf Jahren im Rollstuhl. Bei genetischen Untersuchungen hatte man festgestellt, daß die Krankheit in früheren Generationen auf der väterlichen wie auch auf der mütterlichen Seite aufgetreten war, doch weder Vater noch Mutter hatten Geschwister gehabt, die erkrankt waren. Die Eltern hatten erfahren, daß Jungen eher betroffen sind als Mädchen und daß die ersten Anzeichen der Krankheit normalerweise im Alter von sechs oder sieben Jahren sichtbar werden. Gemeinsam half die Familie David, dem älteren Sohn, mit dem stetigen Nachlassen seiner Muskelkraft zurechtzukommen. Im stillen hatten alle gejubelt, als Steven seinen siebten und seinen achten Geburtstag hinter sich brachte und weiter auf Bäume kletterte und beim Baseball glänzte. Doch in letzter Zeit war der Junge häufiger gestolpert und gestürzt, und die Familie fühlte sich in die Zeit zurückversetzt, als bei David die ersten Krankheitssymptome auftraten.

Ich nahm an dem Gespräch teil, das der Arzt an diesem Tag mit den Eltern und mit Steven führte, um ihnen mitzuteilen, daß der Verdacht sich leider bestätigt hatte. Anders als andere Kinder, die nach und nach erfahren, welcher Art ihre Krankheit ist, wußte Steven genau, wie seine Zukunft aussehen würde. Er war derjenige, der seinem älteren Bruder oft beim Ankleiden geholfen hatte, und er war auch derjenige, der ihn in den Garten schob. Jetzt stand die Familie vor einer bitteren Zukunft mit zwei behinderten Söhnen, die beide früh sterben würden. Als der Arzt bestätigte, was alle schon wußten, hielten Stevens Eltern sich an den Händen und blickten sich durch ihre Tränen in die Augen. Sie hatten ihren Glauben an Gott nicht verloren, aber sie hofften auch nicht auf Wunder. Sie nahmen das Leben an, das

Gott ihnen geschenkt hatte, und sie schöpften Kraft daraus, daß sie sich gegenseitig Beistand leisteten. Alice, Stevens Mutter, erzählte mir, daß sie an vielen Tagen niedergeschlagen war, aber daß Frank immer für sie da war und sie an seiner Schulter weinen konnte. Und wenn Frank mit der Situation nicht gut zurechtkam, wußte Alice, solange sie ihm Trost spenden konnte, würden sie es gemeinsam schaffen. Die beiden schöpften ein wenig Hoffnung, als der Arzt erklärte, Stevens Symptome würden sich vielleicht langsamer entwickeln, weil er beim Ausbruch der Krankheit älter war als die meisten anderen Kinder, doch sie wußten, daß die Tage, an denen ihr Sohn hinter dem Baseball herjagen konnte, gezählt waren. Frank sagte zu mir: »Wir arbeiten mit dem, was wir haben. Solange Steven Baseball liebt, gibt es keinen Grund, daß wir uns nicht zusammen die Spiele anschauen können, und auch seine Sammlung von Spielerfotos kann er weiterführen, solange er will. Vom Rollstuhl aus sieht das Leben anders aus, aber solange man eine Familie hat, die einen liebt, hat man allen Grund weiterzumachen.« Trotz ihres Kummers und ihrer Mühen lachten Frank und Alice noch zusammen und nahmen sich die Zeit, allein miteinander auszugehen. Ihre Entschlossenheit, aus dem, was sie hatten, das Beste zu machen, hielt ihre Ehe und ihre Familie stark und lebendig.

Lernen, sich auf andere zu verlassen

In Beziehungen, in denen die Partner sich nicht gegenseitig Hilfe leisten, sind sie bald voneinander enttäuscht und kommen zu der Überzeugung, daß sie in erster Linie für sich selbst sorgen müssen. Wenn ich mit solchen Paaren arbeite, höre ich, wie beide sich darüber beklagen, daß der Partner oder die Partnerin selbstsüchtig oder ichbezogen ist. Beide handeln als Individuen, und es gibt nur selten Fälle, in denen sie emotionale Zärtlichkeit suchen oder bieten. Unterstützung gewähren sie sich nur in Bereichen, in denen die Prioritäten des Einzelnen nicht angetastet werden.

Partner, die auf diesem Gebiet Schwierigkeiten haben, äußern auch oft die Überzeugung, daß der andere jede

Bitte, die sie an ihn richten, gegen sie verwenden wird. In einer solchen Beziehung herrscht ein Mißtrauen, das auf der Angst vor Verpflichtungen beruht. Wenn man eine Gefälligkeit des Partners annimmt, schuldet man ihm auch einen Gefallen. Dahinter steht die Furcht, ausgebeutet zu werden, und die bange Frage, ob das, was der Partner im Gegenzug verlangen könnte, vielleicht den Nutzen dessen übersteigt, was man selbst bekommen hat.

Kinder, die in einer solchen familiären Umgebung aufwachsen, nehmen das Trennende zwischen den Eltern durchaus wahr. Selbst wenn es nicht zu offen ausgetragenen Konflikten kommt, können sie sehen, daß ihre Eltern, wenn es um ihr innerstes Selbst geht, einander nicht vertrauen. Die Überzeugung, daß man sich nur auf sich selbst verlassen kann, durchdringt den Alltag und lehrt das Kind, in ähnlicher Weise jegliche Abhängigkeit zu vermeiden. Das Kind lernt, daß man in einer Partnerschaft ständig auf der Hut sein muß. Nachdem es wiederholt gehört hat, wie egoistisch die Mutter oder der Vater ist, entwickelt es möglicherweise die Überzeugung, daß Menschen einander ausnutzen und daß Unabhängigkeit der sicherste Weg ist, um dem zu entgehen.

Wenn Kinder in dem Glauben aufwachsen sollen, daß ihre Bedürfnisse vom zukünftigen Partner respektiert werden und daß er oder sie ihre Liebe annehmen und erwidern wird, müssen sie das in der Beziehung der Eltern verwirklicht sehen. Wenn Eltern in der Lage sind, sich gegenseitig Unterstützung und Fürsorge zu gewähren, schaffen sie eine emotionale Umgebung, die allen Familienmitgliedern zugute kommt. Und, was am wichtigsten ist, sie bringen ihren Kindern bei, daß man anderen Menschen vertrauen und sich auf sie verlassen kann.

Fragen

1. An wen wenden Sie sich, wenn Sie ein Problem haben und darüber sprechen möchten? Erleichtert oder erschwert es Ihre Situation, wenn Sie versuchen, mit Ihrem Partner oder Ihrer Partnerin darüber zu sprechen?

2. Fühlen Sie sich mit Fakten wohler oder mit Gefühlen? Fühlt Ihr Partner oder Ihre Partnerin sich mit Fakten wohler oder mit Gefühlen?
3. Hört Ihr Partner oder Ihre Partnerin wirklich zu, wenn Sie sprechen? Glauben Sie, daß Ihr Partner oder Ihre Partnerin sich an die Dinge erinnert, die Ihnen in der Vergangenheit Probleme bereitet oder die Sie aufgewühlt haben?
4. Auf welche Weise sorgt Ihre Partnerin oder Ihr Partner dafür, daß es Ihnen besser geht, wenn Sie Kummer haben? Was tun Sie für Ihre Partnerin oder Ihren Partner?
5. Wie oft kennen Ihre Kinder die Einzelheiten von Problemen, die Sie oder Ihren Partner/Ihre Partnerin beschäftigen? Wie oft wußten Sie solche Einzelheiten, wenn Ihre Eltern Probleme hatten?

Kapitel 4

Die Wichtigkeit von gegenseitigem Respekt deutlich machen

*»Deine Mama/deinen Papa zu heiraten war
das Beste, was ich je getan habe.«*

Viele Therapeuten halten die Selbstachtung oder das Selbstwertgefühl für das Fundament der psychischen Gesundheit. Mit einem gesunden Selbstwertgefühl wächst der Mut, sich nach außen zu wagen, Risiken einzugehen und ganz am Leben teilzuhaben. Weil das Selbstwertgefühl so wichtig ist, haben Kliniker und Forscher sich bemüht zu verstehen, wie ein Kind dieses Gefühl entwickelt und wie Eltern das Selbstvertrauen ihrer Kinder fördern können. Der Psychoanalytiker Heinz Kohut, der einen Zweig der Analyse entwickelte, den man »Selbst-Psychologie« nennt, hat betont, wie wichtig eine feste Bezugsperson ist, die als »Spiegel« dient und das Kind in dem Gefühl bestätigt, daß es wichtig und wertvoll ist.[1] Die Beziehung zwischen Kind und elterlicher Bezugsperson trägt zwar zweifellos zum Wohlbefinden des Kindes bei, aber daneben werden Kinder auch stark von der Art beeinflußt, wie die Eltern ihren Respekt voreinander zeigen.

Respekt lernt man durch Beobachtung, aber mehr noch durch Identifikation. Während ihrer psychischen Entwicklung »übernehmen« Kinder durch Identifikation Aspekte ihrer Eltern. Anfangs ahmt das Kind vielleicht eine bestimmte Eigenschaft nach, aber nach und nach betrachtet es diesen Zug dann als echten Teil seiner selbst. Eine Mutter, die voller Selbstzweifel ist, bietet ihrem Kind wenig Selbstvertrauen, das es aufnehmen oder mit dem es sich identifizieren könnte.

Kindern ist sehr bewußt, wieviel Achtung Mutter und Vater sich selbst und dem anderen Elternteil entgegenbringen.

Durch Handlungen und Worte vermitteln die Partner, wie sehr sie einander respektieren und wertschätzen. Das Kind stellt sich vor, es spiele die Rolle der Mutter oder des Vaters, und dabei identifiziert es sich mit einem Elternteil und gelangt zu einer Sichtweise von sich selbst, die auch die wahrgenommene Wertschätzung miteinschließt. Wenn Eltern sich gegenseitig loben oder sich Komplimente machen, senden sie eine Botschaft der Wertschätzung aus, die vom Kind aufgenommen wird. Wenn sie sich gegenseitig herabsetzen, erzeugen sie im Kind Unbehagen und Konflikte.

Selbstwertgefühl zeigt sich in partnerschaftlichen Interaktionen auch noch auf andere Weise. Ein Erwachsener mit einem gesunden Selbstvertrauen erwartet, daß andere ihn fair und respektvoll behandeln, und er ist in der Lage, das nötigenfalls durchzusetzen. In ähnlicher Weise hat ein Erwachsener, der sich selbst achtet, es nicht nötig, den Partner abzuwerten, um sich selbst besser zu fühlen. Derartige Interaktionen würden dazu führen, daß beiden Eltern ein Makel anhaftet und daß sie zu problematischen Identifikationsobjekten werden.

Respektlosigkeit zwischen den Eltern erzeugt bei den Kindern zudem den Eindruck, daß man in einer Partnerschaft nicht sicher ist. Die meisten Heranwachsenden sehnen sich nach dem Gefühl, anerkannt zu sein. Ihre Begabungen und Bemühungen mögen zwar dazu führen, daß sie in vielen Lebensbereichen – sei es der Sport, die Schule oder die Musik – erfolgreich sind, aber die Fähigkeiten, die man zum Aufbau einer intimen Partnerschaft braucht, lassen sich durch solche Leistungen nicht erwerben. Wie wir gesehen haben, greift der erwachsene Mensch, wenn er lernt, Teil eines Paares zu sein, unbewußt auf Erinnerungen an die Ehe seiner Eltern zurück und orientiert sich an dieser Vorlage. Wenn er die Erfahrung gemacht hat, daß seine Eltern sich gegenseitig erniedrigten oder respektlos behandelten, entstehen die Erwartung und die Furcht, daß Erwachsene mit ihrem Partner immer nur auf diese Weise und nie anders umgehen. Wenn Eltern versuchen, die Selbstachtung des Partners zu zerstören, kann das Ergebnis auch für die Kinder verheerend sein.

Eine Situation, in der zwei Erwachsene respektlos miteinander umgehen, ist für ein Kind verstörend, doch ebenso gefährlich, wenn nicht sogar noch gefährlicher ist es, wenn nur ein Elternteil herabgesetzt wird. In dieser Situation muß man das Geschlecht des entwürdigten Elternteils und das des Kindes berücksichtigen. Auch wenn es viele mögliche Folgen gibt, haben die Klienten, mit denen ich gearbeitet habe, doch bestimmte Muster gezeigt, die vielleicht auch bei anderen Menschen häufig vorkommen.

Töchter und nicht respektierte Mütter

Die Verbindung zwischen Mutter und Tochter sollte ungetrübt sein, denn die Mutter ist das erste Liebesobjekt des Kindes. Die Mama zu lieben und so werden zu wollen wie sie, ist zunächst unproblematisch. Aber wenn eine Tochter beobachtet, daß die Frau, die sie so innig liebt, von anderen nicht bewundert wird, dann werden die Beziehung zur Mutter und die Identifikation mit ihr auf eine harte Probe gestellt und belastet. Noch schädlicher wird die Situation für die Tochter, wenn es der Vater ist, der die verletzenden Pfeile abschießt.

Wenn eine Frau von ihrem Mann erniedrigt wird, hat die Tochter zwei Möglichkeiten. Sie kann sich entschließen, sich noch stärker mit der Mutter zu identifizieren und die Entfaltung ihres eigenen Potentials zu unterdrücken. In diesem Fall wird sie sich einen Partner suchen, den sie für wertvoller halten kann als sich selbst, und so ist es wahrscheinlich, daß sie die unglückliche Situation ihrer Mutter wiederholt. Die Alternative dazu ist, daß die Tochter sich stärker mit ihrem Vater identifiziert und seinen Weg zum Erfolg einschlägt. Vielleicht gelingt ihr in Schule, Beruf und Freundschaften alles hervorragend, aber es ist vorherzusehen, daß sie in Liebesbeziehungen Probleme haben wird. Jede Beziehung, die zu sehr der Ehe ihrer Eltern ähnelt, wird sie daran erinnern, wie der Vater die Mutter behandelte. Die Angst der jungen Frau, so zu werden wie ihre Mutter und in einer Welt leben zu müssen, in der nur der Partner sich hervortun und glücklich sein kann, wird eine enge Beziehung nahezu unmöglich machen.

Susan

Susan begann die Therapie bei mir nach einer verunglückten Verabredung mit einem ihr unbekannten Mann, den Freunde als perfekt beschrieben hatten. Sie erkannte wohl, warum ihre Freunde den Mann attraktiv und interessant gefunden hatten, aber aus Gründen, die sie nicht ganz verstand, fand sie den Mann langweilig und anstrengend. Ihr Unbehagen hatte dazu geführt, daß sie zuviel getrunken und sich schlecht benommen hatte. Die 35jährige Susan war erfolgreich im Medienbereich tätig, aber im Privatleben war sie einsam. Ihre bisher einzige wichtige Beziehung war ein kurzes Verhältnis über eine weite Entfernung gewesen, das nach einem Italienurlaub begonnen hatte. Sie hatte gemerkt, daß europäische Männer sie im allgemeinen anzogen, während sie die Amerikaner, die sie kennenlernte, eher abstoßend fand.

Susan war stolz darauf, daß sie ein kreativer, energiegeladener Mensch war. Als attraktive, wenn auch leicht übergewichtige Frau war sie in ihrem Beruf sehr engagiert, so daß sie in relativ kurzer Zeit mehrmals befördert worden war. Sie hatte ein paar gute Freundinnen, aber fast alle waren verlobt oder hatten kürzlich geheiratet. Susan fühlte sich ausgeschlossen, aber gleichzeitig langweilten sie die »häuslichen« Interessen der jungen Ehefrauen. Die Pläne ihrer Freundinnen, Kinder zu bekommen, fand Susan gleichermaßen verstörend; sie konnte sich nicht vorstellen, daß es Spaß oder Freude machen konnte, Ehefrau und Mutter zu werden.

In der Therapie zögerte Susan anfangs, über das Familienleben in ihrer Kindheit zu sprechen. Sie beschrieb ihren Vater als klugen, lebhaften Geschäftsmann, der in jedem Bereich seines Lebens erfolgreich war. Seine Arbeit führte ihn häufig nach Europa, und wenn er wiederkam, brachte er seinem einzigen Kind Puppen und Geschenke mit. Im Gegensatz dazu schilderte Susan ihre Mutter als langweilige, wenig agile Frau, die ihr Leben im Grunde vergeudet hatte. Als ich Susan fragte, was sie aus der Ehe ihrer Eltern über Intimität gelernt habe, schwieg sie eine Weile und erwiderte schließlich, ihr Vater habe sich nicht so verhalten, als ob er seine Frau besonders gern hätte, und ganz bestimmt habe er sie nicht respektiert. »Niemand fand, daß sie etwas Sinnvolles zu unserem Leben beisteuerte oder daß irgendwas Besonderes an ihr war.«

Meiner Ansicht nach hatten Susans Probleme, eine Beziehung einzugehen, sehr viel mit ihren Empfindungen gegenüber ihrer Mutter zu tun. Ihre Abneigung gegen die Mutter war offensichtlich. In ihrer Wohnung hatte Susan ein gerahmtes Foto hängen, auf dem ihr Vater mit einer attraktiven, lachenden Frau im Arm zu sehen war. Fast alle ihre Freunde vermuteten, es handle sich um ein Foto von ihren Eltern, aber es war ein Schnappschuß von ihrem Vater mit einer Nachbarin. Susan sagte: »Ich habe mir immer vorgestellt, jemand anders wäre meine richtige Mutter – eine kultiviertere, interessantere Frau.«

Zum Teil waren Susans Gefühle ihrer Mutter gegenüber zwar die Folge aus der Mutter-Tochter-Beziehung, aber mir wurde klar, daß Susans Vater seine Frau respektlos behandelt und vernachlässigt hatte. Susan meinte, ihre Eltern hätten sich wahrscheinlich scheiden lassen, wenn sie kein Kind gehabt hätten. Sie erinnerte sich, daß ihr Vater ihre Mutter ausgeschimpft und ihr ins Gesicht gesagt hatte, sie sei dumm, was er auch hinter ihrem Rücken wiederholte. Er war derjenige, der Talent und Ideen hatte; von ihrer Seite kam wenig, und sie paßte sich seinen Plänen an. Wenn ihr Mann auf Reisen war, war Susans Mutter besonders bedrückt.

Gemeinsam begannen Susan und ich zu erforschen, was sie aus der Beobachtung der elterlichen Ehe über die Rolle der Ehefrau gelernt hatte. Die Entscheidung ihrer Mutter, nicht berufstätig zu sein, war für eine Frau aus ihrer Generation und in ihrer finanziellen Lage typisch. Doch in Susans Herkunftsfamilie hatte diese Entscheidung dazu geführt, daß der Mutter überhaupt kein Respekt entgegengebracht wurde. Susans Vater galt als interessant und tüchtig, ihre Mutter als langweilig und unfähig. Aus der Sicht der Tochter und, wie ich vermutete, auch aus der Sicht der Eltern, besaß der Vater allen Schwung und alle wertvollen Eigenschaften. Er sah auf seine Frau herab und ermutigte die Tochter, die Mutter ähnlich zu beurteilen. Die Unfähigkeit der Mutter, für sich einzutreten, weckte in Susan die Überzeugung, Ehefrauen seien keine wertvollen Menschen, sondern inkompetente Frauen mit einem unausgefüllten Leben.

Doch auch wenn Susan ihre Mutter nicht bewunderte, hatte sie sich doch als Kind mit ihr identifiziert. Ob es ihr paßte oder nicht, es gab Bereiche, in denen sie die Tochter ihrer Mutter war. Mit zunehmendem Alter wurde es für Susan immer wichtiger, diese Identifikation mit ihrer Mutter aufzulösen, indem sie durch ihre Leistungen bewies, daß sie der Mutter in keiner Weise ähnelte. Susans berufliche Laufbahn und ihre Ferien in Europa verstärkten ihre Identifikation mit dem Vater.

In der Therapie half ich ihr, ihre Abneigung gegen amerikanische Männer mit der Lehre in Zusammenhang zu bringen, die sie aus der Ehe ihrer Eltern gezogen hatte. Susans Unbehagen bei Verabredungen mit Amerikanern zeigte, welche Angst sie davor hatte, daß jemand sie »zwingen« könnte, das unglückliche Leben ihrer Mutter zu führen. Die Langeweile, die sie bei solchen Treffen verspürte, stammte aus dem Teil ihres Wesens, der sich mit ihrer Mutter identifiziert hatte. Mit etwas Hilfe konnte sie darüber sprechen, daß sie sich davor fürchtete, genauso wie ihre Mutter ihre Selbstachtung und ihre Vitalität zu verlieren. Als Susan allmählich verstand, daß ihre Ängste vor Nähe und Intimität auf Annahmen beruhten, die sie nie hinterfragt hatte, konnte sie ihre Zurückhaltung aufgeben und wurde den Männern in ihrer unmittelbaren Umgebung gegenüber aufgeschlossener. Der Veränderungsprozeß sollte zwar lange dauern, aber Susan glaubte nun nicht mehr, daß die Liebe zu einem Mann den Verlust all dessen bedeuten würde, was ihr sonst lieb und teuer war.

Söhne und nicht respektierte Mütter

Auch männliche Kinder leiden unter einer Partnerschaft, in der die Frau nicht respektvoll behandelt wird. Obwohl es für sie leichter ist, sich mit dem erfolgreichen Vater zu identifizieren, ringen sie oft mit Schuldgefühlen, weil sie zulassen, daß ihre Mutter schlecht behandelt wird. Außerdem fragen sie sich vielleicht, was an einer Partnerschaft reizvoll sein soll, da ihnen alle Frauen im Grunde inkompetent und unbedeutend erscheinen. Vielleicht fühlen sie sich zu einer starken Frau hingezogen, spüren dabei aber eine so große Bedrohung, daß sie die Entwicklung von Intimität nicht zulassen können. Das Gefühl der Bedrohung rührt daher, daß sie als Modell die Ehe der Eltern vor Augen haben, in der nur ein Partner Lob und Anerkennung bekommen konnte. Eine Frau zu lieben, die nicht unterlegen ist, bedeutet dann, das nicht hinterfragte Recht auf die überlegene Position und die damit verbundene Sicherheit aufs Spiel zu setzen. Der Sohn, der mit dem Vorbild einer Beziehung aufgewachsen ist, in der der Respekt ungleich verteilt war, wählt daher allzu oft eine Partnerin, die in vieler Hinsicht unzulänglich und auf seine Stärke angewiesen ist. Seine Fürsorglichkeit gestattet ihm, die Schuldgefühle der Mutter gegenüber abzubauen, aber mit der Zeit nimmt er die Last der Verantwortung übel und fängt an, die ihm nicht ebenbürtige Partnerin zu verachten. Genau das geschah bei Roy und Jan.

Roy und Jan

Roy lernte Jan kennen, als sie noch aufs College ging und während der Sommerferien als Kellnerin arbeitete. Obwohl Roy sein Mittagessen jeden Tag am gleichen Tisch verzehrte, schenkte Jan ihm wenig Beachtung. Eines Tages jedoch brachte er seine beiden kleinen Söhne mit, und Jan lernte an dem normalerweise schroffen, reservierten Mann eine fürsorgliche, sanfte Seite kennen. Danach interessierte sie sich stärker für ihren regelmäßig wiederkehrenden Gast und hörte aufmerksam zu, als er ihr von den Drogenproblemen seiner Exfrau erzählte und darüber sprach, daß er das alleinige Sorgerecht für die Kinder habe. Bald lud Roy Jan nach der Arbeit zum Essen ein, und zwei Wochen später zog sie zu ihm.

Jan war die Älteste von drei Kindern, ihre Eltern tranken, feierten ausgiebig Partys und entzogen sich ihr meistens. Die Mutter war eine starke, ehrgeizige Frau, die immer etwas an ihrer Tochter auszusetzen hatte. Bis sie Roy kennenlernte, hatte Jan das Gefühl, nichts zu taugen. Roys Interesse an ihr wirkte wie ein Gegenmittel gegen das Gift ihrer Mutter, und Jan hielt ihn für das Beste, was ihr je passiert war. Obwohl Roy rechthaberisch und manchmal starrköpfig war, gab Jan ihm nach, um den Frieden zu wahren.

Zu Beginn ihrer Ehe machte es Roy Freude, sich um Jan zu kümmern. Doch mit der Zeit wünschte er sich, daß sie selbständiger wäre, und er versuchte, sie dazu anzuleiten. Um ihr zu helfen, sich auf ihre Pflichten im Haushalt zu konzentrieren, gab er ihr zum Beispiel Listen mit den zu erledigenden Arbeiten. Jan ärgerte sich im stillen über Roys Listen und über sein überlegenes Getue, aber sie hatte Angst, ihn zu erzürnen. Sie versuchte zwar, ihre Gefühle für sich zu behalten, doch sie hatte immer weniger Lust auf Sex und begann, Dinge auf Roys Liste zu »vergessen«.

Kurz nach ihrem dritten Hochzeitstag begannen die beiden mit der Paartherapie bei mir. Roy hatte die Therapie in die Wege geleitet, weil er sich davon Hilfe für ihr Sexleben und für Jans »Motivationsproblem« erhoffte. Nach nur fünf Minuten brachte Roy leidenschaftlich seine Klagen über Jan vor: »Warum kann sie nicht dafür sorgen, daß das Girokonto nicht überzogen ist? Warum vertrocknen unsere Pflanzen immer? Warum erwartet sie einfach, daß wir Sommerurlaub machen können, wenn sie keine Ahnung hat, wie es um die Finanzen steht?« Es war klar, daß Roy seiner Frau ihre Unzulänglichkeiten übelnahm und daß er sich mit der Sorge für die Familie allein gelassen fühlte.

Um ihr Zusammenleben besser zu verstehen, mußte ich mehr über die Kindheitserlebnisse der beiden Partner wissen. Roy war Einzelkind, und seine Eltern übten beide einen Künstlerberuf aus. Sein Vater war recht erfolgreich, aber launisch, impulsiv und unberechenbar. Seine Mutter, erzählte mir Roy, hätte eigentlich nie ein Kind bekommen dürfen – sie interessierte sich nicht für Kinder und besaß keine Mutterinstinkte. Sie kaufte nur selten Lebensmittel ein, kochte kaum und war nie über seine Schulprojekte oder seine Hausaufgaben auf dem laufenden. Roys Vater war oft wütend darüber, daß der Alltag nicht besser organisiert werden konnte, aber er war nicht bereit, dem Sohn zuliebe seinen eigenen Lebensstil zu ändern. Das Ergebnis war, daß Roys Eltern sich häufig über ihre Fürsorgepflichten stritten und zum Schluß alle Familienmitglieder wütend aufeinander waren. Als Roy älter wurde, verbrachte er immer weniger Zeit mit seinen Eltern, und mit sechzehn war er eigentlich selbständig. Unglücklicherweise nahmen sämtliche Freunde von Roy Drogen, und sein eigener Drogenkonsum führte dazu, daß er nur mit Müh und Not den Highschool-Abschluß schaffte.

Als wir über Roys frühe Kindheit sprachen, wurde mir klar, daß er nie die Erfahrung gemacht hatte, daß er sich auf eine Frau verlassen konnte. Seine Eltern waren so mit sich selbst beschäftigt gewesen, daß er nie gelernt hatte, einem anderen Menschen zu vertrauen, und auch nicht zu glauben vermochte, einer anderen Person könne wirklich etwas an ihm liegen. Seine erste Frau hatte er in einem Rehabilitationsprogramm für frühere Drogenabhängige kennengelernt, und er beschrieb sie als ichbezogenen Menschen, der wenig Zuneigung zeigte, aber auch nicht viele Ansprüche stellte. Als seine Frau nach der Geburt ihres zweiten Kindes rückfällig wurde, sah Roy keinen Grund, die Familie weiter zusammenzuhalten. Inzwischen hatten die Kinder ihre leibliche Mutter fünf Jahre lang nicht gesehen, und sie hatte keinen Versuch unternommen, sie zu besuchen.

Jan litt unter einem schwachen Selbstwertgefühl, aber sie war eine warmherzige Frau mit einer starken fürsorglichen Seite. Als sie Roy kennenlernte, schaffte sie in ihrem Herzen auch sofort für die beiden Söhne Platz, aber weil sie mit kleinen Kindern keine Erfahrung hatte, fand sie es äußerst schwierig, für die Erziehung der Jungen mitverantwortlich zu sein und gleichzeitig den Haushalt zu führen. Außerdem stellten die Kinder ihre Autorität auf die Probe und übergingen sie oft, um die Meinung des Vaters einzuholen – insbesondere wenn sie glaubten, daß seine Entscheidung anders ausfallen würde als ihre. Roys Sorge um das Wohlergehen seiner Kinder gab ihm die Kraft, keine Drogen mehr zu nehmen und im Beruf etwas zu leisten. Außerdem machte es ihm Freude, den Söhnen die Aufmerksamkeit zu schenken, die er als Kind nie bekommen hatte. Als ich weitere Einzelheiten über ihr Familienleben erfuhr, erkannte ich, daß Roy in gewisser Weise Angst hatte, die Anhänglichkeit und die Bewunderung seiner Kinder zu verlieren. Häufig vermittelte er den Jungen unklare Botschaften darüber, ob sie Jan respektieren und ihren Anordnungen Folge leisten oder ihn doch während der Arbeit anrufen sollten. Einerseits wünschte er sich sehr, daß Jan den Haushalt effizienter führte, damit er sich auf seine Arbeit konzentrieren konnte, andererseits aber konnte er die Position des Fürsorglichen nicht aufgeben, weil sie ihn psychisch erfüllte und stärkte. Ähnlich schien es Roy auch Freude zu machen, Jans Aufgaben zu übernehmen, wenn sie überfordert war, während er sich gleichzeitig über diese Belastung ärgerte. Als wir miteinander sprachen, wurde ihm klar, daß seine Schimpftiraden über Jans Unfähigkeit fast identische Wiederholungen der wütenden Predigten waren, die sein Vater seiner Mutter gehalten hatte.

Als Kind hatte Jan mit körperlichen Mißhandlungen rechnen müssen, sobald sie gegen das Verhalten ihrer Eltern protestierte, und anfangs zögerte sie sehr, ihrem aufgestauten Groll über Roys dominante Art Luft zu machen. Doch als sie einmal in der Lage war, über ihre Gefühle zu sprechen, nahmen die Spannung und die Distanz zwischen den Ehepartnern allmählich ab. Roy sah deutlicher, wie er Jan unterstützen konnte, ohne ihr Selbstvertrauen zu schmälern, und Jan lernte, Roy zur Rede zu stellen, wenn sie das Gefühl hatte, daß er sie demütigte.

In der Therapie sprachen wir über Möglichkeiten, Jans Position als Autoritätsperson für die Jungen zu festigen und ihre Achtung zu gewinnen. Ich gab zu bedenken, daß nicht nur die Jungen das Bedürfnis hatten, Jans »Durchhaltevermögen« auf die Probe zu stellen, sondern auch Roy selbst.

Roy wurde klar, daß Jan für seine Söhne und für ihn selbst nie eine Kraftquelle sein konnte, solange er seine Frau erniedrigte. Seine Aufgabe war es, darauf zu vertrauen, daß auch Jan willens und in der Lage war, sich um seine emotionalen Bedürfnisse zu kümmern. Als Jan einmal verstanden hatte, wie wichtig es war, daß sie hartnäckig blieb, konnte sie Roy auf sein Verhalten ansprechen, wenn er sich zurückzog oder versuchte, einen Streit zu beginnen, anstatt sich ihr anzuvertrauen, wenn es bei seiner Arbeit Spannungen gab.

Zu einem Wendepunkt kam es, als Roy eines Tages zu Hause war und Richard, sein älterer Sohn, Jans Versuche, ihn in die Badewanne zu stecken, ignorierte. Vor der Therapie hätte Roy wohl eingegriffen, denn Richard folgte normalerweise den Anweisungen seines Vaters. Diesmal aber beobachtete Roy einfach, wie Jan Richard wieder ins Badezimmer rief und die Regeln, die sie aufgestellt hatte, durchsetzte. Erst als Richard in der Wanne saß, steuerte Roy seine Meinung bei und machte Richard klar, daß Jan wußte, was sie tat, und daß er von seinem Sohn erwartete, daß er sie respektvoller behandelte.

Mit Roy und Jan zu arbeiten, war aus zwei Gründen befriedigend. Ich beobachtete, wie ein Paar lernte, sich gegenseitig zu unterstützen und in einer Ehe, die ursprünglich unter Spannungen und Streß gelitten hatte, Zuneigung aufzubauen. Außerdem aber hörte ich sehr schöne Berichte über die Entwicklung der Kinder, die zur Ruhe kamen und anfingen, die Stärke ihrer neuen Mutter zu akzeptieren.

Söhne und nicht respektierte Väter

Auch wenn es viele Beispiele dafür gibt, daß berufstätige Männer auf ihre Partnerinnen, die »nur« Hausfrauen sind, herabblicken, schützt eine feste Arbeitsstelle einen Mann nicht immer davor, von seiner Frau heruntergemacht zu werden. Es gibt viele Familien, in denen die Frau ihren Mann nicht achtet. In manchen Fällen sind die Erniedrigungen subtil, geschehen aber fortdauernd; in anderen Fällen beleidigt und demütigt die Frau ihren Mann ganz offen. Die Kinder sind in beiden Fällen stark betroffen.

Wenn der Vater abgewertet wird, ruft dies im Sohn intensive, widerstreitende Gefühle hervor. Freud behauptet mit seiner Theorie über den Ödipuskomplex, daß jeder Junge sich in seine Mutter verliebt und sich wünscht, ihre ganze Zuneigung für sich beanspruchen zu können. Er konkurriert mit dem Vater und hofft, daß sein Vater entweder stirbt oder daß seine Mutter das Interesse an ihrem Mann verliert. In intakten Familien jedoch verschwindet der Vater nicht und verliert auch die Liebe seiner Frau nicht, und allmählich akzeptiert der Junge die Stärke seines Vaters und dessen Beziehung zur Mutter. Er reift sogar, indem er die Fähigkeiten seines Vaters anerkennt und sich bemüht, ihm ähnlicher zu werden. Wenn die Mutter den Vater herabsetzt, bleibt die Phantasie des Jungen, daß er ihr Herz gewonnen habe, erhalten und führt zu starken Schuldgefühlen, weil er meint, er habe seinem Vater etwas Kostbares gestohlen. Zudem wird der Junge den Vater nicht respektieren und nicht versuchen, so zu werden wie er, denn in seinen Augen ist sein Erzeuger ein Versager. Wenn eine Mutter ihren Sohn sehr liebt, den Vater aber nicht respektiert, kann der Sohn in vielen Lebensbereichen Erfolg haben und zuversichtlich und selbstbewußt wirken. Doch die Aussicht, eine Partnerschaft einzugehen und schließlich auch Vater zu werden, weckt in ihm Schuldgefühle und Angst, die eine Beziehung schwer belasten oder zerstören können.

Tom und Patricia

Ein Beispiel hierfür ist Tom, dessen Ehefrau Patricia mich voller Panik anrief. Sie waren seit zwei Jahren verheiratet und hielten ihre Ehe in vieler Hinsicht für perfekt. Das Paar hatte sich auf dem College kennengelernt, wo beide Sport getrieben hatten. Ihre gemeinsamen Interessen und die Bewunderung füreinander waren eine gute Grundlage gewesen, und die beiden stritten sich nur selten. Doch dann sprach Patricia davon, daß sie schwanger werden und eine Familie gründen wolle. Vor der Ehe hatten sie zwar darüber geredet, wie schön es sein würde, Kinder zu haben, aber jetzt sagte Tom, seine Einstellung dazu habe sich verändert.

Er verstand seine Gefühle zwar nicht, aber er meinte, er fühle sich unter Druck und unglücklich, und bat um die Scheidung. Tom fand, für Patricia sei es das Beste, sich einen neuen Mann zu suchen, der genauso gerne Kinder haben wollte wie sie.

Widerstrebend willigte Tom in die Paartherapie ein, allerdings war es ihm unangenehm, über seine Gefühle zu sprechen. Doch er meinte, er sei es Patricia und sich selbst schuldig, herauszubekommen, warum sich seine Einstellung geändert hatte. Zögernd fing er an, meine Fragen über seine Kindheit zu beantworten. Anfangs behauptete Tom, seine Familie sei perfekt gewesen. Sein Vater hatte einen angesehenen Beruf und war in seinem Heimatort beliebt, und seine Mutter war eine geachtete Frau, die ehrenamtlich für eine Wohltätigkeitsorganisation arbeitete. Als ich Tom bat, mir von der Ehe seiner Eltern zu erzählen, meinte er, sie seien relativ glücklich gewesen, aber in mancher Hinsicht hätte seine Mutter etwas Besseres verdient. Tom erklärte, die Familie seiner Mutter sei finanziell erfolgreich gewesen, während sein Vater aus einer Einwandererfamilie stammte, die sich bemüht hatte, den Kindern zu einem besseren Leben zu verhelfen. Toms Mutter kritisierte die Tischsitten ihres Mannes, seinen Kleidungsstil und sein mangelndes Interesse am Theater. Obwohl Toms Vater in seinem Heimatort hochangesehen war, wurde er in seiner Ehe nicht respektiert. Ruhig beschrieb Tom, daß sein Vater sich in Gegenwart seiner Frau unbehaglich zu fühlen schien und daß er das Gärtnern zu seinem Hobby gemacht hatte, um sich von ihrem »Reich« fernzuhalten. Die Kinder gingen nur zur Mutter, wenn sie einen Rat brauchten. »Mama vermittelte uns irgendwie, daß Papa im Grunde nicht wußte, was los war oder was man tun sollte. Sie war der Chef im Haus.« Als ihr Lieblingssohn erinnerte Tom sich, daß seine Mutter alle Sportveranstaltungen der Highschool, an denen er teilgenommen hatte, besucht hatte und daß er sich sehr angestrengt hatte, damit sie stolz auf ihn sein konnte. »Ich nehme an, daß ich meiner Mutter viel näher war als meinem Vater, aber sie ist eine ganz außergewöhnliche Frau, und ich schätze mich immer noch glücklich, sie zur Mutter zu haben.«

Ich bat Tom, sich zu überlegen, ob seine Reaktion auf Patricias Wunsch nach Kindern auf irgendeine Weise mit seiner Vorstellung vom Wert eines Vaters in der Familie zusammenhängen könnte. Als er sich ausmalen sollte, wie das Familienleben mit Kindern in zehn Jahren aussehen würde, sagte Tom sofort, daß Patricia wahrscheinlich sehr tüchtig sein und alles gut organisieren würde, ganz ähnlich wie seine Mutter. Dann wurde er sehr ernst, denn er merkte, daß er seine eigene Rolle in diesem Bild nicht beschreiben konnte und daß sein Bild von Patricia als glücklicher Mutter implizierte, daß er allein war und nicht zur Familie gehörte. Die Tränen traten ihm in die Augen, als er seine Angst schilderte, daß Patricia der kompetente Elternteil werden und daß man ihn aus der Familie hinausdrängen und verachten würde, so wie es seinem Vater ergangen war. Tom fürchtete, daß Patricia die Kinder lieben und das Interesse an ihm verlieren würde. Ohne daß es ihm bewußt war, hatte er angenommen, es sei sein Schicksal, die Ehe der Eltern zu wiederholen.

Töchter und nicht respektierte Väter

Auch Mädchen leiden sehr darunter, wenn die Mutter auf den Vater herabsieht. Eine Frau, die ihren Mann nicht respektiert, vermittelt ihrer Tochter, daß die Beziehung eine Enttäuschung ist und daß ein Mann eine Frau nicht glücklich machen kann. Statt der Tochter zu zeigen, daß Eltern zusammenarbeiten können, um Probleme zu lösen und eine Beziehung zu festigen, lehrt die Mutter das Kind, daß das Elend nur noch größer wird. Die Tochter solcher Eltern sucht vielleicht unrealistischerweise nach dem »perfekten Mann«, um dem Schicksal ihrer Mutter zu entgehen. Das muß schiefgehen, denn wenn der Partner schließlich doch eine Schwäche zeigt, weiß sie nicht, wie sie ihn unterstützen, ermutigen oder auch nur akzeptieren soll. Ihre in der Kindheit gewonnene Überzeugung, daß Männer im Grunde unfähig sind, wird wieder erwachen und ihre Sichtweise beeinflussen. Vermutlich wird sie als Partnerin bei kleinen Problemen überreagieren und zwischen zwei entgegengesetzten Möglichkeiten schwanken: Entweder setzt sie die rosa Brille auf und übersieht Probleme, über die man eigentlich sprechen müßte, oder sie betrachtet Schwierigkeiten mit der Lupe und macht aus kleinen Problemen Katastrophen.

Die Alternative für eine Tochter, deren Vater abgewertet wurde, besteht darin, einen Partner zu wählen, der sie von Anfang an enttäuscht. Sie weiß vielleicht schon zu Beginn, daß es an ihrem Freund Seiten gibt, die sie nicht mag, setzt die Beziehung aber trotz ihrer Vorbehalte fort. Wenn diese Eigenschaften nach der Hochzeit zum Tragen kommen, hat sie einen Vorwand, um distanziert zu bleiben und verärgert zu sein, genauso, wie ihre Mutter es war. Die Ehe von Rose und Marvin zeigt, wie das passieren kann.

Rose und Marvin

Rose und Marvin waren beide Anfang Sechzig, als sie bei mir eine Paartherapie begannen. Rose war das einzige Kind aus einer Familie, die früher wohlhabend gewesen war. Ihr Vater hatte als »Playboy« gegolten, der impulsiv Geld ausgab und dem Glücksspiel nachging. Rose war oft Zeugin gewesen, wenn ihre Mutter mit dem Vater schimpfte, und sie konnte den sarkastischen, herablassenden Tonfall der Mutter nachahmen. Sie erinnerte sich, daß sie sich zwischen der unbesonnenen, aber lebensfrohen Art ihres Vaters und der stets düsteren, negativen Einstellung ihrer Mutter hin- und hergerissen gefühlt hatte.

Rose hatte sich zu Marvin hingezogen gefühlt, weil er eine unbekümmerte Art und gleichzeitig traditionelle Wertvorstellungen in bezug auf Familie sowie eine hohe Meinung von harter Arbeit hatte. Doch als die beiden ein paar Jahre verheiratet waren, hatte Marvin seinen Managerposten verloren. Danach hatte er einen Job nach dem anderen angenommen, schien aber nirgends wirklich hineinzupassen. Rose weigerte sich, ihre Ausgaben einzuschränken, und es kam zu furchtbaren Streitigkeiten darüber, was sie von ihrem Familienbesitz für ihre eigenen Bedürfnisse ausgeben durfte. Je mehr Marvin die Forderungen und den Zorn von Rose akzeptierte, desto mehr Verachtung zeigte sie für ihn. Marvin begann, sein Berufsleben vor ihr geheimzuhalten, und die beiden hatten getrennte Bankkonten.

Als sie zur Therapie kamen, schwelte der Groll zwischen ihnen schon seit Jahren. Marvin beklagte sich, daß Rose ihn in der Öffentlichkeit demütigte und ihm das Gefühl gab, er wisse nicht, worüber er spreche. Rose traf alle finanziellen Entscheidungen, ohne ihn zu fragen, so daß er das Gefühl hatte, »was ihr gehört, gehört ihr, und was mir gehört, gehört auch ihr«. Rose meinte, sie habe sich »einwickeln lassen«, genau wie ihre Mutter. Sie hatte das Gefühl, daß ihr Mann nie viel Energie in einen Job steckte, weil er ja wußte, daß er versorgt war, und sie nahm es ihm sehr übel, daß sie arbeiten und sich Gedanken machen mußte, während er einfach »vor sich hinsummte«. Je mehr Marvin versuchte, zu Hause gute Laune zu verbreiten, desto wütender wurde seine Frau.

Ich bat Rose, darüber nachzudenken, was sie aus der Ehe ihrer Eltern gelernt hatte. Sie sprach unbefangen über das Glücksspiel ihres Vaters und über seine kostspieligen Gewohnheiten, die die finanzielle Sicherheit der Familie zerstört hatten, und ihr wurde klar, daß sie immer geglaubt hatte, Männer könnten nicht viel zustande bringen. Rose war in einer Familie aufgewachsen, in der die Männer die Frauen in ihrem Leben immer enttäuscht hatten. Es war schwer für sie, Marvins aufrichtiges Bemühen um Erfolg zu erkennen und zu sehen, wie sehr ihn sein Scheitern schmerzte. Marvins Humor und seine unbekümmerte Haltung waren seine Art gewesen, ihr und sich selbst nicht das Leben schwerzumachen. Doch Rose hatte daraus geschlossen, daß sein eigenes Versagen ihn nicht weiter kümmerte und daß er nie der Partner werden würde, den sie sich wünschte. Ihrer Meinung nach glich ihr Ehemann ihrem Vater, und sie fühlte sich oft auf eine Weise gekränkt, die ihr nur allzu vertraut war.

Kinder in Schwierigkeiten

Bei allen diesen Paaren herrschte unausgesprochen die Überzeugung, daß in einer Beziehung nicht beide Partner gleichzeitig respektiert werden können. Ohne diese Vorstellung zu hinterfragen, hatten meine Klienten das Verhalten ihrer Partner als Angriff gedeutet und sich dagegen gewehrt. Die Beziehung ihrer Eltern hatte im Hinblick auf den Respekt bestimmte Erwartungen und Überzeugungen geschaffen, die ihre Fähigkeit, zu lieben und sich ohne Angst lieben zu lassen, einschränkte.

Ein Kind leidet sehr darunter, wenn seine Eltern sich respektlos behandeln, ob seine Reaktionen nun in seinem unmittelbaren Verhalten sichtbar werden oder erst Jahre später. Wenn Selbstachtung die Basis für Wohlbefinden ist, dann ist es unabdingbar, daß Partner auf eine Weise miteinander umgehen, die die gegenseitige Achtung aufbaut und verstärkt. Jedesmal, wenn ein Kind zuschaut, wie ein Elternteil dem anderen ein Kompliment macht, wird sein eigenes Potential für Selbstachtung vergrößert. Jedesmal, wenn es beobachtet, wie die Eltern unfaire Kritik oder Mißbilligung äußern oder entgegennehmen, verringern sich seine Hoffnungen auf eine Zukunft, in der es Wertschätzung genießt.

Es gibt immer Zeiten, in denen ein Partner das, was der andere tut, nicht gutheißt. Doch man sollte sich gründlich überlegen, wie man seine Mißbilligung äußert. Ich schlage vor, daß Partner die Verantwortung für respektlose, verletzende Bemerkungen übernehmen. Eltern wissen, daß es hilfreich ist, einem Kind zwar zu sagen, daß eine seiner Handlungen schlecht war, ihm aber keinesfalls zu vermitteln, daß es selbst schlecht sei, und genauso können auch Partner ihre Kritik am anderen auf bestimmte Themen beschränken. Ein Problem, das ich bei Paaren mit einer angespannten Beziehung häufig sehe, ist die verheerende Auswirkung von Generalisierungen und Globalisierungen. Wenn ein Partner verärgert ist, hat er natürlich das Recht, seine Gefühle zu äußern, aber nicht auf eine Art, die den anderen verurteilt. Bemerkungen wie »Du willst immer ...« oder »Du kannst nie ...« verschlimmern die Situation nur und stehen dem gewünschten Ergebnis im Wege. Der Schaden wird noch größer, wenn kleine Augen und Ohren das alles für die Wahrheit halten.

Es gibt viele Arten, wie Partner sich gegenseitig erniedrigen können. Mitunter werden die Herabsetzungen in Humor verpackt und sind nur schwer als verächtliche Bemerkungen zu erkennen. Manche Eltern entscheiden sich auch, ihre Kommentare an andere zu richten, und tauschen sich mit Freunden oder Familienmitgliedern über ihre Beziehungskrise aus. Leider denken nur wenige Eltern darüber nach, wie schädlich es ist, wenn Kinder diese »vertraulichen« Gespräche mitanhören. Am schlimmsten ist es wohl, wenn ein Elternteil den Kindern erzählt, wie unfähig oder wie schrecklich der andere Elternteil ist.

Wenn ich mit Familien arbeite, ermutige ich die Partner, auf ihre Gefühle zu achten. Wenn sie sich erniedrigt fühlen, dann sind sie wahrscheinlich erniedrigt worden. Außerdem helfe ich den Partnern, das Selbstvertrauen zu gewinnen, das sie brauchen, um den anderen mit seinem Verhalten zu konfrontieren, wenn so etwas geschieht. Ihrer eigenen psychischen Gesundheit und dem Wohlbefinden ihrer Kinder zuliebe müssen Eltern verlangen, daß sie mit Respekt behandelt werden. Respekt zu fordern bedeutet nicht, sich zu weigern, Beschwerden oder Kritik anzuhören, sondern es heißt, darauf zu bestehen, daß solche Anliegen weder in beleidigender noch in erniedrigender Form vorgebracht werden. Ich ermutige Eltern auch, sich gegenseitig zu sagen, wenn ihnen gefällt, was der andere tut, weil dieses Lob ein emotionales Gegengewicht zu jenen Momenten schafft, in denen Kritik oder Vorwürfe die emotionale Atmosphäre beherrschen. Wenn Eltern sich selbst und den anderen schätzen, zeigen sie ihren Kindern, daß eine Beziehung den Wert einer Person erhöht und daß Nähe das persönliche Wohlbefinden fördert.

Fragen
1. Würden Sie sagen, daß einer von Ihren beiden Eltern klüger war? Tüchtiger? Bedeutender? Welchem Elternteil fühlen Sie sich ähnlicher?

2. Würden Ihre Kinder sagen, daß einer der beiden Eltern klüger ist? Tüchtiger? Bedeutender?
3. Sind Sie im allgemeinen mit sich selbst zufrieden oder ist Ihr Selbstvertrauen schwach?
4. Trägt Ihr Partner oder Ihre Partnerin dazu bei, daß Sie zufriedener mit sich selbst sind oder verstärkt er/sie Ihre Selbstzweifel?
5. Das Schlimmste, was Partner sich im Hinblick auf respektloses Verhalten antun können, ist _____ .
   Wie oft geschieht das zwischen Ihnen und Ihrem Partner/Ihrer Partnerin?

Kapitel 5

Das Vertrauen in Wort und Tat erhalten

*»Partner versuchen, einander
nicht im Stich zu lassen.«*

Wenn Eltern sich für ihr Kind eine Zukunft ausmalen, in der
es an das Gute im Menschen glaubt und die Erfahrung
macht, daß andere ihm wohlgesonnen sind, sollten sie nicht
übersehen, wie wichtig es ist, in ihrer eigenen Partnerschaft
das Vertrauen zu erhalten. Es stimmt zwar, daß Vertrauen
eine wichtige Voraussetzung für jede gute Beziehung ist,
aber für eine Partnerschaft ist es ein unerläßliches Element.
Um eine Beziehung zu entwickeln, in der gegenseitige Abhängigkeit und Aufrichtigkeit lebendig bleiben, müssen die
Partner sich für das Wohlbefinden und das Glück des anderen einsetzen. Zum Teil besteht eine gute Beziehung darin,
daß jeder Partner sich auf den guten Willen und die guten
Absichten des anderen verlassen kann und in der Überzeugung lebt, daß man einander vor emotionalem und physi-
schem Schaden schützt. Vertrauen beinhaltet auch, daß man
mit einer gemeinsamen Zukunft rechnet, in der viele Ziele
der gemeinsamen harten Arbeit schließlich verwirklicht
werden. Weil zur Intimität gehört, daß man sich öffnet und
seine Schwächen zeigt, ist es unerläßlich, daß beide Partner
darauf vertrauen können, weder Erniedrigung noch Zurückweisung fürchten zu müssen. Nur Vertrauen macht es
den Partnern möglich, größere Opfer zu bringen, denn
dann wissen sie, daß sie nicht ausgebeutet werden und daß
sich Geben und Nehmen in ihrer Beziehung letztlich die
Waage halten.[1] Aus all diesen Gründen sind die Beziehung
und auch die positive Vorbildwirkung auf die Kinder gefährdet, wenn das Vertrauen gebrochen wird.

Es gibt viele verschiedene Situationen, die den Glauben

an das Engagement und die Fürsorge des Partners auf die Probe stellen oder zerstören können. Ich habe mit Paaren gearbeitet, bei denen große Probleme entstanden, weil man in finanziellen Fragen unterschiedlicher Meinung war. Außerdem habe ich festgestellt, daß das Vertrauen leicht auf die Probe gestellt wird, wenn konkurrierende Beziehungen existieren, wie im Fall von zusammengesetzten Familien, in denen die Partner ihre Verpflichtung gegenüber den Kindern aus einer früheren Beziehung mit ihrer Bindung an einen neuen Partner vereinbaren müssen. Weiter findet man Vertrauensprobleme bei Erwachsenen, deren Eltern sich scheiden ließen oder Affären hatten. Häufig überschneiden sich diese Situationen, doch jede verletzt einen anderen Bereich des Vertrauens und gegenseitigen Engagements.

Engagement für das Wohlergehen des anderen

Wenn man sich verliebt, entsteht ein Strom warmer, zärtlicher Gefühle. Weil das Geschenk der Liebe kostbar ist, möchten die Partner füreinander sorgen und sich gegenseitig vor Belastungen oder Verletzungen schützen, die andere ihnen zufügen könnten. Doch so schmerzlich Kränkungen durch Arbeitskollegen oder Familienmitglieder sein können, sind wir doch nirgends so verwundbar wie in der Partnerschaft. Ein Partner muß sich darauf verlassen können, daß der andere ihn niemals seelisch mißhandeln wird. Um Vertrauen aufzubauen, müssen die Partner die Überzeugung haben, daß der andere sie mit Respekt behandeln und ihr Glück niemals sabotieren wird.

Wenn Partner wissen, daß sie beieinander geborgen sind, können sie Bereiche von sich preisgeben, die sehr persönlich und empfindlich sind. Sie können auch freundlich und liebevoll handeln, denn sie wissen, daß der andere ihre Handlungsweise erwidern wird. Wenn Kindern bei ihren Eltern solche Eigenschaften sehen, spüren sie die Sicherheit und Geborgenheit der partnerschaftlichen Bindung. Eltern, die sich für das Wohlergehen des Partners einsetzen, greifen sich weder physisch noch verbal gegenseitig an und zeigen insgesamt Respekt und Anteilnahme. Die Kinder lernen daraus, daß Partner einander Zuneigung entgegenbringen und sich gegenseitig helfen, die Anforderungen des Lebens zu bewältigen.

Diese Dimension des Vertrauens gründet auf der Erwartung, daß ein Partner dem anderen mehr wert ist als alles andere. Leider gibt es bestimmte Bedingungen, die diese Annahme von Anfang an fragwürdig erscheinen lassen. Dazu zählt meiner Erfahrung nach die defensive Haltung, die sich bei einem Partner herausbilden kann, der finanziell sehr gut gestellt ist. Weil wohlhabende Menschen häufig ausgenutzt werden, hinterfragt der reiche Partner nicht selten von Anfang an die Motive des anderen und stellt sich insgeheim immer wieder die beunruhigende Frage: »Liebt er/sie mich wirklich für das, was ich bin, oder nur wegen meines Geldes?« Häufig werden die »wahren Gefühle« und das Engagement des Partners ausgiebig auf die Probe gestellt. Und natürlich wird vor der Hochzeit unweigerlich über so etwas wie einen Ehevertrag gesprochen.

Auch wenn ein notariell beglaubigtes Dokument wohl nötig ist, um den Wohlstand eines Partners zu schützen, kann die Art, wie das Schriftstück vorgelegt wird und wie es formuliert ist, das Vertrauen des weniger wohlhabenden Partners verletzen. Manchmal geben die getroffenen Vorsichtsmaßnahmen dem finanziell schwächeren Partner das Gefühl, man halte ihn für einen Mitgiftjäger oder er gehe die Beziehung nur des Geldes wegen ein. Die Teilung von Geld und Besitz kann sich negativ auf das Zusammengehörigkeitsgefühl der Partner auswirken und die Verbundenheit untergraben. So geschah es bei Robin und Sam.

Robin und Sam

Robin nahm ursprünglich Kontakt zu mir auf, weil sie eine Einzeltherapie beginnen wollte, denn sie konnte sich nicht entscheiden, ob sie die Beziehung zu ihrem Freund Sam abbrechen sollte oder nicht. Das Paar hatte sich beim Sport kennengelernt und war beim gemeinsamen Laufen ins Gespräch gekommen. Mehrere Wochen lang trafen sie sich ausschließlich zum Laufen und gingen dann gemeinsam zum Frühstück oder zum Abendessen, und Robin genoß die Zeit mit ihrem neuen Freund sehr. Als die beiden häufiger miteinander sprachen, entdeckten sie, daß sie sich mit ihrer Geschmeidigkeit und ihrer Sportlichkeit nicht nur physisch ähnlich waren, sondern daß sie auch sonst viele Gemeinsamkeiten hatten. Beide hatten eine Scheidung hinter sich, und beide hatten aus der früheren Ehe zwei Kinder. Die beiden jüngeren, beide Mädchen, waren im Alter sogar nur drei Wochen auseinander. Darüber hinaus hatten Robin und Sam zum Teil die gleichen Länder bereist, sie hatten mit ihren Kindern gezeltet und liebten Broadway-Shows. Als Sam Robin eines Abends schließlich mit in seine Wohnung nahm, zeigte sich, daß sie sich auch sexuell gut verstanden, und sie waren bis über beide Ohren verliebt.

Sam hatte sich anfangs nur ausweichend über seine Arbeit geäußert und einfach erklärt, er sei Rechtsanwalt. Doch nachdem sie sich einige Monate lang regelmäßig getroffen hatten, entdeckte Robin, daß Sam Seniorpartner in einer angesehenen Kanzlei und Millionär war. Sam schien Robins »Wissen« unangenehm zu sein, und es kam zu merkwürdigen Auseinandersetzungen. Als Sam sie bat, ihn zu einem Geschäftsessen zu begleiten, errötete Robin und erklärte, sie besitze eigentlich nicht die Garderobe, die für das schicke Restaurant, wo das Essen stattfinden sollte, angemessen sei. Sam scherzte, das würde die Geschäftsausgaben in die Höhe treiben, und führte Robin in das vornehmste Damenbekleidungsgeschäft der Stadt. Robin erzählte mir, Sam habe es anscheinend Vergnügen gemacht, ihr bei der Wahl des neuen Kleides zu helfen, aber später, als sie wieder im Auto saßen, wurde er mißmutig und meinte: »Glaub' bloß nicht, daß ich dir von jetzt an alle Kleider kaufe.« Daran hatte Robin nicht im Traum gedacht, und sie fühlte sich gekränkt und beleidigt.

Einige Monate später brachte Sam ihr Zusammenleben zur Sprache. Der Kinder wegen hatten die beiden abends nicht viel Zeit für sich, und sie waren es leid, ihre schwierigen Expartner zu anderen Besuchszeiten zu überreden, damit sie allein zusammensein konnten. Einerseits war Sam

sehr großzügig und bot Robin an, seine Wohnung so umzu-
gestalten, daß sie und ihre Kinder sich dort wohlfühlen
würden. Aber als die beiden anfingen, Einzelheiten zu besprechen, bekam Robin wieder Angst, denn Sam wurde
ernst und sagte: »Deine Kinder dürfen dann aber nicht erwarten, daß sie das Gleiche haben wie meine Kinder. Justin
hat einen Fernseher in seinem Zimmer, aber ich habe nicht
die Absicht, für Pam auch einen zu kaufen. Und deine Kinder müssen auch einsehen, daß ein paar Dinge im Familien-
zimmer für sie tabu sind. Justin ist mit seinem Poolbillard-
tisch sehr eigen; wenn er nicht will, daß deine Töchter ihn
anfassen, dann ist das seine eigene Entscheidung.« Robin
wurde unbehaglich zumute, als sie sich ein Leben vorstellte, in dem ihre Kinder ständig Dinge sahen, die sie nicht
anfassen durften und von deren Besitz sie nicht einmal
träumen konnten. Doch sie meinte, die Kinder würden das
schon unter sich ausmachen, und willigte in den Umzug
ein.

Robin bat mich um Hilfe, nachdem Sam ihr am Vortag erklärt hatte, er habe kein Interesse an einer Heirat. Robin
hatte erwartet, daß eine Eheschließung selbstverständlich
sei, wenn sich weiter alles so gut entwickelte. Wenn Sam
seine Weigerung zu heiraten ernst meinte, dann wollte Robin auch über das Zusammenleben mit ihm noch einmal
nachdenken. Ihre Töchter mochten Sams Kinder, aber die
Kinder waren nicht so »dicke Freunde« geworden, wie Robin es sich gewünscht hatte. Ihre jüngere Tochter, eine leicht
übergewichtige und etwas ungeschickt agierende Neunjährige, wurde immer verschlossener und verglich sich oft zu
ihrem Nachteil mit Sams gleichaltriger Tochter, die schlank
und sportlich war. Robins ältere Tochter interessierte sich
zwar nicht für Justins Billardtisch, fand seine Besitzerpose
aber etwas »komisch«. Sie blieb daher meistens für sich
oder traf sich mit ihrem eigenen Freundeskreis.

Als Robin mir die Situation geschildert hatte, empfahl ich
ihr, Sam zu einer Partnerberatung mitzubringen, und zu ihrer Überraschung willigte er sofort ein. Ich bat ihn, mir von
seiner Familie zu erzählen, und seine Geschichte betrübte

mich. Sein Vater war ein wohlhabender Zahnarzt, der seiner Frau einen relativ bescheidenen Lebensstil aufgezwungen hatte. Bis zu diesem Tag hatte sie keine Ahnung, wie reich die Familie war. Jedes Jahr legte der Vater ihr ein unausgefülltes Einkommensteuerformular vor, denn sie waren gemeinsam veranlagt, und sie setzte ihre Unterschrift darunter. Sam zufolge kümmerte der Vater sich zu Hause um alles, fragte die Mutter nicht um Rat und behandelte sie nicht als ebenbürtige Partnerin. Die Mutter schien sich zwar mit der herablassenden Art ihres Mannes abzufinden, aber sie zeigte ihr Mißfallen, indem sie alle Geschenke zurückwies, die er für sie kaufte. Sams Modell einer Ehe sah so aus, daß die Partner es einander nie rechtmachen konnten und daß sie sich selten gegenseitig lobten oder bestätigten. Da Sam nie erlebt hatte, daß seine Eltern einander vertrauten oder sich austauschten, verband er mit einer engen Beziehung nur negative Erwartungen. Ihm schien es, als müsse man sich in einer Partnerschaft vor Ausbeutung und anderen Gefahren schützen.

Obwohl Sam die Ehe seiner Eltern nicht wiederholen wollte, nahm er oft an, daß Robin sich seinen Reichtum zunutze machen würde. Sein Vater hatte ihn gelehrt, feste Grenzen zu setzen. Er hatte immer nach dem Motto gehandelt: »Wenn du jemandem den kleinen Finger gibst, nimmt er die ganze Hand.« Auch Robin kämpfte darum zu verstehen, was richtig und was falsch war. Die Ehe der Eltern war auch für sie kein Vorbild, denn dort hatte es Dominanz und manchmal Gewalttätigkeit gegeben. Robin versuchte daher, ihre wütenden Gefühle zu leugnen und die perfekte, liebevolle Partnerin zu sein, als die sie ihre Mutter gern gesehen hätte. Doch gegenüber den Kindern konnte Robin sich nicht so gut beherrschen und ließ ihre Frustration oft an ihnen aus.

Sam mußte sich mit seinen ambivalenten Gefühlen gegenüber Robin auseinandersetzen – insbesondere mit den Ängsten und Sorgen, die er bislang vor ihr verborgen hatte. Obwohl er in geschäftlichen Verhandlungen wortgewandt war, merkte er, daß er bei seinen Gesprächen mit Robin oft nach den richtigen Worten suchte. Er wurde leicht wütend und ging dann einfach weg, bevor sein Zorn die Oberhand gewann. Auch Robin hatte Schwierigkeiten, mit Sam über ihre Differenzen zu sprechen, denn sie spürte seinen unterschwelligen Zorn und zog sich zurück, bevor einer von beiden auf destruktive Weise reagieren konnte.

In unserer ersten Sitzung erklärte Robin ihrem Freund, es wäre dumm zu glauben, die Tatsache, daß er reich sei, würde sie nicht ansprechen. »Aber«, sagte sie zu ihm, »statt daß dein Geld uns Sicherheit gibt und Freude macht, scheint es uns nur im Weg zu stehen.« Sam bekannte, er habe sich immer gefragt, ob irgendeine Frau ihn einfach um seiner selbst willen lieben könne, und er sei begeistert gewesen, als er Robin »an der Nase herumführen« konnte und sie seinen Reichtum nicht einmal ahnte. Er erzählte Robin auch, wie verbittert er über das Ende seiner ersten Ehe war und über die ständigen Versuche seiner Exfrau, Geld aus ihm herauszupressen. »Sie hat jedes ihrer Versprechen gebrochen und keine Vereinbarung eingehalten, und so wäre es bei dir wahrscheinlich auch.«

Mit der Zeit konnten Robin und Sam einige ihrer Streitpunkte unbefangener durchsprechen, und ihre Zuversicht, daß sie lernen würden, erfolgreich miteinander zu verhandeln, wuchs. Sam schaute sich genau an, welche Überzeugungen er angesichts der Art, wie sein Vater seine Mutter behandelt hatte, herausgebildet hatte. Langsam wurde die Beziehung offener und inniger. Als Robin entdeckte, daß sie schwanger war, machte Sam ihr sofort einen Heiratsantrag. Drei Wochen vor der Hochzeit jedoch überraschte er seine Braut mit einem Ehevertrag, der Robin verwirrte und erzürnte. Er enthielt eine Klausel, derzufolge im Fall einer Trennung die Höhe der Alimente sich nach der Zahl der Jahre richten sollte, die das Paar zusammengewesen war. Eine Teilung des Zugewinns der Ehe war nicht vorgesehen. In einer Notsitzung erklärte Robin, sie habe das Gefühl, daß Sam ihr wieder mißtraue und daß ihm nicht wirklich etwas an ihr liege. Sie versuchte, ihrem zukünftigen Ehemann klarzumachen, daß die meisten Paare sich verbunden fühlen, weil sie für eine gemeinsame Zukunft arbeiten, und daß der Ehevertrag ihr das Gefühl gab, sie würde nicht in seine Zukunft hineingehören. Wie konnte er erwarten, daß es ihr Spaß machen würde, ein Haus mit ihm zu renovieren oder ein neues Auto auszusuchen, wenn dahinter immer die Annahme stand, daß alles ausschließlich ihm gehörte?

Hinsichtlich des Ehevertrages schlossen die beiden schließlich einen Kompromiß, aber Robin beging ihren Hochzeitstag mit einem pessimistischen Gefühl. Als Sam ihr den Ehevertrag vorgelegt hatte, war ihr, als wären die ganzen angestrengten Bemühungen um eine bessere Kommunikation und mehr Vertrauen umsonst gewesen. Auch die Tatsache, daß sie den Vertrag so spät bekommen hatte, machte sie wütend, denn sie sah in Sam einen gewitzten Geschäftsmann, der voller Berechnung beschlossen hatte, sie unter Zeitdruck zu setzen, um sich gut absichern zu können. Nach der Hochzeitsreise kam das Paar wieder zur Therapie. Robin konnte darüber sprechen, wie traurig sie war, daß Sams Geld ihrer Nähe im Wege stand. Es dauerte Monate, bis Sam erkennen konnte, in welchen Hinsichten sein Verhalten durch das Mißtrauen seines Vaters gegenüber Außenstehenden und durch seine eigene aufgestaute Wut über seine Scheidungsvereinbarungen bedingt war und die Verantwortung dafür übernehmen konnte. Als Sam Robin so sehen konnte, wie sie war, und als er seine Ehe als Möglichkeit begreifen konnte, ein anderes Leben zu schaffen, war es beiden wieder möglich, einander zu vertrauen.

Zusammengesetzte Familien

Wenn die Partner vor der Eheschließung alleinstehend waren, haben sie die Freiheit, sich ganz und gar dem Wohlergehen des anderen zu widmen. Bei der Geburt von Kindern müssen beide dann zwar gewisse Abstriche in dieser Hinsicht machen, aber dafür lieben und betreuen sie ein gemeinsames Kind. Doch in zusammengesetzten Familien sind die Partner eine Beziehung eingegangen, nachdem vorher schon eine andere bestanden hatte, und sie tragen die Verantwortung für etwaige Kinder aus dieser Verbindung. Ein Partner kann zwar akzeptieren, daß die Liebe eines Elternteils zu seinen Kindern normal und wichtig ist, aber wegen der früheren Beziehung kommt es jetzt in der neuen häufig zu Spannungen. Solange die Eheleute das Gefühl haben, daß sie füreinander unentbehrlich sind, werden sie den Prozeß der Vertrauensbildung und der Vertiefung ihrer Verbundenheit fortsetzen. Wenn sie jedoch glauben, daß sie erst an zweiter Stelle nach den Kindern kommen, können sie die Abhängigkeit, die für den Aufbau einer wechselseitig unterstützenden und liebevollen Atmosphäre notwendig ist, nicht entwickeln.[2] Es wäre dumm, sich einem Partner gegenüber verletzlich zu zeigen, der den Eindruck vermittelt, immer zuerst die Kinder aus einer früheren Beziehung zu berücksichtigen.

Leider verschlimmern die Reaktionen, die Kinder auf einen »neuen« Erwachsenen im Haus zeigen, diese Situation oft noch. Forscher, die sich mit zusammengesetzten Familien beschäftigen, haben erkannt, daß die meisten Kinder die neue Liebesbeziehung ihres Vaters oder ihrer Mutter ablehnen und ihr Mißfallen auch oft deutlich zeigen. Manchmal zerstört die Realität der neuen Beziehung die Wunschvorstellung des Kindes, daß die leiblichen Eltern eines Tages wieder zusammenfinden werden. In anderen Fällen haben die Kinder sich an die enge Bindung, die im Zusammenleben mit dem alleinerziehenden Elternteil normalerweise entsteht, gewöhnt und sind nicht bereit, Zeit und Liebe der Mutter oder des Vaters mit einem anderen Menschen zu teilen. Schlimmstenfalls entwickelt sich zwischen dem neuen Lebensgefährten und den Kindern ein Konkurrenzkampf, so daß in der neuen Familie Spannungen und Zwietracht auftreten und ein ständiges Tauziehen um die Aufmerksamkeit und die Liebe des Partners herrscht, der die Kinder mitgebracht hat. Sollte der neue Lebenspartner in diesem Kampf verlieren, dann kann die gegenseitige Verbundenheit sich nicht weiter vertiefen. So geschah es in der Familie Frank.

Die Familie Frank

Als ich Jennifer und Donald kennenlernte, waren sie sehr verliebt, aber nervös im Hinblick auf ihre gemeinsame Zukunft. Zwei Jahre zuvor hatte Jennifers Ehemann die Scheidung verlangt, was ihr einen Schock versetzt hatte. Zuerst war Donald ein hilfreicher Arbeitskollege gewesen, dem sie ihre Gefühle hatte anvertrauen können, aber allmählich bekam ihre Freundschaft eine sexuelle Komponente, und die beiden verliebten sich heftig ineinander. Donald hatte aus einer früheren Ehe zwei erwachsene Kinder, zu denen er aber überhaupt keinen Kontakt hatte. Zum Zeitpunkt seiner Scheidung war er jung, unreif und verantwortungslos gewesen. Seine Frau hatte ihn verlassen, weil er spielte und trank, und Donald meinte, daß er wahrscheinlich nichts anderes verdient hatte. Er mochte Kinder, hatte aber viele komplizierte Gefühle, weil er in seiner ersten Familie versagt hatte. Zu diesem Zeitpunkt hatte er kein Interesse daran, für die Kinder eines anderen die Vaterrolle zu übernehmen.

Jennifers Exmann war ein besitzergreifender Vater, der mit ihr gemeinsam das Sorgerecht für die zehnjährige Tochter Martha hatte und das Mädchen an jedem zweiten Wochenende und an zwei Tagen in der Woche zu sich nahm. Jennifer versicherte Donald, daß Martha bereits einen sehr aktiven Vater habe und daß niemand von ihm erwarte, die Rolle des Stiefvaters zu spielen. Doch als Donald, Martha und Jennifer mehr Zeit miteinander verbrachten, wurden die Spannungen und die Probleme sehr bald sichtbar. Martha war wütend darüber, daß ihr Vater gleich nach der Scheidung seine Geliebte geheiratet hatte, und ließ das an Donald aus, indem sie sich sarkastisch und distanziert zeigte. Donald, der aus einer streng katholischen Familie stammte, war entsetzt, daß Martha respektlos mit ihm reden durfte, aber noch mehr erschütterte ihn die Art, wie das Mädchen die Mutter behandelte. In unserer ersten Sitzung gab Jennifer widerstrebend zu, daß sie Martha gegenüber vielleicht ein wenig zu nachsichtig sei, verteidigte sich aber damit, daß Martha schon immer ein frühreifes Kind gewesen sei, das alle mit seinen geistreichen Bemerkungen unterhalten habe. Was Donald als altklug ansah, erklärte Jennifer mit der Intelligenz ihrer Tochter, und als Donald sich darüber beklagte, daß Martha ihn zu manipulieren versuche, versicherte Jennifer ihm, das sei einfach ihre selbständige Art. Es war klar, daß die beiden sehr verschiedene Vorstellungen davon hatten, was für eine Zehnjährige angemessen sei. Jennifer fühlte sich durch Donalds Kritik verletzt, auch wenn sie wußte, daß an seinen Äußerungen etwas Wahres dran war.

Die beiden waren mit ihrer Weisheit am Ende und hatten keine Idee mehr, wie sie ihr Zusammenleben gestalten könnten. Donald erwartete von Jennifer, daß sie für Martha klare Regeln für höfliches Verhalten aufstellte, und betonte, die Interaktionen zwischen Mutter und Tochter mitanzuhören bereite ihm genausoviel Streß, als wenn er selbst ein unglückliches Zwiegespräch mit Martha führe. Wenn Jennifer ihre Tochter verteidigte, hatte Donald das Gefühl, seine Partnerin liebe und unterstütze ihn nicht. Martha schien ihren »Sieg« über Donald zu spüren, und wenn ihre Mutter nicht dabei war, testete sie ständig ihre Grenzen aus. Donald lebte nur noch für die Wochenenden und die anderen Tage, an denen Martha mit ihrem Vater zusammen war, und merkte, daß er für den größten Teil der Zeit, die Martha bei ihrer Mutter verbrachte, andere Pläne machte.

In der Therapie ermutigte ich Donald, eine direkte Beziehung zu Martha aufzubauen, nicht als Vater, sondern einfach als Erwachsener gegenüber einem Kind. Donald stellte fest, daß Martha eine Seite hatte, die ihm Freude machte, aber daß ihn immer Schuldgefühle überkamen, wenn er eine schöne Zeit mit ihr verbracht hatte. Wie konnte er diesem Kind ein Freund sein, wenn er seinen eigenen Sohn und seine Tochter vor Jahren im Stich gelassen hatte? Die Therapie bot Donald die Möglichkeit, einige seiner Konflikte und Gefühle aufzuarbeiten. Seine Tochter weigerte sich zwar, auf seine Anrufe zu reagieren, aber es gelang ihm, den Kontakt zu seinem Sohn wieder aufzunehmen.

Auch Jennifer mußte Gefühle aufarbeiten, die das Zusammenleben der neugebildeten Familie komplizierten. Eine wichtige Erkenntnis war für sie, daß sie Angst hatte, die Liebe ihrer Tochter zu verlieren. Immer wenn Martha ihren Willen nicht bekam, drohte das Mädchen, ganz zum Vater zu ziehen, und dann geriet Jennifer in Panik. Als wir diese Situation analysierten, wurde Jennifer allmählich selbstsicherer, wenn es darum ging, ihrer Tochter Grenzen zu setzen. Außerdem wurde Jennifer bewußt, daß sie versuchte, Martha vor einem Wesenszug Donalds zu schützen, den sie als streng und bedrohlich empfand. Sie wußte zwar, daß Donald fair war und ihrer Tochter nie ein körperliches Leid zufügen würde, aber sie merkte, daß sie sich immer, wenn sie »diesen Ton in seiner Stimme« hörte, impulsiv einmischte. In der Therapie war Jennifer in der Lage, die Erinnerungen an ihren Vater aufzuarbeiten, der mit ihr und ihrer Mutter immer »in diesem Tonfall« gesprochen hatte, bevor er seine Wutausbrüche bekam. In Jennifers Herkunftsfamilie waren die Spannungen stets eskaliert, und es war zu offenem Kampf und lautem Geschrei gekommen. Als Jennifer einmal gelernt hatte, ihre Reaktion auf Donalds strenge Stimme von ihrer Erinnerung an den unbeherrschten und oft sadistischen Vater zu trennen, konnte sie die Disziplin aufbringen, sich aus Auseinandersetzungen zwischen ihrem Partner und ihrer Tochter herauszuhalten. Solange Donald sich innerhalb der vereinbarten Grenzen bewegte, brauchte Jennifer nun nicht mehr einzuspringen, um ihre Tochter zu retten. Wie Donald einmal bemerkte: »Es macht mir nichts aus, in einer Auseinandersetzung mit einem Kind zu verlieren, und ich habe nichts dagegen, daß Jennifer ihre Tochter liebt. Ich möchte nur das Gefühl haben, daß ich auch hier hergehöre und daß Martha mich zumindest respektiert, auch wenn sie mich nicht akzeptiert.« Erst als Jennifer lernte, sich herauszuhalten, war Donalds Vertrauen zu ihr gefestigt.

Seelische Mißhandlung

Wenn die »Zweisamkeit« durch Geldfragen oder schon vorhandene Kinder gestört wird, kann man noch recht gut nachvollziehen, wie ein unglückseliges Dreiecksverhältnis entsteht. Ich habe jedoch auch mit Paaren gearbeitet, die sich gegeneinander wandten, weil sie unter psychischen Problemen litten, die nur ganz allmählich sichtbar wurden. Mit den Jahren habe ich viele Paare kennengelernt, in denen ein Partner unter »narzißtischen Kränkungen«[3] litt. Der Begriff »Narzißmus« läßt normalerweise an einen Menschen mit übermäßigem Selbstvertrauen denken, doch tatsächlich ist das Gegenteil der Fall. Viele Personen, die nach außen hin überaus selbstbewußt und stabil wirken, sind im Grunde emotional unsicher. Solche Menschen können zwar den Anschein erwecken, Selbstvertrauen zu besitzen, aber ihr Selbstwertgefühl ist leicht zu erschüttern. Wenn ein Mensch, der für narzißtische Kränkungen anfällig ist, kritisiert wird oder das Gefühl hat, unzulänglich zu sein, stürzt er von einem Zustand, in dem er sich rundum gut fühlt, in einen Zustand, in dem er sich vollkommen wertlos vorkommt. Weil dieser neue, unangenehme Zustand Depressionen, Angst und Unbehagen auslöst, bemüht der Betroffene sich, ihn um jeden Preis zu vermeiden, und sucht im Leben ständig nach Anerkennung und Bestätigung, die ihn vor dieser Kränkung schützen. Da er die Fassade des Selbstvertrauens nicht aufrechterhalten kann, wenn er kritisiert wird, bleibt ihm nichts anderes übrig, als die Person, die ihm seiner Meinung nach die Kränkung zufügt, anzugreifen. Wenn es ihm gelingt, diese Person so zu erniedrigen, daß sie sich selbst wertlos fühlt, oder wenn er seine Überlegenheit durch kraftvolle Wutausbrüche beweisen kann, vermag er die Bedrohung abzuwenden. Die Person, die am häufigsten zum Opfer dieser Herabsetzungen oder Wutausbrüche wird, ist unglücklicherweise der Partner oder die Partnerin.

In einer solchen Beziehung ist es nicht ungewöhnlich, daß die Partner einander nicht zuhören und auch auf Versuche, strittige Themen zu besprechen, nicht eingehen können. Probleme werden als Vorwurf oder Kritik erlebt, die der für narzißtische Kränkungen anfällige Partner nicht ertragen kann. Auch Neidgefühle sind bei dieser Person leicht zu wecken, und selbst wenn sie den Erfolg des Partners oder der Partnerin feiert, versucht sie oft gleichzeitig, das Fest zu verderben oder den Partner auf andere Weise abzuwerten. Wer unter einer narzißtischen Persönlichkeitsstörung leidet, kann zudem zu Handlungen neigen, die seinen Partner beschämen oder ihm das Gefühl der Unzulänglichkeit geben, weil er sich auf diese Weise davor schützen kann, diese Gefühle selbst zu erleben.

Ich bezeichne diese Art von Partnerschaft als Achterbahn-Beziehung, weil die Gefühle häufig von einem Moment zum anderen ins absolute Gegenteil umschlagen. Die meisten Personen, die mit narzißtischen Partnern leben, bedauern sehr, daß es in ihrem Leben weder Stabilität noch Vorhersehbarkeit gibt, und beklagen sich, daß sie oft emotional mißhandelt werden. Das Opfer eines narzißtischen Wutausbruchs zu werden oder einen Partner zu haben, der ein Fest verdirbt, ist tatsächlich schwer zu ertragen. Betroffene erzählen mir, daß sie das Gefühl haben, auf Zehenspitzen zu gehen, um einen erneuten Wutausbruch oder eine depressive Phase zu vermeiden. Immer wieder höre ich auch, wie entmutigend es ist, wenn sie erkennen, daß ihre Beschwerden oder ihre Vorschläge für eine Verbesserung der Beziehung nicht einmal angehört und schon gar nicht akzeptiert werden. Hat ein Partner das Gefühl, daß sein Wohlbefinden immer an zweiter Stelle steht und daß in der Beziehung ein Unterton von Konkurrenz, Groll oder Neid herrscht, dann ist es ihm fast unmöglich, sein Vertrauen zu bewahren. Der Stoff, aus dem eine liebevolle Partnerschaft ist, kann das Ausmaß von Wut und Gefühllosigkeit, das bei einer emotionalen Mißhandlung zutage tritt, nicht aushalten, und der erste Faden, der reißt, ist das Vertrauen des Partners, daß so etwas nie wieder vorkommen wird. Wenn sich ein Zyklus aus »guten« und »schlimmen« Phasen herausgebildet hat, findet das Paar selten zu der Nähe zurück, die nur bei gegenseitigem Vertrauen möglich ist.

Kinder aus solchen Ehen beobachten, wie ihre Eltern gute und schlimme Phasen durchleben und verstehen nie richtig, was eine Ehe glücklich oder unglücklich macht. Sie hören auch, daß die Eltern sich gegenseitig die Schuld geben, wenn etwas schiefgeht, und erleben, wie in solchen Fällen extremer Pessimismus oder Wut die Atmosphäre in der Familie vergiften. Häufig machen sie die Achterbahnfahrt auch selbst mit, denn sie versuchen, brav zu sein, damit ihr Verhalten nicht dazu führt, daß sich die Eltern streiten. Es überrascht nicht, daß Kinder aus diesen Beziehungen oft fügsam und perfekt wirken, aber weil sie letztlich machtlos sind und in ihrem Bemühen, den Familienfrieden stabil zu halten, versagen, entwickeln sie starke Selbstzweifel. Anstatt zu lernen, wie Partner sich gegenseitig unterstützen und trösten können, beobachten diese Kinder, wie ihre Eltern, sobald Probleme auftreten, zu erbitterten Gegnern oder zu distanzierten Fremden werden. Das Abwechseln von guten und schlimmen Phasen ist nicht nur für die Partner frustrierend und anstrengend, sondern belastet auch die Kinder, die durch das plötzliche Auftreten von ernsthaften Zerwürfnissen ihrer Eltern und Entfremdungen völlig verwirrt und desorientiert reagieren. Weil es keine Beispiele für konstruktive Konfliktlösungen sieht, deutet das Kind die Konflikte der Eltern oft als Botschaft, daß Probleme überwältigend und zerstörerisch sein können. Vor allem aber erlebt das Kind, daß ein Mensch im Grunde allein ist, wenn er vor Schwierigkeiten steht.

Lügen

Wenn Partner sich verpflichten, für das Wohlbefinden des anderen zu sorgen, ist Aufrichtigkeit ein wichtiger Aspekt. Weil die Handlungen und Gefühle eines Partners fast immer auch den anderen beeinflussen, ist es wichtig, daß beide überzeugt sein können, daß sie über Bereiche, die sie beide angehen, mühelos Informationen erhalten. Damit wird nicht das Recht auf Privatsphäre geleugnet, sondern es bedeutet einfach, daß in einer Partnerschaft Ehrlichkeit nötig ist, wenn es um Dinge geht, die beide betreffen. Wenn ein Partner den anderen belügt, beginnt die Grundlage des Vertrauens zu bröckeln. Der lügende Partner muß ständig auf der Hut sein, damit seine Lüge nicht aufgedeckt wird,

und die damit verbundene Anspannung und Heimlichtuerei belastet die Kommunikation. Den Partner, der sich
hintergangen fühlt, macht der Mangel an »Wissen« oft
ängstlich und wütend, und sehr häufig erlebt er ihn als Gefühl, kontrolliert oder manipuliert zu werden.

Es gibt viele Gründe, warum Partner sich gegenseitig be-
lügen. Wer süchtig ist, sei es nach Alkohol, Glücksspiel oder
Sexualität, greift in der Regel immer zu irgendeiner Form
von Täuschung. Außereheliche Verhältnisse werden selten
vollkommen aufrichtig gelebt, und der Ehebrecher oder die
Ehebrecherin muß fast immer lügen, wenn es darum geht,
wo er oder sie die Zeit verbringt. Lügen ziehen weitere
Lügen nach sich, und es wird immer schwerer, das Lügen-
gespinst zu verteidigen. Wenn ein Partner entdeckt, daß er
belogen wurde, versucht er, die Kontrolle wiederzugewin-
nen und verlangt, »alles« zu wissen. In dem Versuch, »die
Wahrheit herauszufinden«, kann er den unaufrichtigen
Partner wie besessen beobachten und immer wieder ins
Kreuzverhör nehmen, eine Situation, die fast immer zu
Auseinandersetzungen über Kontrolle führt.[4] Diese Lage ist
für beide Partner aussichtslos und für die Kinder ebenfalls,
denn sie erkennen die Verdächtigungen und das Mißtrauen
zwischen den Eltern. Natürlich wird die Situation noch
schlimmer, wenn ein Elternteil sich einem Kind anvertraut
und es dazu drängt, das Geheimnis für sich zu behalten.
Manche Eltern ziehen das Kind auch in ihren Kampf um die
Kontrolle hinein, indem sie es auffordern zu berichten, was
es über die jeweilige Situation weiß. Wenn Kinder in das
Lügengewebe oder in die Wahrheitssuche der Eltern verstrickt werden, ziehen sie daraus die Lehre, daß man im
Grunde niemandem vertrauen kann. Die Partner sind in
diesem Fall nicht Freunde, die sich respektieren und ihr
Bestes tun, um sich gegenseitig zu helfen, sondern sie sind
Gegner, die sich gegenseitig betrügen und ein moralisch
verwerfliches Verhalten an den Tag legen, um sich vom Einfluß des anderen zu befreien.

Die Bedürfnisse des Partners übergehen

Handlungen, die deutlich machen, daß ein Partner die Gefühle und Bedürfnisse des anderen respektiert, bauen Vertrauen auf. Zwar sind die Wünsche der Partner oder ihre Vorstellungen davon, wie etwas durchgeführt werden soll, häufig verschieden, aber beide müssen sich darauf verlassen können, daß der andere niemals absichtlich etwas tun würde, das ihre tiefsten Überzeugungen verletzt. Ein Partner, der in einem wichtigen Bereich die Position des anderen nicht achtet, sendet eine Botschaft der Respektlosigkeit aus. Wenn das geschieht, wenden die Partner sich im Kampf um die Kontrolle gegeneinander, statt zusammenzuarbeiten, um einen Kompromiß oder einen Ausgleich zu finden. Ob eine solche Verletzung in offener Mißachtung oder in passivem Unwissen geschieht, immer stellt sie einen Vertrauensbruch dar.

Ich kenne Paare, die sich auf diese Weise gegenseitig verletzt haben, wenn es um das Thema Pünktlichkeit ging. In diesem Fall ist es meistens so, daß ein Partner großen Wert auf Pünktlichkeit legt, während der andere herumtrödelt und in letzter Minute noch etwas anderes anfängt, so daß er ständig zu spät dran ist. Viele Paare streiten sich auch über Ausgaben und andere Themen, die mit Geld zu tun haben. Ein Paar, mit dem ich gearbeitet habe, hatte ständig Auseinandersetzungen darüber, daß die Frau zuviel ausgab, was ihr Mann als Sucht interpretierte. Je mehr ihr Mann sie bat, mit dem Geldausgeben aufzuhören, desto mehr Sonderangebote brachte sie mit nach Hause. Der Ehemann hatte zwar eine sichere Arbeitsstelle, aber er hatte sich vorgenommen, Geld für das Studium seiner drei Kinder und für sein Rentenalter zurückzulegen. Schulden machten ihm große Angst, und daß seine Frau das Sparkonto angriff, um die neue Garderobe zu bezahlen, gab ihm das Gefühl, sie liebe ihn nicht und kränke ihn. Wenn Paare sich ständig zanken, erfahren die Kinder unweigerlich davon. Die Beziehung erscheint ihnen dann wie ein Tauziehen, bei dem nur einer gewinnen kann.

Falls Eltern ihre unterschiedlichen Ansichten über die Erziehung der Kinder nicht respektieren oder nicht ausdiskutieren können, sind die Folgen noch verheerender. Wenn in der Kindererziehung ein Problem auftritt, auf das keiner der Partner richtig vorbereitet ist, ist das die eine Seite. Eltern haben in dieser Hinsicht häufig verschiedene Vorstellungen oder Strategien und bedrängen den Partner vielleicht, dem eigenen Plan zuzustimmen. Wenn Eltern jedoch ein Problem besprochen und eine eindeutige Position dazu bezogen haben, dann erscheint es wie Verrat, wenn ein Partner diese Vereinbarung sabotiert. Die Kinder werden dann zu Schachfiguren im Machtkampf der Eltern; ihnen sind die konkurrierenden Positionen bewußt, und sie sind zwischen beiden gefangen. Eine Familie, die jahrelang auf diese Weise gekämpft hat, waren die Kleins.

Die Familie Klein

Saul Klein war der einzige Sohn einer streng religiösen jüdischen Familie. Er widersetzte sich den Versuchen der Eltern, ihm ihre religiösen Überzeugungen aufzuzwingen, nie direkt, aber irgendwie kam es dazu, daß er sich auf dem College in eine Katholikin verliebte. Seine Eltern waren niedergeschmettert, aber Saul und Marie entschlossen sich trotzdem zur Hochzeit. Marie willigte ein, zum Judentum zu konvertieren und ihre Kinder im jüdischen Glauben zu erziehen. Die religiösen Verpflichtungen der neuen Religion waren ihr nicht unangenehm, aber sie vermißte die alljährliche Weihnachtsfeier im Kreise ihrer Familie. Das Paar schloß daher einen Kompromiß: Marie sollte im Dezember immer nach Hause fahren können, um an diesem Familienereignis, das so viel Bedeutung für sie hatte, teilzunehmen.

Die Probleme tauchten erst auf, als Saul und Marie Kinder bekamen. Als die Zwillinge noch ganz klein waren, war Marie Weihnachten nicht zu ihrer Familie gefahren, und sie hatte sogar eingewilligt, die Jungen in einen jüdischen Kindergarten zu schicken. Doch als die beiden drei Jahre alt waren, beschloß Marie, Weihnachten nach Hause zu fahren, und bestand darauf, die Kinder zu einem Besuch bei den Großeltern und der übrigen Familie mitzunehmen. Saul war der Meinung, das würde die Kinder zu sehr verwirren, aber Marie kaufte für die ganze Familie Flugtickets. In letzter Minute entschied Saul, daß er aus geschäftlichen Gründen nicht mitreisen könne. Als die Kinder wieder nach Hause kamen, waren sie begeistert über die Weihnachtsgeschenke, die sie bekommen hatten, und erzählten aufgeregt von dem herrlichen Baum und wie sie beim Schmücken geholfen hatten. Saul fühlte sich betrogen, denn er hatte das Gefühl, Marie versuche, seine Kinder zum Katholizismus zu bekehren, und die beiden begannen einen erbitterten Streit. Saul behauptete, Marie habe ihr Versprechen, die Kinder im jüdischen Glauben zu erziehen, gebrochen, als sie die beiden an der Weihnachtsfeier hatte teilnehmen lassen. Er meinte, er könne ihr nicht mehr vertrauen, daß sie sich an das Gelöbnis, das sie vor ihrer Hochzeit abgelegt hatte, halten werde. Die beiden brauchten Monate, um ihre sehr unterschiedlichen Ansichten von der Bedeutung des Weihnachtsfestes zu verstehen und wieder Vertrauen zueinander zu fassen.

Verpflichtung zu sexueller und emotionaler Ausschließlichkeit
Auch wenn verschiedene Kulturen sexuelle Aktivität außerhalb der Ehe erlauben, erwarten die meisten Menschen, die heutzutage in unserer Kultur heiraten, sexuelle Ausschließlichkeit. Da die Ehe wie jede feste Beziehung ein Ergebnis der Liebe ist, nimmt man an, daß die Partner ineinander verliebt sind und daß die Hinwendung eines Partners zu einem Außenstehenden dem anderen Partner Kummer bereitet. Die meisten Partner erreichen im Anfangsstadium ihrer Beziehung irgendwann den Punkt, an dem sie sexuelle Treue voneinander verlangen, und müssen sich häufig mit ihrer Eifersucht auseinandersetzen, bevor echtes Vertrauen entstehen kann.

Trotzdem zeigt die Realität, daß eine sehr große Anzahl von verheirateten Personen außereheliche Beziehungen eingeht. In einer jüngeren Untersuchung, bei der es um Männer über Fünfzig ging, hatten mehr als die Hälfte der Beteiligten mindestens eine Affäre gehabt.[5] Hier spiegelt sich vielleicht das Verhalten von Männern wider, deren frühe Ehejahre in eine Zeit fielen, in der die Überzeugung »Männer sind eben Männer« noch stärker ausgeprägt war. Doch um die sexuelle Treue heutiger Eltern scheint es Schätzungen zufolge nicht sehr viel besser bestellt zu sein. Und so leben viele heutige Familien anscheinend mit den Konsequenzen der Untreue: Entweder reagiert ein Erwachsener immer noch auf die Erfahrung, in einem von Ehebruch erschütterten Elternhaus aufgewachsen zu sein, oder Eltern kämpfen mit der Wirkung, die eine Affäre auf ihre eigene Beziehung und auf ihre Kinder hat.

Die Wirkung auf die Kinder

Ich habe in diesem Buch immer wieder darauf hingewiesen, daß Kinder die Beziehung der Eltern viel bewußter wahrnehmen, als Eltern gerne glauben möchten. Wenn in einer Beziehung Vertrauen herrscht, gibt es im Hinblick auf den Aufenthaltsort oder die Aktivitäten wenig Spannungen oder Mißtrauen zwischen den Partnern. Weil es keine Geheimnisse gibt, ist die Kommunikation offen und entspannt. Kinder aus solchen Partnerschaften müssen sich nicht unentwegt auf die Bedeutung und die Konsequenzen des elterlichen Verhaltens konzentrieren, denn ihre Wachsamkeit ist für die Wahrung des familiären Friedens nicht vonnöten.

Im Gegensatz dazu nehmen Kinder, deren Eltern außereheliche Affären haben, die Spannungen, die Heimlichtuerei und die Distanz zwischen den Eltern wahr. Wenn eine Affäre einmal entdeckt wurde, wird die Atmosphäre in der Familie normalerweise noch viel schlechter. Fast immer gerät das Kind in einen Loyalitätskonflikt, denn beide Elternteile versuchen, seine Unterstützung für ihre jeweilige Position zu gewinnen. Häufig versucht der betrogene Elternteil die Gefühle, die das Kind für den untreuen Partner hegt, zu manipulieren. Das führt dazu, daß das Kind eine Menge Informationen erhält, die seinem Alter nicht angemessen sind und die ihm schaden. Auch wenn Jugendliche alt genug sind, um über Sex Bescheid zu wissen, befinden sie sich doch in einem empfindlichen Stadium, in dem sie ihre eigenen moralischen Maßstäbe entwickeln, und häufig fühlen sie sich durch den Ehebruch eines Elternteils selbst betrogen und gekränkt. Kinder aller Altersstufen erkennen den Ernst der Situation und bekommen Angst. Wie die Psychologin Emily Brown ausführt, springt das Kind in Gedanken von der Wahrnehmung der Affäre, einer indirekten Erfahrung, sofort zur Erwartung der Scheidung, von der es direkt betroffen wäre. Leider kann keiner der beiden Eltern dem Kind versichern, daß es nicht zu einer Scheidung kommen wird, und wenn Kinder diese Versicherung nicht erhalten, rechnen sie normalerweise mit dem Schlimmsten.[6]

Am meisten schadet Untreue den Kindern, die als Dritte in die Probleme ihrer Eltern mit hineingezogen werden. Auch wenn die Eltern sich vielleicht schon über einen längeren Zeitraum hinweg auseinandergelebt haben, ist die Entdeckung einer Affäre doch ein deutliches Zeichen dafür, wie ernst die Probleme sind und wie groß die Gefahr eines unwiderruflichen Bruches ist. Jeder Elternteil versucht vielleicht, die Loyalität der Kinder zu gewinnen, und spielt sie damit zwangsläufig gegen den anderen aus. Manche Eltern wenden sich auch in unangemessener Weise an die Kinder, um Unterstützung zu bekommen, und enthüllen ihnen die partnerschaftliche Situation in allen Einzelheiten, so daß die dritte Person einen festen Platz im Leben der Familie bekommt. Wenn ein Elternteil merkt, daß der Partner versucht, die Kinder für sich zu gewinnen, vergrößert sich die Kluft zwischen Vater und Mutter normalerweise noch. Es ist, als würde jeder Elternteil verzweifelt versuchen, etwas Wertvolles in seinem Leben festzuhalten oder zu bewahren: »Du hast mein Vertrauen und meine Hoffnung auf unsere gemeinsame Zukunft zerstört. Aber meine Kinder wirst du mir nicht nehmen.«

Häufig sind die Kinder schließlich auf beide Eltern böse. Leider können Affären auch in Beziehungen auftreten, die oberflächlich perfekt wirken. In diesen Fällen rechnen die Kinder vielleicht nicht damit, daß Vater oder Mutter zu einem so unmoralischen oder betrügerischen Verhalten fähig sind. Die Entdeckung einer Affäre stößt, wie Brown darlegt, den perfekten Vater oder die perfekte Mutter vom Sockel. Dem bis dahin unwissenden Elternteil fällt es allerdings oft schwer, sich an die Realität der Untreue zu gewöhnen. Häufig möchte der untreue Partner die Beziehung nicht beenden, aber auch den Geliebten oder die Geliebte nicht aufgeben. Für den betrogenen Teil ist das eine qualvolle Situation, denn häufig fühlt er sich machtlos und traut sich nicht, seine Wut zu äußern, weil er Angst hat, daß die Wahl dann zugunsten des oder der »anderen« ausfallen könnte. Falls der hintergangene Partner Depressionen bekommt oder von seinen Gefühlen überwältigt wird, reagieren einige Kinder auch verärgert und werden schließlich wütend. Manche Teenager, für die eine enttäuschte Liebe zum unvermeidlichen Veränderungsprozeß gehört, geben dann vielleicht Ratschläge wie: »Zieh endlich einen Schlußstrich und hör' auf, wie das heulende Elend rumzulaufen«. Andere Kinder dagegen verhalten sich mitfühlend und fürsorglich. In jedem Fall aber sind die Tage der Unschuld für das Kind vorüber.

Noch schwieriger ist die Situation immer dann, wenn das Kind die Affäre entdeckt. Manchmal vertraut sich der fremdgehende Elternteil dem Kind an, weil er auf irgendeine Form von Bestätigung und Erlaubnis hofft. Damit bürdet er dem Kind eine ungeheure Last auf, denn es muß das Geheimnis vor dem anderen Elternteil verbergen und wird so zum Komplizen. Wenn ein Vater sich an seinen Sohn wendet, weil er Akzeptanz für sein ehebrecherisches Verhalten sucht, behandelt er das Thema oft als Initiation in die »echte Männerwelt«. Dadurch gibt er seinem Sohn deutlich zu verstehen, wie unwichtig sexuelle Ausschließlichkeit ist, und versucht, Einfluß auf die Überzeugungen zu nehmen, die der Sohn gerade im Hinblick auf Beziehungen zu Frauen entwickelt. In einer mir bekannten Familie nahm der Vater seinen halbwüchsigen Sohn mit in Bars und Kneipen und erzählte ihm ungehemmt Geschichten über verschiedene Frauen, mit denen er kürzlich sexuell Kontakt gehabt hatte. Die Botschaft an seinen Sohn lautete, daß der

Mann das Recht hat, seinem Vergnügen nachzugehen, und sich nicht von einer Frau beherrschen lassen sollte. Er vermittelte dem Sohn seinen Trotz gegen die Ehefrau und seine Respektlosigkeit ihr gegenüber. Es überrascht nicht, daß auch der junge Mann selbst seiner frischgebackenen Ehefrau zwei Monate nach der Hochzeit untreu wurde.

Vielleicht erfahren Kinder auch als erste von der Affäre, weil der betreffende Elternteil achtlos Anspielungen fallenläßt oder weil sie zufällig Hinweise darauf entdecken. Das Kind muß sich dann entscheiden, auf wessen Seite es steht, indem es das Geheimnis entweder für sich behält oder weitererzählt. Wenn es dem unwissenden Elternteil die Augen öffnet, entsteht oft sofort eine Koalition zwischen Elternteil und Kind, weil das Kind die unmittelbare Reaktion dieses Partners miterlebt, der normalerweise schockiert, ungläubig und tief verletzt ist, wenn er zum erstenmal von der Affäre des anderen hört. In diesem Augenblick großen Kummers denkt der betroffene Partner vielleicht gar nicht darüber nach, ob es richtig ist, dem Kind sein Herz auszuschütten. Das Kind empfindet es dann als ungerecht, daß ein Elternteil dem anderen solchen Schmerz zugefügt hat, und normalerweise beeinträchtigt dieses Gefühl die Beziehung zu dem ehebrecherischen Elternteil. So geschah es in der Familie Glenn.

Die Familie Glenn

Die zehnjährige Amanda erfuhr durch einen Zufall von der Affäre ihres Vaters Daniel. Als sie eines Tages telefonieren wollte, führte Daniel gerade auf der anderen Leitung ein Gespräch, das sie mithören konnte. Etwas von dem Gesagten weckte ihre Aufmerksamkeit, und sie blieb unentdeckt in der Leitung. Sehr bald hörte sie, wie ihr Vater einen Scherz darüber machte, daß seine Frau keine Ahnung von den Eskapaden des vorigen Abends habe. Amanda hörte Bemerkungen darüber, wie toll der Sex nach dem Dessert gewesen sei, und genau da legte sie leise wieder auf.

Den ganzen Tag lang konnte das Mädchen weder die Mutter noch den Vater anschauen. Ihre gewöhnlich fröhliche Stimmung verflog, und sie verbrachte den Tag in ihrem Zimmer. Schließlich ging sie zu ihrer Mutter und begann zu weinen. Sie erzählte der Mutter die Einzelheiten des belauschten Gesprächs, und beide weinten zusammen. Margaret wußte von einer früheren Affäre und hatte Daniel gedroht, sich scheiden zu lassen, falls so etwas noch einmal geschehen sollte. Ohne Überlegung erzählte sie ihrer Tochter alles und verbarg auch ihren Zorn und ihren Schmerz nicht. Amanda hielt die Hand der Mutter und versprach, ihr zur Seite zu stehen, ganz gleich, was geschehen würde. Erst da hielt Margaret inne und dachte darüber nach, welche Wirkung das alles auf ihre Tochter haben konnte.

Als Margaret Daniel zur Rede stellte, versuchte er nicht, sein Verhältnis zu vertuschen, flehte Margaret aber wieder an, nicht die Scheidung einzureichen. Frustriert von Margarets Entscheidung, ihre frühere Drohung wahr zu machen, wandte er sich an Amanda. »Ich habe einen Fehler gemacht, aber ich möchte wirklich, daß unsere Familie zusammenbleibt. Deine Mama ist so stur. Sie will mir einfach nicht verzeihen, ganz egal, wie sehr ich sie darum bitte. Glaub' mir, eine Scheidung ist das letzte, was ich will.«

Jetzt war Amanda völlig zerrissen. Einerseits wünschte sie sich, daß ihre Mutter nachgeben würde, damit die Familie zusammenbleiben konnte. Gleichzeitig aber hatte sie gesehen, wie verletzt ihre Mutter war, und sie wußte, daß die Mama ihre Hilfe brauchte, um diese Situation durchzustehen. Eine Familientherapie war nötig, damit den Eltern klar wurde, was ihr Konkurrenzverhalten bei der Tochter anrichtete, und damit sie lernten, das Mädchen aus dem Spiel zu lassen.

Auswirkungen auf erwachsene Kinder

Nicht immer übersteht eine Familie die Erschütterung, die durch die Untreue eines Elternteils ausgelöst wird. Jüngste Forschungsergebnisse zeigen, daß die Hälfte der betroffenen Paare sich schließlich scheiden läßt und daß die Wahrscheinlichkeit einer Scheidung größer ist, wenn die Frau diejenige ist, die eine neue Liebe findet, oder wenn der Ehemann schon vorher Affären hatte. Viele untreue Frauen bleiben zwar mit ihrem Liebhaber zusammen, aber nur zehn Prozent aller Eheleute, die sich wegen einer Affäre scheiden lassen, heiraten den Geliebten oder die Geliebte.[7] Es ist schwer zu sagen, was Kinder am meisten verletzt: die Heimlichtuerei und die Spannung, die sie spüren, bevor die Affäre ans Licht kommt, das emotionale Chaos nach der Aufdeckung der Affäre, die Scheidung der Eltern oder die Situation, daß sie eine Beziehung zu einem Stiefvater oder einer Stiefmutter aufbauen müssen, der oder die ihrer Meinung nach die Beziehung der Eltern zerstört hat. Aus einigen oder allen diesen Gründen hat die Affäre eines Elternteils starke Auswirkungen auf die Kinder und beeinflußt ihre Beziehungen und ihre Fähigkeit, anderen zu vertrauen, bis weit ins Erwachsenenalter hinein.

Die Psychologin Judith Wallerstein, die Kinder nach der Scheidung der Eltern zehn Jahre lang beobachtete, stellte fest, daß Erwachsene, deren Eltern sich einer Affäre wegen getrennt hatten, immer noch stark mit der Untreue von Vater oder Mutter beschäftigt waren.[8] Andere Untersuchungen zeigen, daß Collegestudenten, deren Eltern sich nach einem Fall von Untreue hatten scheiden lassen, Schwierigkeiten hatten, dem Freund oder der Freundin zu vertrauen, und sich oft zynisch oder pessimistisch über die Liebe äußerten. Noch erstaunlicher ist für mich die Tatsache, daß erwachsene Kinder, deren Eltern Affären hatten, mit größerer Wahrscheinlichkeit als andere ihren Partnern untreu werden.[9] Wieder taucht die Beziehung der Eltern als negatives oder positives Vorbild auf und führt zu einer abwehrenden Haltung oder zur Nachahmung. Ein Paar, bei dem diese Situation zu großen Problemen führte, waren Kirt und Sandra.

Kirt und Sandra

Kirt und Sandra waren noch kein Jahr verheiratet, als sie mit der Paartherapie begannen. Sandra hatte acht Jahre lang für Kirt als Sekretärin gearbeitet, und die beiden hatten ihre Beziehung drei Jahre vor der Hochzeit begonnen. Kirt war unglücklich verheiratet gewesen, aber das Wohlergehen seiner Kinder hatte ihm sehr am Herzen gelegen. Als seine jüngste Tochter dreizehn wurde, meinte er, die Kinder seien nun genügend mit ihrem eigenen Leben beschäftigt, so daß sie eine Scheidung nicht mehr allzu sehr treffen würde, und er sagte seiner Ehefrau Maggie, daß er sich in eine andere Frau verliebt habe.

Maggie war niedergeschmettert und wütend und tat ihr Bestes, um die Kinder gegen den Vater aufzuhetzen. Besonders außer sich war sie, als Kirt und Sandra sofort einen gemeinsamen Haushalt gründeten und sie erfuhr, daß Sandra bei den Besuchen der Kinder immer anwesend war. Auf Drängen der Mutter verlangten die Kinder, Zeit mit ihrem Vater allein zu verbringen, aber Sandra wollte sich nicht ausschließen lassen. Den Kindern war klar, daß ihr Vater die Familie verlassen hatte, um mit Sandra zusammenzusein, und sie wiesen ihre Versuche, eine freundschaftliche Beziehung zu ihnen aufzubauen, ab. Allerdings wußte Sandra genau, was in ihnen vorging. Als sie vierzehn war, hatte ihr Vater die Familie verlassen, um mit seiner Geliebten zusammenzuleben, und ihre Mutter hatte sich davon nie ganz erholt. Auch Sandra war eifersüchtig gewesen und hatte sich ausgeschlossen gefühlt, wenn sie ihren Vater besuchte, und nachdem ihre Halbschwester geboren war, war die Situation nur noch schlimmer geworden.

Bald begannen Kirt und Sandra, während und nach den Besuchen der Kinder zu streiten. Sandra verlangte, Kirt solle für sie eintreten und den Kindern nicht erlauben, respektlos mit ihr zu sprechen. Obwohl Kirt tatsächlich eingriff, wenn die Kinder sich kalt oder unhöflich verhielten, war er oft der Meinung, Sandra sei zu empfindlich. »Du erwartest zuviel von ihnen. Gib ihnen einfach Zeit, und sie werden merken, daß du nicht das Ungeheuer bist, zu dem Maggie dich macht.«

Im Laufe der Monate konnte Sandra Kirts mangelnde Aufmerksamkeit und seine zu geringe Unterstützung für ihre Position immer weniger ertragen. Kirt und sein bester Freund gingen seit 15 Jahren gemeinsam zu Basketballspielen. In dieser Spielzeit war es Sandra, nicht Maggie, die Kirt zum Eröffnungsspiel begleitete. Sandra hatte das Gefühl, daß fast alle Anwesenden sie prüfend musterten, daß die Leute sie anstarrten und über den »Skandal« klatschten. Was Sandra besonders weh tat war die Tatsache, daß Kirt sich auf das Spiel konzentrierte und sein Vergnügen daran hatte, während sie sich bemühte, sich mit einer sehr guten Freundin von Maggie zu unterhalten. Als Kirt Sandra erklärte, sie mache aus einer Mücke einen Elefanten, zog sie sich zurück und war tagelang wütend auf ihn.

In der Therapie war ich daran interessiert, Sandras Erinnerungen an die Ehe ihrer Eltern zu hören und zu erfahren, wie sie mit der Affäre ihres Vaters umgegangen war. Sandra war das Lieblingskind ihres Vaters gewesen, und ihr war schon seit langem klar gewesen, daß der Vater der Mutter weder Achtung noch Interesse entgegenbrachte. Als Sandra dann herausfand, daß ihr Vater eine Affäre hatte, hatte sie das Gefühl, selbst die Betrogene zu sein. In ihren Augen liebte ihr Vater sie mehr als die Mutter. Als er daher auszog, um mit einer anderen Frau zusammenzusein, fühlte Sandra sich niedergeschlagen und abgelehnt. Sie war wütend darüber, daß die Mutter ihr Leben nie wieder richtig in den Griff bekam, und ärgerte sich über die Depressionen der Mutter und ihre Versuche, ihr näherzukommen. Sandra stellte sich vor, zu ihrem Vater zu ziehen, überlegte es sich aber schnell anders, als sie erfuhr, daß der Vater und seine neue Frau ein Kind erwarteten. Das junge Mädchen schwor sich, nie wieder machtlos oder abhängig zu sein.

Während einer der Sitzungen sprach ich mit Kirt über seine Neigung, Sandras Gefühle geringzuschätzen, und ich wollte wissen, ob er das mit seinen eigenen auch tue. Diese Frage fand tief in seinem Inneren Resonanz, und er fing an zu weinen, als er erklärte, er könne nie wirklich glauben, daß seine Gefühle irgend jemandem wichtig seien. Als Kirt fertig war, tobte Sandra vor Wut. Kaum fähig, sich zu beherrschen, schrie sie Kirt an, niemals habe er auch nur versucht, mit ihr über seine wichtigsten Gefühle zu sprechen – und geweint habe er schon gar nicht. An diesem

Punkt erkannte ich, daß Sandra auch auf mich wütend war, wütend und eifersüchtig. In der nächsten Woche sagten die beiden ihren Termin ab. Kirt entschuldigte sich, als ich bei ihnen zu Hause anrief, und erklärte, Sandra fühle sich in den Sitzungen unbehaglich. Er versicherte mir, einige meiner Hinweise seien sehr hilfreich gewesen, aber er könne Sandra nicht zwingen weiterzumachen, wenn die Sitzungen sie so aufregten. Erst da erkannte ich, in welchem Ausmaß die Ehe der Eltern Sandra beeinflußt hatte. Weil sie nicht glauben konnte, daß irgendein Mann zur Treue fähig war, konnte sie Kirts Zuneigung zu seinen Kindern oder seinen Freunden nicht ertragen. Daß Kirt sich einer Therapeutin gegenüber geöffnet hatte, gab Sandra ein Gefühl der Unzulänglichkeit und machte ihr Angst. In ihrer Furcht, noch einen Mann zu verlieren, setzte sie Kirt unter Druck, ständig seine Liebe zu ihr zu beweisen und sich von jeder Beziehung, die sie bedrohte, zu distanzieren. Kirt hatte seine Therapeutin verloren und war auf dem Weg, auch seine Kinder zu verlieren.

Positive Folgen

Es gibt einen Grund zum Optimismus: Manchmal hilft eine Affäre den Partnern, Probleme, die schon seit Jahren unter der Oberfläche schwelen, zu erkennen und zu bewältigen. Bei den 50 Prozent der Ehen, in denen es nicht zu einer Scheidung kommt, lernt ein großer Teil der Paare, die verborgenen Konflikte zu erkennen und die Meinungsverschiedenheiten und Probleme direkt anzugehen. Wenn Eltern in der Lage sind, eine Affäre als Information zu benutzen, um ihre Beziehung zu verbessern und zu vertiefen, dann lernen die Kinder, daß Partner sehr schlimme Zeiten durchmachen und erneut zusammenfinden können, wenn das Vertrauen wiederhergestellt wird. Diese Eltern geben ihren Kindern nicht nur ein gutes Vorbild für konstruktive Problemlösungen, sondern vermitteln ihnen auch die Überzeugung, daß es sich lohnt, nicht aufzugeben.

Die Scheidung überstehen

Obwohl über die Hälfte der Kinder in den USA die Scheidung ihrer Eltern miterleben, ist die Mehrzahl der Amerikaner immer noch überzeugt, daß die Ehe die ideale Lebens-
weise für Paare ist.[10] »Bis daß der Tod uns scheidet«
besiegelt das Eheversprechen, und man feiert silberne und
goldene Hochzeiten. Bei Scheidungen sind die Kinder stets
betroffen: Unmittelbar nach dem Auseinanderbrechen der
Familie und in den Jahren darauf müssen sie sich mit ihrer
eigenen Fähigkeit auseinandersetzen, eine Liebesbeziehung für das ganze Leben einzugehen. Kinder geschiedener
Eltern fühlen sich zwar nicht mehr stigmatisiert, wie es
noch vor 15 oder 20 Jahren der Fall war, aber sie beschreiben
die Trennung ihrer Eltern als belastende und unglückliche
Zeit, die sie nie vergessen werden.

Die Auswirkung einer Scheidung auf ein Kind zu verstehen ist nicht leicht, denn es gibt drei Umstände, die zusam-
mentreffen können. Erstens ist bei vielen Scheidungen Untreue der Grund, und das Kind ist in diesem Fall von all den
oben besprochenen Faktoren betroffen. Zweitens werden
viele Scheidungen nach Jahren destruktiver Auseinandersetzungen eingeleitet. Wenn Kinder chronischen Konflikten
ausgesetzt sind, ob in Form eines kalten Krieges oder hitzi-
ger Auseinandersetzungen, tragen sie ernsthafte psychische Schäden davon (siehe Kapitel 7). Und schließlich bedeutet die Scheidung der Eltern häufig auch für das Kind
die Trennung von einem Elternteil, denn viele Kinder verlieren zu dem Elternteil, der nicht das Sorgerecht hat, den
Kontakt und die emotionale Verbindung.[11] Man nimmt an,
daß der Verlust dieser Beziehung für das Kind schädlichere
Folgen hat als die Auflösung der dem Kind bis dahin bekannten Familienstruktur, in der beide Eltern mit den Kindern unter einem Dach lebten.

Auswirkungen auf erwachsene Kinder

Wenn Erwachsene beschreiben, wie sich die Scheidung ihrer Eltern ausgewirkt hat, kann man zwei gegensätzliche
Arten von Reaktionen unterscheiden. Den einen Pol bilden

die Menschen, die einer Bindung mißtrauisch gegenüberstehen und es für unwahrscheinlich halten, daß ihre eigene Beziehung gelingen wird. Collegestudenten, deren Eltern sich hatten scheiden lassen, stimmten der Aussage zu: »Heutzutage gibt es nur wenige gute oder glückliche Ehen«, während Studenten aus intakten Familien dieser Aussage widersprachen. In einer anderen Untersuchung äußerten 82 Prozent der Collegestudenten, deren Eltern geschieden waren, sie vertrauten ihrem derzeitigen Freund oder ihrer Freundin nicht ganz. Viele gaben an, Beziehungen absichtlich zu testen und abzubrechen, weil es ihnen lieber sei, »den anderen zu verlassen als selbst verlassen zu werden«. Besonders häufig ist die Angst, verlassen und betrogen zu werden, bei jungen Frauen, deren Eltern sich scheiden ließen, nachdem eine Affäre ans Licht gekommen war.[12] Die Art, wie in der Beziehung der Eltern das Vertrauen gebrochen wurde, scheint wie ein Fluch über ihrem eigenen Recht auf Glück zu schweben.

Es gibt jedoch eine weitere Gruppe erwachsener Kinder, die fest an die partnerschaftliche Bindung glaubt. Die Menschen, die in diese Kategorie gehören, betonen, wie wichtig Vertrauen und Beständigkeit in der Partnerschaft sind, und sind entschlossen, nicht wie ihre Eltern zu werden. Das scheint ein Beispiel für eine negative Identifikation zu sein, denn die Kinder setzen sich dafür ein, ihr Treueversprechen zu halten und es anders zu machen als ihre Eltern. Ein junger Mann, von dem ich hörte, nahm bei seiner Trauung den Ehering seines Großvaters, um dessen glücklicher, heiler Ehe Tribut zu zollen und sich mit ihm zu identifizieren.[13]

Ein Ziel, das anscheinend alle erwachsenen Kinder von geschiedenen Eltern verfolgen, ist der Schutz ihrer eigenen Kinder. Viele beschreiben sich als »überfürsorglich« und legen Wert darauf, daß ihre Kinder wirklich Kinder sein dürfen.[14] Bei diesen Eltern haben die Erinnerungen daran, daß sie emotional für ihre eigenen Eltern gesorgt haben und zu schnell erwachsen wurden, bleibende Narben hinterlassen. Sie sprechen auch davon, daß ihnen Zuwendung fehlte, und versuchen, ihren eigenen Kindern genügend Zuwendung zu schenken. Es überrascht nicht, daß viele der Mütter aussagen, sie fühlten sich in ihrer Rolle als Mutter wohler als in ihrer Rolle als Ehefrau, insbesondere, wenn die Scheidung stattfand, als die Mädchen noch klein waren und sie wenig Erinnerungen an die Ehe der Eltern haben. Welche Konsequenzen es hat, in einer Familie mit nur einem Elternteil aufzuwachsen, ist nicht ganz klar, denn viele Menschen, deren Eltern sich scheiden ließen, als sie noch klein waren, sind in der Lage, erfüllte Partnerschaften aufzubauen. Andere jedoch haben Schwierigkeiten, langfristig eine Beziehung aufrechtzuerhalten. Männer und Frauen, deren Eltern sich scheiden ließen, weisen auch in ihren eigenen Ehen die höchsten Scheidungsraten auf.[15] In mehreren Studien wurden die Einstellungen und die Beziehungserfahrungen von Afroamerikanern untersucht, bei denen die Wahrscheinlichkeit, in einem von einer Frau geführten Haushalt aufzuwachsen, dreimal so hoch ist wie bei weißen Amerikanern. In vielen dieser Familien hatte sich die Bindung zwischen den Eltern vollständig aufgelöst, so daß die Mütter auf sich gestellt waren. Solche Frauen bauen zwar normalerweise verläßliche Beziehungen zu Freunden und Verwandten auf, aber es scheint sowohl positive als auch negative Konsequenzen zu geben. Bei afroamerikanischen Frauen ist die Wahrscheinlichkeit, daß sie mit dem Kindergebären bis nach der Eheschließung warten, geringer; kürzlich ergab eine Volkszählung, daß fast 70 Prozent ihr erstes Kind unehelich bekamen. Außerdem ist die Wahrscheinlichkeit, daß sie eine Ehe verlassen, wenn es nicht klappt, doppelt so hoch wie bei weißen Amerikanerinnen, unabhängig von der Zahl oder dem Alter der Kinder.[16]

Das soll nicht heißen, daß Afroamerikaner nicht in der Lage sind, gute, langfristige Ehen aufzubauen. Es gibt viele Studien über erfolgreiche, langjährige Ehen, bei denen auch afroamerikanische Paare untersucht wurden, die sehr engagiert an ihrer Ehe arbeiteten. Viele dieser Partner stammen allerdings aus intakten Familien.[17] Das scheint darauf hinzuweisen, daß Erwachsene eher in der Lage sind, sich langfristig auf eine Ehe einzulassen, wenn sie als Kinder gesehen haben, daß ihre Eltern sich aufeinander verlassen konnten und sich gegenseitig unterstützten. Kinder, die in einer Familie ohne starke Bindung der Eltern aufwachsen, scheinen ein weniger großes Bedürfnis nach der Ehe zu haben, und die Wahrscheinlichkeit, daß sie durchhalten, wenn ernste Probleme auftreten, ist geringer.

Wenn die Scheidung gelingen soll

Die zahlreichen vorliegenden Forschungsergebnisse über Scheidungskinder bieten wertvolle Anhaltspunkte für Eltern, die gerade eine Scheidung durchmachen und ihren Kindern bei der Anpassung an die neue Situation helfen möchten. Für Kinder ist es am besten, wenn die Eltern sich freundschaftlich oder zumindest mit möglichst wenig Konflikten trennen. Wenn Kinder keine heftigen Auseinandersetzungen miterleben müssen und wenn sie nicht bei Racheakten oder Kontrollversuchen als Pfänder benutzt werden, geht die Anpassung an die neue Situation relativ reibungslos vor sich. Kinder, die sich zwischen den Eltern »in der Falle« fühlen, weil sie in den Konflikt verwickelt wurden oder weil jeder Elternteil versuchte, sie auf seine Seite zu ziehen, sind tief betroffen und leiden häufig unter Problemen wie Kopfschmerzen, Eßstörungen, Angst und Depressionen.[18]

Ein weiterer wichtiger Faktor ist, daß die Kinder nach der räumlichen Trennung engen Kontakt zu beiden Eltern behalten. Aus nicht ganz geklärten Gründen neigen die Väter dazu, sich ihren Kindern zu entziehen, wenn sie nicht das Sorgerecht haben. Einige Forscher vermuten, daß solche Väter aufgeben, wenn sie das Gefühl haben, auf die Ereignisse im Leben ihrer Kinder keinen Einfluß mehr zu haben; andere halten es für möglich, daß der Verlust, der durch die räumliche Trennung entsteht, für viele Väter emotional so belastend ist, daß sie ihn nicht ständig ertragen können und auf Distanz gehen, um diesen überwältigenden Verlustgefühlen zu entkommen. Was auch der Grund sein mag, fast die Hälfte der Scheidungskinder haben den Elternteil, der nicht das Sorgerecht hat (im Normalfall den Vater) im vergangenen Jahr nicht gesehen, und nur eines von sechs Kindern hat wöchentlich Kontakt zu ihm.[19]

Kinder tragen schwer an diesem Verlust, und es sieht so aus, als würde diese Erfahrung des Verlassenwerdens sie dauerhaft verletzen. Es kann nicht genug betont werden, wie wichtig es ist, daß Väter während des gesamten Scheidungsvorganges und auch danach mit ihren Kindern in Verbindung bleiben.

Was nach der Scheidung aus Vater und Mutter wird, ist gleichermaßen wichtig. Am besten kommen solche Scheidungskinder im späteren Leben zurecht, deren Eltern entweder allein bleiben oder eine stabile, gute Freundschaft aufbauen. Im Gegensatz dazu findet man bei Kindern, deren Eltern sich später erneut scheiden lassen oder die häufig ihre Partner wechseln, die höchste Rate an emotionalen Problemen, und sie haben Schwierigkeiten, in ihren eigenen Beziehungen Vertrauen aufzubauen.

Kinder bitten nicht um eine Scheidung und ziehen nur selten Nutzen daraus. Eltern können aus dieser schlimmen Situation das Beste machen, wenn sie daran denken, die Kinder in möglichst vielfacher Hinsicht an erste Stelle zu setzen. Wenn die Kinder davor bewahrt werden, den Kummer und die Feindseligkeit der Eltern direkt mitzuerleben, scheinen sie die Scheidung viel besser zu bewältigen. Geschiedene Väter oder Mütter sollten sich bemühen, möglichst gut mit dem anderen Elternteil zusammenzuarbeiten, ganz gleich, wer das Sorgerecht hat, und die Kinder aus der mißlungenen Beziehung herauszuhalten. So unternehmen sie positive Schritte, um langfristige Schädigungen der Kinder auf ein Minimum zu reduzieren. Die Verbitterung von Vater oder Mutter zerstört zwangsläufig die Träume eines Kindes und nimmt ihm die Hoffnung auf eine eigene glückliche Partnerschaft. Ein Elternteil, der nach der Scheidung mißtrauisch und abwehrend bleibt, bestätigt das Kind in der Überzeugung, daß man anderen Menschen nicht vertrauen sollte und daß es töricht ist, auf etwas anderes zu hoffen.

Vertrauen ist eine Komponente der Partnerschaft, über die man kaum nachdenkt, wenn sie vorhanden ist. Wenn das Vertrauen jedoch zerstört wurde, wirkt sich diese Tatsache vernichtend auf die Beziehung aus. Partner, die lügen, manipulieren oder ein Versprechen brechen, fügen der Beziehung unmittelbar Schaden zu, und man muß darüber sprechen, um ihn wieder zu beheben. Situationen, in denen die Bindung auf die Probe gestellt wird, gefährden das Vertrauen, denn wenn sich ein Partner der Solidarität des anderen nicht sicher sein kann, sieht er keinen Grund, die Opfer zu bringen, die für das Funktionieren einer Beziehung nötig sind. Wenn Kinder etwa in einer Ehe aufwachsen, in der gegenseitiges Vertrauen herrscht, bleiben ihnen die Spannungen und das Mißtrauen erspart, die sie zu ständiger Wachsamkeit zwingen. Statt dessen können sie lernen, genauso offen und vertrauensvoll zu kommunizieren wie ihre Eltern. Wenn Kinder jedoch entdecken, daß die Eltern Geheimnisse haben, nur an sich selbst denken und den Partner manipulieren, ist es viel schwerer für sie, auf eine andersgeartete eigene Zukunft zu hoffen.

Fragen

1. In welchem Maße waren Sie als junger Erwachsener oder junge Erwachsene motiviert, eine enge Beziehung zu suchen? Diente die Beziehung Ihrer Eltern Ihnen als Anregung dazu?
2. Hatte Ihr Vater oder Ihre Mutter ein Verhältnis? Ließen die Eltern sich scheiden? Haben sie wieder geheiratet? Inwiefern wurden Ihre eigenen Überzeugungen und Erwartungen an eine feste Beziehung von diesen Ereignissen beeinflußt?
3. Hat es jemals eine Zeit gegeben, in der Sie bezweifelt haben, daß Ihr Partner oder Ihre Partnerin sich wirklich für Ihre Beziehung und für Ihr Wohlergehen engagierte? Wenn das der Fall ist, haben Sie darüber ausführlich miteinander gesprochen und Konsequenzen daraus gezogen, oder sind Zweifel geblieben?
4. Wie oft haben Sie oder Ihr Partner/Ihre Partnerin mit Scheidung oder Trennung gedroht? Glauben Sie, daß Ihre Kinder davon wissen?

Kapitel 6

Konstruktiv über Unterschiede und Probleme verhandeln

»Wir sind manchmal unterschiedlicher Meinung,
aber wir diskutieren so lange,
bis wir das Problem gelöst haben.«

Wie man mit Problemen und Meinungsverschiedenheiten umgeht, ist unter all den Lehren, die Eltern ihren Kindern unwissentlich vermitteln, wahrscheinlich diejenige mit den sichtbarsten Konsequenzen. Wenn man sich in der Phantasie eine feste Partnerschaft ausmalt, hat man ein lächelndes, händchenhaltendes Paar vor sich, das in vollkommener Harmonie durchs Leben geht. In der Realität des Zusammenlebens gibt es immer wieder Momente, in denen die Ansichten oder Wünsche der beiden Partner in Widerspruch zueinander geraten. Weil ein gemeinsames Leben bedeutet, daß die Handlungen der einen Person immer Auswirkungen auf die andere Person haben, muß jedes Paar eine Methode der gemeinsamen Entscheidungsfindung entwickeln und lernen, den Einfluß des Partners zu akzeptieren.

Für ein erfolgreiches Zusammenleben ist es sehr wichtig, daß man zu verhandeln versteht, daß man sich selbst behauptet, ohne den anderen zu unterdrücken, und daß man Kompromisse schließen kann, ohne einen geheimen Groll zu hegen. Doch diese Fähigkeiten fallen einem nicht in den Schoß – man muß sie lernen, immer wieder üben und ständig daran arbeiten. Wenn Eltern unterschiedliche Ansätze oder Meinungen vertreten, sind sich die Kinder der bestehenden Spannungen sehr bewußt. Und durch die Art, wie Eltern sich benehmen und gegenseitig behandeln, lernen Kinder Grundlegendes über das Lösen von Problemen und den Umgang mit Macht.

Die meisten Menschen wissen zwar, daß sich bestimmte Arten von Beziehungsstreitigkeiten negativ auf Kinder auswirken können, aber viele Eltern erkennen nicht, daß es genauso problematisch sein kann, wenn sie Angst haben, sich selbst zu behaupten, und jedem Konflikt aus dem Weg gehen. Studien über Paartherapien haben ergeben, daß sich Partner um so früher voneinander entfremden und unglücklich fühlen, je weniger sie miteinander streiten.[1] Die Abwesenheit von Konflikten bedeutet nicht, daß zwei Menschen sich ständig im Einklang befinden, sondern deutet eher darauf hin, daß sie aus dem einen oder anderen Grund Angst haben, unterschiedlicher Meinung zu sein. In dieser Situation entwickeln beide Partner Ressentiments und entfernen sich immer weiter voneinander. Kinder, die in dieser Atmosphäre aufwachsen, werden oft zu stark in die Beziehung ihrer Eltern hineingezogen, entweder weil sie in die Rolle des fehlenden Vertrauten oder in die des Vermittlers gedrängt werden. Außerdem erhalten sie keine Gelegenheit zu beobachten, wie man konstruktiv über Meinungsverschiedenheiten verhandelt.

Angst vor Gefühlen

Nach meiner Erfahrung ist einer der Hauptgründe, weshalb Eltern Konflikte vermeiden, daß sie nicht wissen, wie sie mit ihren Gefühlen umgehen sollen. Viele meiner Klienten sind in einer familiären Umgebung aufgewachsen, in der Gefühle nicht toleriert wurden, und haben nie gelernt, ihre eigene innere Befindlichkeit zu deuten. Manche Eltern können ihr Kind zwar trösten, wenn es unglücklich ist, wissen aber nicht, wie sie ihm beibringen sollen, seinen emotionalen Aufruhr zu beschreiben. Damit Kinder lernen, ihre Gefühle in Worte zu fassen, müssen die Eltern geduldig zuhören, wenn das Kind von seinem Kummer berichtet, und seine Gefühle anerkennen. Wenn Eltern nicht in der Lage sind, ihrem Kind bei diesem Prozeß zu helfen, ist es unwahrscheinlich, daß es diese Fähigkeit von allein erwirbt. Es wird vielmehr lernen, seine Gefühle zu ignorieren, sich abzulenken oder nach einem Ventil suchen, das ihm Erleichterung verschafft, ohne daß es sich mit seinen Gefühlen auseinandersetzen muß.[2]

Diese »Bewältigungsstrategien« können einem Erwachsenen vielleicht helfen, erfolgreich mit einigen Streßsituationen fertig zu werden, aber sie sind eine denkbar schlechte Vorbereitung auf die Konflikte, denen man üblicherweise in Partnerschaften begegnet. Nur wer sich seinen unangenehmen Gefühlen stellt und sich so lange damit auseinandersetzt, bis er sie wirklich versteht, kann seinem Partner erklären, was ihn an der Beziehung stört oder unglücklich macht. Wer dazu nicht in der Lage ist, lenkt sich ab oder versucht, das Problem zu vergessen, doch die Gefühle bleiben bestehen und verstärken sich normalerweise. Wenn die Probleme dann schließlich anerkannt werden, sind sie stark angewachsen und erscheinen unüberwindlich. So war es bei Randi und Adam.

Randi und Adam

Randi rief mich in Tränen aufgelöst an und erzählte mir, daß Adam sie um die Scheidung gebeten habe und daß sie am Boden zerstört sei. Die beiden waren seit zwanzig Jahren verheiratet, und Randi hatte geglaubt, daß alles in schönster Ordnung sei. Ihre älteste Tochter wollte im Herbst aufs College gehen und ihr sechzehnjähriger Sohn war alt genug, um auf sich selbst achtzugeben, wenn die Eltern mal übers Wochenende verreisen wollten. Sie hatten Pläne für den Sommer geschmiedet – gemeinsame Barbecues mit der Familie, eine Reise ans Meer. Mit einem Schlag hatten sich alle Pläne in nichts aufgelöst.

Adam gab zu, daß er sich zu einer Arbeitskollegin hingezogen fühlte und daß er unter anderem ausziehen wollte, damit er sich ohne Schuldgefühle oder Heimlichtuerei mit ihr treffen konnte. Doch er erklärte sich bereit, mit Randi zu einer Eheberatung zu gehen, nachdem er sich in einer eigenen Wohnung eingerichtet hatte. Obwohl Randi während der ganzen Sitzung ununterbrochen weinte, stellte sie Adam wegen seiner plötzlichen Entscheidung, die sie völlig unvorbereitet getroffen hatte, zur Rede. Sie fühlte sich überrumpelt und hatte keine Ahnung, weshalb Adam so unglücklich war.

Adam erklärte, »Zuhause« sei für ihn der Ort, an dem sich seine Kleidung und seine Bücher befänden. Randi und den Kindern fühle er sich völlig entfremdet. Der gemeinsame Sohn Brian verursachte ihm beträchtliche Sorgen, und er hatte festgestellt, daß ihm davor grauste, abends nach Hause zu fahren. Was die Beziehung zu Randi betraf, so war »Ich liebe dich« zu einer hohlen Phrase geworden, und er wollte einfach nicht mehr länger »so tun als ob«. Obwohl die beiden mir erzählten, daß sie nie miteinander stritten, war Adam sichtbar erregt und aus der Fassung, als er anfing, die Dinge aufzulisten, die ihn an Brian störten. Brian sei unordentlich, habe schlechte Manieren und ihm fehle jegliches Verantwortungsgefühl; er halte es für selbstverständlich, daß seine Eltern ihn mit Geld versorgten, liege den ganzen Tag faul im Bett und fahre nachts mit dem Auto in der Gegend herum. Adam fand es unerträglich, wie sein Sohn sich entwickelte und wie Randi jeden Versuch, den er, Adam, unternahm, um bestimmte Regeln einzuführen oder durchzusetzen, untergrub.

Von Anfang an war klar, daß die beiden sehr unterschiedliche Erwartungen an ihre Kinder hatten. Adam räumte ein, daß er Randi oft nachgegeben hatte, als die Kinder klein gewesen waren, weil sie mehr Zeit mit ihnen verbrachte und sich so sicher schien, daß ihre Methode die richtige sei. Doch als die Kinder älter wurden, ärgerte sich Adam zunehmend über Randis laxen, nachgiebigen Erziehungsstil. Seiner Meinung nach hatten beide Kinder Randi total um den Finger gewickelt. Ihre Tochter Phoebe sei zwar etwas vernünftiger, erklärte Adam, und habe glücklicherweise Freunde gefunden, die einen positiven Einfluß auf sie ausübten, aber Brian nutze die Freundlichkeit der Mutter bei jeder Gelegenheit schamlos aus. Er bringe schlechte Noten nach Hause, bemühe sich aber weder um einen Nachhilfekurs in den Sommerferien noch um einen Ferienjob.

Adam und Randi beantworteten bereitwillig meine Fragen nach ihrer ersten Begegnung und den Anfängen ihrer

Ehe, reagierten jedoch irritiert, als ich sagte, daß ich gern mehr über ihre Herkunftsfamilien erfahren wollte. Sie erklärten sich schließlich bereit, sich auf den »Exkurs« einzulassen, nachdem ich ihnen gesagt hatte, daß ich mich aus zwei Gründen dafür interessierte: Es war offensichtlich, daß sie unterschiedliche Wertvorstellungen und Erwartungen im Hinblick auf ihre Kinder hatten. Darüber wollte ich gern mehr erfahren. Und, noch wichtiger, ich mußte verstehen, wie ein so gravierendes Problem jahrelang zwischen zwei Partnern schwelen konnte, die übereinstimmend erklärten, sich nie zu streiten.

Wie ich erwartet hatte, standen die Lebensweisen der beiden Familien in krassem Gegensatz zueinander. Adams Eltern legten großen Wert auf Bildung und verlangten, daß die Kinder sich anstrengten und Spitzennoten nach Hause brachten. Randi konnte sich nicht daran erinnern, daß ihre Eltern je etwas von ihr gefordert hatten. Sie meinte, in gewisser Weise wäre es ihrer Mutter wahrscheinlich am liebsten gewesen, wenn die Tochter zu Hause geblieben und einfach ihre Freundin gewesen wäre. Während Adam sich in der Schule abrackern und auch zu Hause seinen Teil an Pflichten erfüllen mußte, war Randi regelmäßig ins Ferienlager gefahren und durfte nur ab und zu einmal als Babysitter jobben. Adams Eltern hatten in erster Linie Wert auf Verantwortungsbewußtsein gelegt und von jedem Familienmitglied verlangt, daß es sein Bestes gab und ehrgeizige Ziele anstrebte. Im Gegensatz dazu war es in Randis Familie relativ locker zugegangen. Die Eltern hatten die Entscheidungen ihrer Tochter selten in Frage gestellt und es toleriert, daß Randi mit verschiedenen Sportarten, Musikstunden oder anderen Kursen herumexperimentierte und dann schnell wieder die Lust daran verlor.

Was die Beziehung der Eltern untereinander betraf, gab es mehr Ähnlichkeiten. Adams Mutter war eine einflußreiche, erfolgreiche Frau, die schließlich das Geschäft ihres Mannes übernahm, nachdem dieser damit gescheitert war. »Mutter war der Boß«, sagte Adam. »Sie war diejenige, vor der wir uns immer verantworten mußten«. Adams Eltern stritten häufig miteinander, aber sein Vater gab jedesmal nach. Adam war sich allerdings sicher, daß sein Vater ein eigenes Leben führte, auf das seine Mutter keinen Einfluß hatte. Als ich ihn bat, mir das näher zu erklären, antwortete er verlegen: »Ich weiß, daß er mindestens eine Affäre hatte.«

In Randis Familie hatte der Vater das Kommando geführt. Er war schrecklich jähzornig gewesen und hatte seine Frau und seine Kinder dominiert. Sobald er zu brüllen anfing, gab die Mutter nach. Doch an dieser Stelle unterbrach Adam und meinte: »Sie *tat so*, als würde sie nachgeben. Aber sobald er sich umdrehte, tat sie genau das, was sie wollte. Und genauso hast du es mit mir auch immer gemacht.«

Weder Randi noch Adam waren in einer Familie aufgewachsen, in der die Eltern mit gegenseitigem Respekt über ihre Probleme diskutieren oder gemeinsam eine Lösung erarbeiten konnten. In Reaktion auf einen jähzornigen, herrschsüchtigen Partner hatte der andere sich angewöhnt, Konflikten passiv aus dem Wege zu gehen und sich doch gleichzeitig insgeheim der Kontrolle zu entziehen. In ihrer zwanzigjährigen Ehe hatten sich Randi und Adam beide immer unbehaglich mit aggressiven Regungen gefühlt. Wenn Meinungsverschiedenheiten auftauchten, hatten sie schnell das Thema gewechselt oder einen Witz darüber gemacht. Adam verbrachte einen Großteil seiner Zeit bei der Arbeit oder auf dem Golfplatz und sprach selten ein kontroverses Thema an. Nachdem er jetzt plötzlich erkannt hatte, daß er viele Aspekte seines Familienlebens als unerträglich empfand, sah er keine andere Möglichkeit, als auszubrechen. Er stellte sich vor, daß es mit einer anderen Frau, die ihm ähnlicher wäre, weniger Differenzen geben würde und daß er dann nie wieder unglücklich sein würde. Doch sein eigentliches Problem war, daß er lernen mußte, sich zu behaupten und konstruktiv um das zu streiten, was ihm wichtig war. Als er das erkannte, konnte er wieder anfangen, an der Aufrechterhaltung seiner Ehe zu arbeiten.

Als Adam beschrieb, was ihn an Brian störte, waren seine eigenen Ohnmachtsgefühle, seine Ressentiments und seine

Verzweiflung mit aller Macht aus ihm herausgebrochen. Doch als Adam und Randi lernten, dem Konflikt nicht auszuweichen, konnten sie die Situation klarer erkennen und objektiver betrachten. Adam wurde sich bewußt, daß er nicht nur Angst vor der Wut hatte, die er gegenüber Randi empfand, sondern daß es ihm auch schwerfiel, seine Gefühle gegenüber Brian offen anzuerkennen und auszudrükken. In gewisser Hinsicht war es leichter, eine direkte Konfrontation zu vermeiden und Randi die Schuld an allem zu geben. Auch Randi mußte sich mit der Beziehung zu ihrem Sohn auseinandersetzen, ebenso wie mit der Frage, weshalb sie sich ihre eigenen Gefühle nie eingestanden hatte und nie mit ihrem Mann über seine Abwesenheit und seine kritische Haltung geredet hatte. Sie erkannte schnell, daß Brian ihr das Gefühl gab, gebraucht zu werden und wichtig zu sein – Gefühle, die ihr Mann ihr nie gegeben hatte. Erst als diese Fragen geklärt waren, konnten Randi und Adam anfangen, die Einsamkeit, die sie beide empfanden, zu überwinden und besser aufeinander einzugehen.

Zur Therapie gehörte, daß Adam den direkten Kontakt zu Brian suchen mußte, ohne Vermittlung durch Randi. Vater und Sohn fuhren ein Wochenende zum Skilaufen und versuchten im Grunde, einander kennenzulernen und etwas Spaß zusammen zu haben. Als Adam schließlich den Mut fand, seinem Sohn zu sagen, wie enttäuscht und frustriert er war, konnte wiederum Brian sich öffnen und seinem Vater erzählen, daß er sich oft ungeliebt fühlte und Angst hatte, nicht zu genügen. Als die Probleme endlich offen ausgesprochen wurden, hatten alle Familienmitglieder das Gefühl, daß eine große Last von ihnen abgefallen war, und hofften zuversichtlich, daß sie Meinungsverschiedenheiten künftig austragen und nicht mehr verleugnen würden.

Das spätere Beziehungsverhalten von Kindern aus Alkoholikerfamilien

Man schätzt, daß heute in über 40 Prozent der Familien ein Elternteil aus einer Familie stammt, in der Alkohol oder andere Suchtmittel die familiären Beziehungen beeinflußten.[3]

Da jedes Kind den Beziehungsstil in seiner Familie als normal empfindet und die Partnerschaft der Eltern für den Prototyp aller intimen Beziehungen hält, beeinträchtigen die Lehren, die in diesen Familien vermittelt wurden, das Leben von Tausenden von Eltern und Kindern – auch wenn Alkohol und Drogen aus ihrem eigenen Leben verbannt sind! Die Sucht schränkt das gesamte Leben des Abhängigen ein, einschließlich seiner Fähigkeit zu einem guten partnerschaftlichen oder elterlichen Verhalten. Das hat zur Folge, daß sich die Rollen in der Familie verändern, was eine unmittelbare Belastung der Kinder darstellt, die entweder zu viel Verantwortung aufgebürdet bekommen oder vernachlässigt werden. Doch Alkohol beeinflußt die Familie noch in anderer Hinsicht und führt dazu, daß Kinder im Hinblick auf Beziehungen das Gegenteil von dem lernen, was sie lernen sollten. Ganz oben auf der Liste der schädlichen Lektionen steht, daß Gefühle zum Schweigen gebracht und eigene Bedürfnisse geleugnet werden müssen.

Nach Ansicht von Experten ist es nicht allein das vom Alkohol beeinflußte Verhalten, das bei Kindern aus Alkoholikerfamilien psychische Belastungen und Probleme erzeugt. Der Psychologe Terrence Gorski, der sich auf Alkoholsucht und ihre Folgen für die Intimität spezialisiert hat, weist darauf hin, daß fast alle erwachsenen Kinder von Alkoholikern Schwierigkeiten haben, vertrauensvolle Beziehungen einzugehen und aufrechtzuerhalten.[4] Das Beziehungsverhalten, das Kinder von Alkoholikern bei ihren Eltern beobachten, führt dazu, daß sie als Erwachsene nicht wissen, wie sie ihre eigenen Gefühle erkennen und sich damit auseinandersetzen sollen. In Alkoholikerfamilien bilden Alkohol und Konflikte eine untrennbare Einheit, entweder weil das Trinken direkt einen Streit auslöst oder weil ein Alkoholiker, der provoziert wird, Trost durch den Alkohol sucht. Das hat zur Folge, daß sowohl der Alkoholiker als auch der ko-abhängige Partner versuchen, alle Meinungsverschiedenheiten, die zu Konflikten führen könnten, zu verleugnen oder herunterzuspielen. Der Glaube, daß »mit der Familie alles in Ordnung ist«, dient als weiterer »Beweis« dafür, daß es im

Grunde keinerlei Probleme gibt. Da der Ausdruck von Gefühlen und Meinungsverschiedenheiten nicht zugelassen wird, unterdrückt das Kind in einer Alkoholikerfamilie sein wahres Selbst und wird es, wenn überhaupt, erst als Erwachsener wiederentdecken. Wer in einer Familie aufwächst, in der Meinungsverschiedenheiten unter den Teppich gekehrt werden müssen, wird als Erwachsener Konflikten mit dem Partner aus dem Weg gehen. Auch seine Kinder werden wiederum nie die Erfahrung machen, daß man gefahrlos eine abweichende Meinung vertreten darf, und nicht lernen, wie man Probleme konstruktiv bewältigt.

In Alkoholikerfamilien konzentriert sich die Aufmerksamkeit in der Regel auf die anerkannte »Problemperson«. Das führt dazu, daß die übrigen Familienmitglieder ihre eigenen Probleme ignorieren können, indem sie sich in übertriebener Weise auf jemand anderen konzentrieren. Obwohl es in Alkoholikerfamilien zu Gefühlsausbrüchen und Streitigkeiten aufgrund des Trinkens kommt, bleiben andere problematische Themen wie Kompetenz, Lügen oder Vertrauen unaufgedeckt, unausgesprochen und natürlich unverarbeitet. Da die Eltern bei Auseinandersetzungen über den Alkohol häufig sehr erregt sind, endet das Ganze leicht in wüsten Beschimpfungen oder einem erneuten Trinkgelage, woraus Kinder die Lehre ziehen, daß der offene Ausdruck von Meinungsunterschieden zu Gewalt und Zerstörung führt.

Wenn diese Interaktionsformen nicht erkannt und verändert werden, setzt sich das Verhaltensmuster der Alkoholikerfamilie immer weiter fort. Als die Psychologen Carolyn und Phillip Cowan Paare interviewten, die ihr erstes Kind erwarteten, berichteten 20 Prozent der künftigen Eltern unaufgefordert, daß sie aus Alkoholikerfamilien stammten. Obwohl sich diese Eltern in ihrer Einstellung zur Kindererziehung nicht von den anderen Studienteilnehmern unterschieden, stellte das Forscherteam drei Jahre später fest, daß die Kinder von erwachsenen Alkoholikerkindern mehr Probleme hatten als die anderen. Nach Einschätzung der Vorschulerzieher fiel es diesen Kindern im Alter von fünf Jahren schwerer, sich in die Gruppe einzufügen, und sie waren zurückhaltender oder aggressiver als die anderen Kinder. Die Kinder von Eltern, die aus Alkoholikerfamilien stammten, hatten eindeutig mehr Schwierigkeiten im Umgang mit ihren Gefühlen und mit Beziehungen zu anderen.[5]

Übertrieben abhängige Familien

Alkohol ist nicht die einzige Ursache für ein gestörtes Familienleben. Ein weiterer problematischer Familienstil besteht in einem Verhaltensmuster, bei dem die Familienmitglieder dazu gedrängt werden, auf die gleiche Weise zu denken und zu handeln.[6] In diesen Familien besteht ein hoher Grad an Involviertheit in das gegenseitige Leben, und das vorherrschende Wertesystem betont und belohnt Ähnlichkeiten und Gleichheit. Was gut für einen ist, ist gut für alle. Doch die Harmonie in diesen Familien ist teuer erkauft, da individuelle Vorlieben und Unterschiede geleugnet werden.

Verbunden mit dieser Haltung sind zudem ausgeprägte Ängste vor den Folgen von Unstimmigkeiten. In den meisten dieser Familien haben Streitigkeiten in früheren Generationen dazu geführt, daß Beziehungen vollständig abgebrochen wurden. Es kursieren Geschichten über Großeltern, Tanten oder Onkel, die von der Familie verstoßen wurden und mit denen nie wieder ein Wort gewechselt wurde. Da diese Familien keine Unterschiede tolerieren, werden Mitglieder, die es ablehnen, sich der Gruppe zu unterwerfen, als undankbare Verräter behandelt. Das Entscheidende ist, daß die unterschwellige Angst, die mit dem Ausdruck von Unterschieden assoziiert ist, von einer Generation an die nächste weitergegeben wird. Das Kind lernt, sich den Ansichten der stärkeren Person zu beugen, da jede Form von Widerspruch Entsetzen oder Wut auslöst. Da es nie die Erfahrung macht, daß es sich erfolgreich behaupten und Verantwortung für seine eigenen Entscheidungen übernehmen kann, bleibt das Kind von äußerer Anerkennung und Anleitung abhängig. Als Erwachsene schrecken Kinder aus solchen Familien weiterhin ängstlich vor allen

Meinungsverschiedenheiten zurück, da sie in ihrer Vorstellung zu Konflikten und dann zur Katastrophe führen.

Die rosarote Brille

Ich habe mit vielen Partnern gearbeitet, die nicht über ihre unterschiedlichen Standpunkte verhandeln konnten, weil sie nicht in der Lage waren, die Unterschiede überhaupt zu *erkennen*. In einigen Ehen gibt es das Phänomen, daß beide Partner dazu neigen, entweder alles als ganz schrecklich oder alles als absolut vollkommen zu betrachten. In diesen Beziehungen, die ich als »Achterbahn-Ehen« bezeichne, durchlaufen die Partner häufig bestimmte Zyklen. Die glückliche Phase, in der alle Probleme geleugnet werden, läßt sich auf Dauer nicht aufrechterhalten, und früher oder später stürzt das Paar in einen Abgrund der Verzweiflung, weil die Unterschiede unüberwindlich scheinen. Doch es gibt auch Paare, bei denen einer oder beide Partner eine rosarote Brille tragen. Die betreffende Person hält alles für perfekt, spielt kleinere Probleme herunter oder leugnet sie vollständig. Leider kann man Probleme, wenn man sie nicht wahrnimmt, auch nicht diskutieren oder lösen. Das kann zur Katastrophe führen, wie im Fall von Howard und Penny.

Howard und Penny

Penny bat mich so schnell wie irgend möglich um einen Termin, war sich aber nicht sicher, ob ihr Ehemann mitkommen würde. Sie war überzeugt, daß Howard eine Affäre hatte, obwohl er es bestritt. Das Paar hatte vor kurzem das dritte Kind bekommen, und Howard war ein hingebungsvoller Vater. Doch seit Beginn der Schwangerschaft hatten sie kaum noch miteinander geschlafen, und Howard hatte immer mehr Zeit bei der Arbeit verbracht. Trotzdem hatte sich Penny nichts dabei gedacht, bis sie einen Anruf von einer Frau erhielt, die behauptete, Howards Geliebte zu sein. Sie sagte, daß sie regelmäßig mit Howard zusammengewesen sei – abends, auf mehrtägigen Geschäftsreisen und sogar, als Penny nach der Geburt im Krankenhaus gelegen hatte.

Bei unseren ersten Treffen stritt Howard die Affäre zunächst ab, doch als ich ihm erklärte, daß eine Affäre häufig den Versuch darstellt, eine Ehe zu retten, in der es aus anderen Gründen kriselt, gab er die Sache widerstrebend zu.

Penny starrte ihren Mann ungläubig an: »Ich dachte, du wärst glücklich. Ich dachte, wir wären das perfekte Paar.«

Howard fing an zu sprechen, zunächst zögernd, doch dann brach es immer heftiger aus ihm hervor, als sei ein Damm gebrochen: »*Du* warst vielleicht glücklich, aber ich bin es seit Jahren nicht mehr, und erst durch Tammy ist mir das klar geworden. Du gehst völlig in der Sorge um die Kinder auf und merkst überhaupt nicht, ob ich glücklich oder unglücklich bin.« Während Penny ihm weinend zuhörte, erhob Howard weitere Vorwürfe: »Ich finde es schrecklich, daß deine Schwester Schlüssel für unser Haus hat und ein- und ausgeht, wie es ihr gefällt. Ich hasse es, wie die Küche eingerichtet ist – warum kann nicht irgend etwas so sein, wie ich es möchte? Du hast seit Jahren nicht mehr mit mir geschlafen – nicht so wie früher. Und was das Baby betrifft – also, ich bin sicher, ich werde es genauso lieben wie seinen Bruder und seine Schwester –, aber es war *deine* Idee, nicht meine!«

Penny schüttelte den Kopf, als sie antwortete: »Ich habe nie gedacht, daß du es ernst meinst. Du sprichst irgendwas an, aber dann wechselst du sofort wieder das Thema. Alles andere in unserem Leben ist doch perfekt. Ich kann einfach nicht glauben, daß du diese Sachen tatsächlich so wichtig findest.«

In den folgenden Sitzungen erzählte Penny, daß ihre Mutter fünfzehn Jahre lang unter einem Emphysem gelitten habe. Während dieser Zeit hatte die Familie versucht, optimistisch zu bleiben, aber sie hatten die Mutter auch beschützt und versucht, sie in jeder erdenklichen Weise glücklich zu machen. Penny war die Jüngste und wohnte deshalb als einzige noch im Haus der Eltern, als ihre Mutter erkrankte. Als sich der Zustand der Mutter verschlimmerte, verzichtete Penny auf Verabredungen mit jungen Männern, auf ihren Sport und auf andere Aktivitäten, die jungen

Frauen Freude machen. Ein Jahr nach dem Tod der Mutter lernte sie Howard kennen. Sie war dreiundzwanzig und hatte kaum Verabredungen gehabt, aber sie wußte, daß er der Mann ihrer Träume war.

Penny war entschlossen, alles zu tun, um ihre neue Familie so glücklich wie möglich zu machen. Sie war eine hingebungsvolle Mutter und verfügte über schier unerschöpfliche Kraftreserven, wenn es um ihre Kinder ging. Doch auf ihre eigene Art konnte Penny auch stur wie ein Maulesel sein. »Ich habe eine bestimmte Vorstellung davon, wie etwas sein sollte«, erklärte sie, »und dann arbeite ich so lange daran, bis es so wird, wie ich es mir vorstelle.« Ihr Traum von einer innig verbundenen, glücklichen Familie mit drei temperamentvollen Kindern und einer Schar von Freunden, die ein- und ausgingen, wurde von Howard offenkundig nicht geteilt, aber sie war blind für seinen Groll.

Es war wichtig für mich zu verstehen, warum Howards Wünsche keine Beachtung gefunden hatten. Obwohl mir klar war, daß Pennys rosarote Brille nur Positives durchließ, schien es, als hätte Howard auch nicht besonders energisch darauf gedrungen, über seine Bedürfnisse zu sprechen. Als ich ihn nach der Ehe seiner Eltern fragte, schauderte Howard und meinte: »Zwei Barracudas.« Beide waren anscheinend starke Individualisten, die in beinah jedem Bereich um die Kontrolle stritten. Howard sagte, daß ihre Streitereien ihm zutiefst zuwider gewesen seien und daß er sich geschworen habe, niemals so zu werden wie seine Eltern. Er schmollte ein bißchen, wenn seine Dekorationsideen verworfen wurden, oder fluchte leise vor sich hin, wenn er entdeckte, daß Pennys Schwester während seiner Abwesenheit im Haus gewesen war. Trotzdem hoffte er, daß Penny auf seine subtilen Proteste eingehen würde. Wenn sie dann versuchte, seine Einwände herunterzuspielen, fühlte er sich gezwungen, auf seine Wünsche zu verzichten. Offen mit seiner Frau zu streiten, hätte bedeutet, daß er sich genauso benahm wie seine Eltern, was schlimmer für ihn war als Pennys eisernem Willen nachzugeben.

Howard hatte kein drittes Kind gewollt, doch Penny

hatte seine Bedenken und zwiespältigen Gefühle wieder einmal beiseite geschoben. In Tammy, die er bei der Arbeit kennenlernte, fand er eine Frau, der er sich anvertrauen konnte. Zum ersten Mal hatte er das Gefühl, daß man ihm zuhörte, sich für seine Gefühle interessierte und ihn nicht einfach in eine vorgefertigte Rolle zwang. Schließlich wurde aus ihrer Freundschaft eine sexuelle Beziehung und als Tammy anrief, war sie sich sicher, daß Howard sie nie aufgeben würde.

Durch die Kinder sprechen

Um Authentizität in einer Beziehung zu erreichen, müssen die Partner offen aussprechen, was sie denken, und zu ihren Überzeugungen stehen. Zu den vielleicht wichtigsten Voraussetzungen einer wirklich intimen Beziehung gehört, daß beide die Möglichkeit haben, aus ihrer Deckung herauszukommen und ihre Individualität zum Ausdruck zu bringen.[7] Wenn Partner nicht offen über ihre Gedanken und Gefühle sprechen, wächst die Distanz und beide werden immer einsamer. Forschungen zeigen, daß Frauen, die ihre Gefühle nicht mehr äußern, öfter an Depressionen leiden, während Männer, die nicht mehr kommunizieren, immer unnahbarer und unzufriedener mit ihrer Beziehung werden.[8] Gleichzeitig bleibt das Bedürfnis nach Kommunikation bestehen. Es verschwindet nicht einfach, wenn das Gespräch abbricht, sondern äußert sich auf Umwegen und in indirekter Form. Zu diesen indirekten Ausdrucksmitteln gehört leider auch, daß manche Partner nicht in der Lage sind, sich offen auseinanderzusetzen, ihre Kinder benutzen, um ihren Standpunkt deutlich zu machen. Trotz der Tatsache, daß das Kind dadurch in Konflikt mit dem anderen Elternteil gerät, greifen viele Eltern zu dieser Methode, um ein bestimmtes Ziel zu erreichen oder sich zu rächen. Ein Fall, der mir besonders im Gedächtnis geblieben ist, waren die Hanzels.

Die Familie Hanzel

Laura Hanzel wurde für eine Einzeltherapie an mich überwiesen, weil sie unter wiederkehrenden Depressionen litt. Sie hatte zwar schon in der Highschool einige depressive Schübe gehabt, doch kurz nach ihrer Heirat verschlimmerten sich die Depressionen. Auch nach der Geburt ihrer drei Kinder hatte sie jedesmal einen Rückfall erlitten, und als ich sie kennenlernte, hatte sie insgesamt fünf stationäre Klinikaufenthalte hinter sich, weil sie nicht mehr in der Lage gewesen war, ihr Leben zu bewältigen. Wenn es ihr schlecht ging, war Laura unfähig, das Bett zu verlassen. Zudem hatte sie ungeheure Schwierigkeiten, ihre eigenen Aggressionen zu tolerieren und stellte sich jedesmal, wenn sie überreizt oder erregt war, schreckliche Gewaltakte vor. Sie erhielt Medikamente, die ihre Phantasien zügeln sollten, doch sobald irgend jemand einen Streit mit ihr anfing, sagte sie kein Wort mehr und zog sich völlig in sich selbst zurück. Nach unserem ersten Treffen war mir klar, daß Laura ihrem Mann Stan starke, widerstreitende Gefühle entgegenbrachte. Da Lauras Depressionen auch Stans Leben erheblich beeinflußten, erschien es mir sinnvoll, ihn in die Therapie miteinzubeziehen.

Stan war zehn Jahre älter als Laura und machte den Eindruck eines äußerst entschlossenen und bestimmenden Mannes. Einerseits mußte er so sein, weil Laura aufgrund ihrer seelischen Labilität oft zu verwirrt und überfordert war, um den Haushalt zu führen. Aber die Machtverteilung in dieser Partnerschaft hatte auch eine psychologische Komponente. Stan war das »schwarze Schaf« in seiner Herkunftsfamilie gewesen, die ihn für unzulänglich und für einen Versager gehalten hatte. Indem er Lauras Aufgaben übernahm und sich um den Haushalt und die Kinder kümmerte, konnte er sich überlegen fühlen und seinen Eltern endlich beweisen, daß sie sich geirrt hatten. Doch andererseits war Stan auch erschöpft und frustriert. Oft kam er von der Arbeit nach Hause und fand Laura im Bett, während die schmutzige Wäsche sich zu Bergen türmte und kein einziger sauberer Teller für das Abendbrot aufzutreiben war.

Rachel, die älteste Tochter der Hanzels, war dreizehn, als wir mit der Familientherapie begannen. Sie übernahm häufig mehr als ihren Anteil an den häuslichen Pflichten, damit der Haushalt nicht vernachlässigt wurde, war aber auch fähig, ihre Freizeit zu genießen, wenn ihre Mutter gute Tage hatte und den Haushalt allein bewältigen konnte. Im Gegensatz dazu ging Stan immer vom Schlimmsten aus und behandelte Laura wie eines der Kinder. Er gab ihr jeden Tag genaue Anweisungen, einschließlich einer Liste mit zu erledigenden Arbeiten. Laura protestierte selten gegen die Listen oder gegen Stans alleinige Entscheidungsgewalt in Familienfragen.

Am Anfang einer unserer Sitzungen machte ich eine Bemerkung über ein im Bau befindliches Restaurant, das jetzt anscheinend eröffnet werden sollte. Zu meiner Überraschung erfuhr ich, daß Laura einmal eine sehr gute Köchin gewesen war, die viel Spaß daran hatte, mit neuen Rezepten zu experimentieren. Der Stolz in Lauras Augen, als sie mir das Geheimnis eines guten Omeletts verriet, war etwas, das ich noch nie zuvor bei ihr gesehen hatte. Doch jetzt hatte Stan die Planung der Familienmahlzeiten übernommen und verordnete ausschließlich simple Gerichte, für den Fall, daß Laura sich von der Kocherei überfordert fühlte. Er stellte sogar an jedem Wochenende eine Einkaufsliste zusammen und bestand darauf, daß die Lebensmittel der Einfachheit halber bei einem wöchentlichen Großeinkauf besorgt wurden.

An diesem Thema entzündete sich beinahe so etwas wie ein Streit oder jedenfalls etwas, das einem Streit näher kam als alles, was ich bei Laura und Stan bis dahin erlebt hatte. Laura murmelte, daß es unsinnig sei, Lebensmittel für eine ganze Woche einzukaufen. »Wie kann man Mahlzeiten von zu Hause aus planen«, fügte sie hinzu, »wenn man nicht einmal sehen kann, was frisch ist und was nicht?« Stan lief rot an und entgegnete hitzig, daß er genug zu tun habe. Nur so könne er sicher sein, daß die Einkäufe erledigt würden, und überhaupt sei es verrückt, über komplizierte Menüs zu sprechen, wenn das ganze Haus im Chaos versinke. Während er weiter über die Unordnung und den Schmutz im Wohnzimmer lamentierte, starrte Laura mit abwesendem Blick auf den Fußboden.

Doch damit war die Sache noch nicht zu Ende. Obwohl Laura Stan nie offen widersprach, entwickelte sie doch ihre eigenen Methoden, um seine Pläne zu sabotieren. Wie ich bald erfahren sollte, nahm Laura häufig Rachel oder auch die jüngeren Kinder mit, wenn sie den wöchentlichen Einkauf im Supermarkt erledigte. Dann machte sie irgendeine Bemerkung über das Mittagessen oder deutete auf eine teure Leckerei, die sie in der Fernsehwerbung gesehen hatte, und bevor Laura sich versah, hatte eines der Kinder etwas Besonderes in den Einkaufswagen gepackt. Dadurch war Laura dann natürlich »gezwungen«, von Stans vorgeschriebener Liste abzuweichen und beim Kochen zu improvisieren, damit sie mit dem Haushaltsgeld auskam. Wenn Stan herausfand, daß die Einkäufe nicht haargenau nach seinen Anweisungen erfolgt waren, ging er auf Rachel oder die anderen Kinder los und brüllte sie an, weil sie sein schwer verdientes Geld für teure Desserts und Süßigkeiten verschwendeten. Laura war in seinen Augen zu schwach, um die Kinder zu kontrollieren, was ihn in seinem Entschluß bestärkte, den Haushalt so zu führen, wie er es für richtig hielt.

Als Rachel älter wurde, bot sie ihrem Vater selbstbewußter Paroli und fügte sich nicht mehr widerspruchslos seinen Wünschen. Wenn Stan die Länge ihres Rockes kritisierte oder ihr vorschreiben wollte, wie viele Abende die Woche sie als Babysitter jobben durfte, brüllte sie zurück und warf ihm vor, sich wie ein Diktator aufzuführen. Je strenger und herrischer Stan wurde, desto mehr forderte Rachel ihn heraus, indem sie das Gegenteil von dem tat, was er verlangte. Mit Worten und Taten gab Rachel ihm zu verstehen, was ihre Mutter empfand, aber nicht selbst ausdrücken konnte.

Macht

Wenn die Partner einmal ermittelt haben, in welchen Bereichen sie uneins sind, besteht der nächste Schritt darin, über die verschiedenen Standpunkte zu verhandeln und gemeinsam nach einer Lösung zu suchen. Auf welche Weise ein Paar dabei vorgeht, wird stark davon beeinflußt, wie die Macht in der Beziehung wahrgenommen und verteilt wird. Die Macht in der Familie ist ein Thema, dem feministische Wissenschaftlerinnen viel Aufmerksamkeit gewidmet haben. Das Prinzip, daß sich die Frau dem Willen des Mannes beugt, ist eine subtile, aber andauernde Realität, die in unserer Gesellschaft so fest verankert ist, daß sie »normal« erscheint. Ganz ohne Zweifel lernen Kinder durch die Beobachtung ihrer Eltern, welches Rollenverhalten von ihrem jeweiligen Geschlecht erwartet wird. Auch wenn es nicht die einzige Erklärung dafür ist, wie die Machtverteilung zwischen Mann und Frau von einer Generation an die nächste weitergegeben wird, sind viele Therapeuten überzeugt, daß die Art, wie man bei Meinungsverschiedenheiten mit Macht umgeht, entscheidend vom Vorbild des gleichgeschlechtlichen Elternteils beeinflußt wird.

Es gibt viele unterschiedliche Formen der Machtverteilung in einer Partnerschaft. An dem einen Ende des Spektrums steht jene Variante, bei der ein Partner passiv oder stillschweigend duldet, daß der andere mehr Macht hat. Wenn beide Beteiligten akzeptieren, daß ein Partner mehr Entscheidungsbefugnisse hat als der andere, können sie einander durchaus ergänzen und harmonisch zusammenleben. Diese Art von Beziehung nennt sich »traditionell« und ist die »Norm«, der die meisten Eltern in ihrer eigenen Kindheit ausgesetzt waren. Nach Ansicht von feministischen Wissenschaftlerinnen hat eine Partnerschaft, die durch ungleiche Zugriffsmöglichkeiten auf Geld, Macht und Sicherheit gekennzeichnet ist, allerdings immer schädliche Auswirkungen, auch wenn beide Partner glücklich zu sein scheinen.[9]

Heute versuchen mehr und mehr Paare, die Macht gerecht zu teilen, so daß offen ist, wer sich in einer bestimmten Situation durchsetzt. Solche Paare müssen normalerweise hart daran arbeiten und vielen Widerständen trotzen, wenn sie den Stärken und Prioritäten beider Partner gerecht werden und ein wirklich ausgewogenes Machtverhältnis bewahren wollen.[10] Auch wenn viele Paare erkennen, wie wichtig es ist, Macht und Verantwortung zu teilen, haben die meisten doch große Schwierigkeiten, dieses Ziel tatsächlich zu erreichen. Viele Jahre lang galt das Geld als der entscheidende Faktor, der darüber bestimmt, welcher Partner den größten Einfluß auf die Entscheidungsfindung hat. Doch in einer Ära, in der Frauen häufig genauso viel oder mehr verdienen als Männer, hat sich die Formel etwas verändert. Familientherapeuten haben kürzlich die Ansicht vertreten, daß die Bedeutung, die dem jeweiligen Beruf eingeräumt wird, eine noch größere Rolle spielt. Wenn die berufliche Laufbahn des Mannes als die wichtigere gilt, dann wird er einen größeren Teil der Macht in der Beziehung beanspruchen und erhalten. In Beziehungen, in denen sich die Frau eine anerkannte berufliche Position erobert hat, wird sie wahrscheinlich größeren Einfluß auf den Entscheidungsprozeß haben. Wenn Frauen keiner Berufstätigkeit nachgehen, übernehmen sie mehr Verantwortung für den Haushalt und die Kinder, verlieren aber zunehmend an Macht in anderen Bereichen, zum Beispiel wenn es um die Finanzen oder größere Anschaffungen geht.[11]

Nur wenige Paare sind sich der Machtmechanismen in ihrer Beziehung wirklich bewußt, sondern verfallen eher in bestimmte Verhaltensmuster, die ihnen »ganz natürlich« erscheinen. Ein heutzutage recht verbreitetes Muster ist das des »Junior- und Seniorpartners«, wie der Familienforscher John Scanzoni sagt.[12] Bei dieser Form der Partnerschaft bewahrt die Frau ihr Selbstgefühl, indem sie ihrer beruflichen Identität verbunden bleibt, aber ihren Mann als den Hauptverdiener betrachtet. Beide Partner fühlen sich respektiert, entwickeln aber eine Art Mentorbeziehung, bei der sich der Mann die Meinung seiner Partnerin anhört und Wert auf ihre Ansichten legt, aber mehr Gewicht bei der endgültigen Entscheidung hat.

Ich habe viele Paare kennengelernt, die einfach nicht gut zusammenarbeiten können. Anstatt sich ständig zu streiten, haben sie schließlich jedem Partner bestimmte Bereiche zugeteilt, in denen er die Macht und Kontrolle hat. Auch wenn diese zugeteilte Macht nie absolut sein kann, weil es in einem gemeinsamen Leben immer einige Überschneidungen gibt, versuchen diese Paare, Konflikte zu vermeiden, indem jeder Partner zum »Experten« für bestimmte Bereiche ernannt wird. Ein typisches Arrangement könnte zum Beispiel so aussehen, daß der Mann alle Entscheidungen über größere Anschaffungen oder Vermögensanlagen trifft, während die Frau für die Urlaubsplanung und die Inneneinrichtung des Hauses zuständig ist.

Solange beide Partner mit dem Arrangement einverstanden sind, verfügen sie über eine relativ sichere Methode für eine gemeinsame Problemlösung. Schwierig wird es, wenn einer oder beide Partner ihre Einstellung ändern und die bislang geltende Machtverteilung nicht mehr akzeptieren. Wenn eine Beziehung auf Freundschaft und Respekt beruht, gibt es Raum für Verhandlungen und Veränderungen, unabhängig davon, wie die ursprüngliche Machtverteilung aussah. In einer Beziehung, in der die Partner sich geborgen und respektiert fühlen, können sie ihre Wünsche offen und vertrauensvoll äußern. Weil sie einander als Freunde betrachten, kann ein Kommunikationsprozeß einsetzen, bei dem unterschiedliche Sichtweisen toleriert und sogar anerkannt werden können. Wenn die Partner auf indirekte oder respektlose Kommunikations- und Verhaltensweisen zurückgreifen, liegt normalerweise ein tieferer Konflikt vor, der mit unverarbeiteten Macht- und Kontrollproblemen zusammenhängt.

Die Pathologie der Macht

Damit eine Beziehung funktionieren kann, muß ein Gefühl gegenseitigen Interesses und Engagements für das Glück des Partners vorhanden sein. Diese Gegenseitigkeit wird häufig auf die Probe gestellt, wenn konkurrierende Bedürfnisse oder Vorstellungen bestehen und jeder Partner entschlossen ist, seinen Willen durchzusetzen. In diesen Situationen ist es sehr wichtig, die möglichen Formen eines pathologischen Machtgebrauchs zu erkennen – das heißt, eine Art der Machtanwendung, die das Wohlwollen und damit ein wesentliches Element einer gesunden Intimität untergräbt. Es ist sehr wichtig, zwischen respektvollen Verhandlungen und dem Mißbrauch von Macht durch Zwang, Einschüchterung oder Dominanz zu unterscheiden. Wenn einer der Partner seine Macht mißbraucht, um Kontrolle zu erlangen oder eine Entscheidung durchzusetzen, so hat er einen Pyrrhussieg errungen, weil die gewonnene Schlacht nie ersetzen kann, was an Wohlwollen und Zuneigung verloren geht.

Hier einige Beispiele für einen derartigen Mißbrauch von Macht.

»Die Truppen einberufen«

Wer Angst hat, daß es ihm nicht gelingen wird, seinen Standpunkt durchzusetzen, greift mitunter zu der Taktik, daß er wichtige Außenstehende rekrutiert, um die eigene Position zu stärken.[13] Man droht mit dieser allgemeinen »Mobilmachung« oder wendet sich tatsächlich an Eltern, Schwiegereltern, Geschwister oder Freunde und versucht auf diese Weise, den Einfluß anderer wichtiger Beziehungen zu benutzen, um zu erreichen, was man allein nicht zuwege bringt. Ich erinnere mich an ein Paar, dessen Probleme damit begannen, daß man dem Ehemann Dan eine berufliche Beförderung anbot, die es erforderlich machte, daß die ganze Familie ans andere Ende des Landes umzog. Seine Frau Jill, die ganz zufrieden mit ihrer derzeitigen Lebenssituation war, führte viele Argumente gegen diese Veränderung an, konnte Dan aber nicht davon überzeugen, daß der Umzug nicht im besten Interesse der Familie lag. Ihre Forderung nach einer sofortigen Paartherapie war der Versuch, eine weitere Form von Macht nutzbar zu machen – die Expertenmeinung. Ich als die Paartherapeutin sollte mich völlig auf Jills Seite schlagen und Dan mit meiner Expertenautorität klar machen, daß er die Beförderung ausschlagen sollte. Als ich diese Erwartung nicht erfüllte, kehrte Jill zu ihrem vorherigen Machtspiel zurück und rief prompt die gesamte weitverzweigte Familie zusammen. »Du bringst deine Mutter ins Grab«, hielt sie ihrem Mann vor. »Ihre

Enkel sind ihr ein und alles, und du willst sie ihr aus egoistischen Gründen wegnehmen.« Dan gab klein bei, aber nicht ohne beträchtlichen Groll. Die Kinder waren sich bewußt, daß sie in diesem Spiel als bloße Schachfiguren benutzt wurden, und fanden das Verhalten beider Elternteile alles andere als respekteinflößend.

Gefühlsausbrüche

Eine weitere Form des pathologischen Machtgebrauchs ist als »Macht des Affekts« bezeichnet worden. Damit ist gemeint, daß ein Partner hysterisch wird oder völlig »ausrastet«, um auf diese Weise seinen Willen durchzusetzen. Dies gleicht in vielerlei Hinsicht den Tobsuchtsanfällen eines kleinen Kindes. Ein Kind, das miterlebt, wie ein Elternteil die Kontrolle über seine Gefühle verliert, wird den Kummer vielleicht nachfühlen können, aber gleichzeitig eine gewisse Verachtung empfinden. Das Kind erhält kein vernünftiges Rollenmodell für die Lösung seiner eigenen Probleme und hat nur ein schwer gestörtes Verhalten als Vorbild. Wenn es sich für eine negative Identifikation mit dem »ausrastenden« Elternteil entscheidet, entwickelt es sich möglicherweise zu einem sehr gefaßten Menschen, der sich schwört, daß er stets Haltung bewahren und sich nie auf derart kindische Weise gehenlassen wird. Um dieses Ziel zu erreichen, wird es dazu neigen, schmerzliche Gefühle zu unterdrücken oder vollständig zu verleugnen. Wenn es die alternative Lösung wählt und sich mit dem emotional unberechenbaren Elternteil identifiziert, wird es selbst dazu neigen, Gefühle auszuagieren, anstatt zu lernen, seinen Zorn zu bändigen und zu verarbeiten. Auch der Elternteil, der einer unreifen Hysterie nachgibt, löst zwiespältige Gefühle in dem Kind aus. Er erscheint ebenfalls schwach, weil er nicht für seine Rechte eingetreten ist. Das Kind zieht aus seinen Beobachtungen die Lehre, daß es bei Meinungsverschiedenheiten nur Verlierer gibt, und Emotionen etwas sind, das man tunlichst unterdrücken sollte.

Seine Überlegenheit ausspielen

Manchmal löst ein Partner bestehende Meinungsverschiedenheiten, indem er auf Fähigkeiten zurückgreift, die in einer anderen Situation durchaus Stärken sein können, aber nie gegen den Partner eingesetzt werden dürfen. Das kann zum Beispiel eine überlegene rhetorische Begabung sein. Worte können als Waffen eingesetzt werden – vor allem, wenn der eine Partner gebildeter oder besser informiert ist als der andere und ihn mit seinen Argumenten in die Enge treiben kann. Auch die Androhung von Gewalt kann man als pathologischen Machtgebrauch betrachten (das Thema körperliche Gewalt wird ausführlich in Kapitel 7 behandelt). Wer einmal die Erfahrung von Gewalt gemacht hat, rechnet bei jeder nicht völlig eindeutigen oder auch wohlwollenden Handlung mit einem Akt der Aggression. Der aggressive Partner muß häufig nur subtile Andeutungen machen, um seine Macht zu behaupten und den anderen zu beherrschen.[14] Es versteht sich von selbst, daß die Androhung von Gewalt den Widerstand des anderen für den Augenblick ersticken kann, aber kaum zu harmonischen oder gesunden Lösungen führt. Wenn Kinder Verhandlungen beobachten, die auf Einschüchterung und erzwungener Zustimmung beruhen, sind sie einem extrem gestörten Verhaltensmuster ausgesetzt. Sie bleiben mit der Überzeugung zurück, daß es nur zwei mögliche Positionen im Leben gibt: Entweder einen durch skrupellose Unterdrückung errungenen Sieg oder eine von Furcht durchdrungene Unterwerfung. Keine bereitet das Kind darauf vor, vertrauensvolle Beziehungen mit anderen aufzubauen oder eine Identität mit gesundem Selbstwertgefühl zu entwickeln.

Ressourcen zurückhalten

Jede Ressource, über die einer der beiden Partner verfügt, kann beim Aushandeln von Differenzen benutzt oder entzogen werden. In einer Partnerschaft können das solche Dinge wie Geld, Sex und sogar Haushaltsarbeiten sein. Ich habe Frauen erlebt, die sich weigern, die Wäsche des Mannes zu machen, wenn sie wütend sind, und Männer, die

»einfach keine Zeit haben«, um eine notwendige Reparatur am Haus abzuschließen, die sie in einer entspannteren Situation begonnen haben. Einfach wegzugehen hat eine ähnliche Wirkung, denn wenn ein Partner sich schlichtweg weigert, weiter mit dem anderen zu sprechen, übt er Macht und Kontrolle aus. Kinder, die diese Art von Interaktion zwischen ihren Eltern beobachten, erhalten keine Gelegenheit, etwas über konstruktives Verhandeln zu lernen, sondern sehen nur zwei Erwachsene, die sich wie Kinder benehmen.

Über Macht verhandeln

In all diesen Situationen greifen die Partner zu verschiedenen Tricks, um Macht und Einfluß zu gewinnen, verfügen aber nicht über die notwendigen Fähigkeiten, um ihre Argumente verständlich darzulegen und erfolgreich zu verhandeln. Ich habe festgestellt, daß viele Paare Schwierigkeiten mit dem Verhandeln haben, weil sie unter den Auswirkungen einer ungleichen Machtverteilung in ihren Herkunftsfamilien leiden. Häufig haben die Partner nie die Fähigkeit entwickelt, sich lange genug mit ihren Gefühlen auseinanderzusetzen, um ihre eigene Haltung zu begreifen, und agieren ihre Unzufriedenheit auf indirekte Weise aus. Andere Paare, mit denen ich gearbeitet habe, reagieren auf potentielle Konflikte mit Erwartungen und Unterstellungen, die automatisch auf einen pathologischen Machtgebrauch hinauslaufen. Obwohl man bei Paaren, bei denen es zu emotionalen oder körperlichen Mißhandlungen kommt, selbstverständlich in Betracht ziehen muß, daß die Vorwürfe eine reale Grundlage haben, basiert ein gestörtes Machtverhältnis häufig eher auf eingebildeten als auf tatsächlichen Ereignissen.

Wenn der einzelne eine bestimmte Position bezieht, weil er glaubt, daß dies von ihm erwartet wird oder weil er einen bestimmten Ablauf erwartet, wird er häufig von Überzeugungen gelenkt, die mehr mit der Vergangenheit als mit der Gegenwart zu tun haben. Das gilt insbesondere, wenn das, was ihn beeinflußt, das Modell der elterlichen Partnerschaft ist. Wenn Partner genauso über ihre Meinungsverschiedenheiten verhandeln, wie sie es bei ihren Eltern beobachtet haben, greifen sie sehr wahrscheinlich auf ein Machtmuster zurück, das ihren eigenen Bedürfnissen nicht gerecht wird.

Kinder brauchen Eltern, die flexibel und empfänglich aufeinander eingehen können. Eltern dürfen sich nicht in Machtspielen verlieren, sondern müssen lernen, darüber zu reden, mit welchen Methoden sie in verschiedenen Entscheidungssituationen zu einer gemeinsamen Lösung finden wollen. Wenn Eltern bestimmte Grundregeln für das Familienleben aushandeln, können sie sich selbst und ihre Kinder vor der Zerrüttung und den negativen Gefühlen bewahren, die bei einem pathologischen Machtgebrauch unvermeidlich sind.

Offene Gespräche

In erfolgreichen Beziehungen können die Partner einander zuhören und auf den Standpunkt des anderen eingehen. Da die Beziehung auf Freundschaft beruht, liegt beiden automatisch das Wohl des anderen am Herzen. In Partnerschaften, in denen Macht und Kontrolle keine zentralen Probleme darstellen, legen beide Wert auf die Meinung des anderen, weil jeder neue Informationen beisteuert, die zu einer besseren gemeinsamen Lösung führen können. Nach Ansicht von Familientherapeuten, die mit interkulturellen Paaren arbeiten, können Partner Probleme vermeiden, indem sie ihre eigene »Kultur« entwickeln, die auf den Beiträgen beider Partner aufbaut.[15] In gewisser Weise ist jede Beziehung eine interkulturelle Verbindung, weil es immer unterschiedliche Präferenzen und Vorgehensweisen gibt, wenn zwei Menschen sich zusammentun. Paare, die offen für die Meinung des anderen sind und sich durch Unterschiede nicht bedroht oder herabgesetzt fühlen, können den Partner normalerweise besser verstehen und mit ihrem besten Freund zusammenarbeiten, anstatt ihn zu bekämpfen.

Kinder, die in solchen Familien aufwachsen, sind echte Glückspilze. In einer Atmosphäre der Akzeptanz kann das Kind seine Ansichten ebenso äußern wie die Erwachsenen. Es beobachtet, daß Vater und Mutter gleichermaßen kompetent ihre Meinung äußern, und lernt, daß sowohl Männer als auch Frauen einen wichtigen Beitrag leisten. Studien zeigen, daß Eltern, die sich über ihre unterschiedlichen Standpunkte austauschen können, ohne aggressiv zu werden, ihre Kinder nicht negativ beeinflussen oder schädigen. Im Gegenteil – Kinder aus solchen Familien sind besser in der Schule und haben eine höhere Selbstachtung als Kinder aus Familien, in denen Meinungsverschiedenheiten zwischen den Eltern zu Beschimpfungen und feindseligen Auseinandersetzungen führen.[16] Kinder, die beobachten, wie ihre Eltern konstruktiv und respektvoll kommunizieren, können selbst erfolgreicher mit Gleichaltrigen verhandeln; sie haben auch einen entscheidenden Vorteil, weil sie wissen, wie man Differenzen produktiv beilegen kann, wenn sie in das Alter kommen, in dem sie selbst Partnerschaften eingehen.

Wer sich verständlich ausdrücken und offen kommunizieren kann, hat auch einen Vorteil in der Elternrolle. Solche Eltern reagieren ihre Wut selten an ihrem Kind ab und ziehen es nicht in Konflikte hinein, an denen es im Grunde keinen Anteil hat. Eltern, die in der Lage sind, in Ruhe über ihre unterschiedlichen Standpunkte zu verhandeln, fühlen sich nicht erschöpft und einsam, sondern trösten und unterstützen sich gegenseitig. Das Glück, einen Menschen an seiner Seite zu haben, mit dem man seine Gefühle teilen und auf den man sich stützen kann, läßt sich nur bewahren, wenn man sich immer wieder der Herausforderung stellt, über Unterschiede zu verhandeln und Probleme gemeinsam zu lösen. Partner, die gelernt haben, wie sie ihre Meinung ausdrücken und einander zuhören können, gehören zu den glücklichsten, und dies vermitteln sie auch ihren Kindern.

Fragen

1. Wer von Ihren Eltern hat die meisten Entscheidungen getroffen? Wessen Ansichten wurden am stärksten respektiert?
2. Wessen Meinung spielt in Ihrer Partnerschaft eine wich-

tigere Rolle? Treffen Sie Ihre Entscheidungen gemeinsam oder hat jeder seine eigenen Zuständigkeitsbereiche? Sind Sie der Ansicht, daß Ihre Art der Entscheidungsfindung gut funktioniert?

3. Würden die Kinder sagen, daß einer von Ihnen der wahre »Boß« ist?

4. Wie weit geben Sie Ihren Gefühlen nach, wenn Sie enttäuscht oder traurig sind? An welchen Hinweisen erkennen Sie, ob Ihr Partner/Ihre Partnerin unglücklich oder verärgert ist?

5. Wer ist in Ihrer Beziehung die Person, die eine Diskussion anfängt, wenn es Probleme oder Meinungsunterschiede gibt? Haben Sie eine bestimmte Zeit oder einen festen Ort für diese Art von Gesprächen? Hören die Kinder Ihnen dabei zu oder nehmen Sie an diesen Unterredungen teil?

6. Sind Sie über eine bereits getroffene Entscheidung im Nachhinein manchmal verärgert oder frustriert? Wie gehen Sie mit diesen Gefühlen um?

7. Erinnert Sie die Art, wie Ihre Kinder sich in ihren eigenen Beziehungen zu behaupten suchen, manchmal an Sie selbst oder an Ihren Partner/Ihre Partnerin?

Kapitel 7

Die langfristigen Folgen
von Konflikten

*»Ich werde nie den Ausdruck in ihren Gesichtern
vergessen, wenn wir uns gestritten haben.«*

Wenn Partner ihre Differenzen nicht auf faire, respektvolle
Weise besprechen und lösen können oder sich ständig in
Machtkämpfe verstricken, dann leiden alle Beteiligten. Jedes Paar hat bestimmte »Reizthemen«, bei denen es jedes
Mal zu einem heftigen Streit kommt, und kennt Situationen,
in denen kein Kompromiß in Sicht ist. Und obwohl dies für
alle Paare gilt, trifft es auf Eltern ganz besonders zu. Die
Wahrheit ist, daß die meisten Paare ihre Kinder als Glück
empfinden, aber auch der Ansicht sind, daß sie die Partnerbeziehung belasten. Viele Studien haben gezeigt, daß Paare
am häufigsten uneins und unglücklich über ihre Beziehung
sind, wenn kleine und heranwachsende Kinder im Haus
sind. Die Partnerschaft ist wie eine Berg- und Talfahrt: ein
Glücksgipfel am Anfang, bevor die Kinder da sind, dann
ein Tal, solange die Erziehungsaufgaben andauern, und
dann wieder ein Glücksgipfel, wenn der Nachwuchs flügge
geworden ist. In den ersten eineinhalb Jahren nach der Geburt des Babys müssen sich beide Partner mit den Veränderungen auseinandersetzen, die ihre neuen Elternpflichten
sowohl in ihrer Arbeitsteilung als auch in ihrem Liebesleben auslösen.[1] Wenn das Geld knapp ist, kommt es auch in
diesem Bereich zu Streitigkeiten, und bei beiden Partnern
steigt die Wahrscheinlichkeit, daß sie generell unzufrieden
mit ihrem Leben sind.

Wie in Kapitel 6 ausgeführt, gibt es viele unterschiedliche
Methoden, wie man mit Meinungsverschiedenheiten umgehen kann. Dennoch gelingt es den Partnern häufig nicht,
eine annehmbare Lösung zu finden, und es kommt zum

handfesten Krach. Obwohl Konflikte nicht zwangsläufig etwas Destruktives sind, tragen viele Paare ihre Streitigkeiten auf eine Weise aus, die das Wohlwollen und die Zuneigung untergräbt. Genauso bedeutsam ist, daß Kinder unter destruktiven Konflikten leiden. Das ist ein Bereich der Familientherapie, der umfassend erforscht wurde, und die Ergebnisse der Studien sind eindeutig: Kinder, die destruktiven Auseinandersetzungen ausgesetzt sind, nehmen Schaden. Bei Streitigkeiten spielen sowohl der Grad, die Häufigkeit und die Formen der gegenseitig geäußerten Feindseligkeiten als auch die Anspannung und der Rückzug, die häufig mit ungelösten Konflikten verbunden sind, eine große Rolle. All diese Faktoren wirken sich unmittelbar negativ auf die Kinder aus und verursachen seelische Verletzungen mit langfristigen Folgen.

Den größten Schaden nehmen Kinder, wenn es zwischen den Eltern zu physischer Gewalt kommt. Auch wenn die meisten Paare ihre eigene Beziehung anders sehen und beschreiben, ist Gewalt in der Partnerschaft sehr viel verbreiteter, als die meisten Menschen glauben möchten. Zu physischer Gewalt gehört auch, daß man mit Gegenständen wirft oder auf sie einschlägt, was sehr viele Leute tun, wenn sie wütend sind, auch wenn sie es nicht zugeben. In einer großangelegten Studie wurden zahlreiche Dritt- und Achtkläßler zu Videofilmen befragt, in denen Eltern einander anbrüllten. 70 Prozent hielten es für wahrscheinlich, daß der Streit in eine »körperliche« Auseinandersetzung übergehen könnte.[2] Nach wissenschaftlichen Schätzungen kommt es in bis zu 40 Prozent der Ehen zu Mißhandlungen, obwohl die meisten Paare sich schämen und versuchen, die Sache geheimzuhalten.[3]

Die Kinder in solchen Familien wissen in der Regel von der Gewalt zwischen ihren Eltern, werden zu Zeugen der Auseinandersetzungen oder sogar darin verwickelt, weil die Partner selten Maßnahmen ergreifen, um ihre Kinder vor diesem Wissen zu bewahren. Judith Wallerstein, die Kinder von geschiedenen Eltern befragte, stellte fest, daß die Mehrheit der Kinder in der Zeit der Scheidung Mißhandlungen zwischen den Eltern beobachtet hatte. Die meisten dieser Kinder waren durch diese Erfahrung zutiefst verstört und unfähig, darüber hinwegzukommen. Auch wenn nicht klar ist, ob die Eltern in anderen Phasen ihrer Beziehung ebenfalls zu gewalttätigen Ausbrüchen neigten, ist es nach Ansicht von Wallerstein nicht ungewöhnlich, daß gewalttätige Auseinandersetzungen vor den Augen der Kinder ausgetragen werden. Vielleicht wollen Eltern, daß irgend jemand das Ausmaß ihres Leids bezeugen kann; vielleicht brauchen sie das beruhigende Gefühl, daß jemand da ist, der einschreiten und sie zurückhalten könnte, falls die Situation vollständig außer Kontrolle gerät. Ein Kind, das mitansehen muß, wie ein Elternteil den anderen stößt oder schlägt, wird diese Erfahrung niemals vergessen.[4]

Kinder, die gewalttätigen Handlungen zwischen ihren Eltern ausgesetzt sind, werden nie wieder dieselben sein. Die Auswirkungen zeigen sich in Aufmerksamkeitsstörungen und auch in Problemen mit Beziehungen zu Gleichaltrigen. Mädchen reagieren eher mit Depressionen, Rückzug und Unsicherheit, während Jungen zu einer verstärkten Aggressivität neigen, sowohl innerhalb der Familie als auch gegenüber Freunden und Klassenkameraden. Manche Kinder, die miterleben, wie die Mutter mißhandelt wird, kümmern sich überaus fürsorglich um sie, tauschen praktisch die Rollen in der Eltern-Kind-Beziehung und werden viel zu früh erwachsen.[5]

Physische Aggressionen zwischen Eltern beeinflussen die Kinder weit über die Zeit hinaus, die sie im Elternhaus verbringen. Als Erwachsene neigen diese Kinder dazu, den Kreislauf der Gewalt in ihren eigenen Beziehungen fortzusetzen. Die Wahrscheinlichkeit, daß ein Mann gewalttätig gegenüber seiner Partnerin wird, ist am größten, wenn er aus einer Familie stammt, in der er gewalttätige Auseinandersetzungen zwischen den Eltern miterlebt hat. Frauen, die diese Erfahrung gemacht haben, sind besonders anfällig, selbst zu Opfern gewalttätiger Partner zu werden. Langzeitstudien, bei denen mehrere Familien über einen Zeitraum von zwölf Jahren beobachtet wurden, kommen zu dem Schluß, daß bei einer gewalttätigen Beziehung der Eltern die Gefahr, daß die Kinder ebenfalls in einer gewalttätigen Beziehung leben werden, um fast 200 Prozent ansteigt![6]

Und wie ist es, wenn die Eltern sich streiten, ohne handgreiflich zu werden? Nach herkömmlicher Auffassung ist der einzige Schaden indirekter Art, weil Eltern, die hauptsächlich mit ihrem Beziehungsstreß beschäftigt sind, nicht genügend Aufmerksamkeit oder Freude für ihre Elternrolle aufbringen können. Das ist zutreffend. Studien zeigen, daß Mütter, die Probleme mit ihrem Partner haben, weniger spielerisch und interessiert mit ihren Babys umgehen. Doch wenn die Kinder älter werden, tun unglücklich verheiratete Mütter das Gegenteil: Sie mischen sich so stark in das Leben ihrer Kinder ein, daß diese sich erdrückt und eingeengt fühlen.[7]

Wenn Beziehungsprobleme zu Depressionen führen, dann sind die Kinder sehr stark davon betroffen. Die Mehrheit der depressiven Frauen, die professionelle Hilfe sucht, sagt, daß die Partnerbeziehung ihr größtes Problem sei. Eine depressive Mutter verzagt und zieht sich in sich selbst zurück. In diesem Zustand fehlt ihr die Kraft, angemessen für ihre Kinder zu sorgen, und sie wird oft passiv und gleichgültig. Die Mutter ist nicht in der Lage, sich den Kindern mit der notwendigen Zuwendung und Freude zu widmen, und sie hat auch nicht die Energie, um Regeln durchzusetzen.[8]

Beziehungskonflikte färben zweifellos auf die Elternrolle ab. Studien zeigen, daß diese Eltern mehr an ihren Kindern auszusetzen haben und eher zu inkonsequenten Bestrafungen neigen. Aus irgendeinem Grund verhalten sich unglückliche Väter ihren Töchtern gegenüber ablehnender, vielleicht weil diese sie an ihre Frauen erinnern.[9] Väter in unglücklichen Partnerschaften neigen dazu, sich von der Familie zurückzuziehen; sie danken nicht nur in ihrer Rolle als Partner ab, sondern nehmen auch immer weniger Anteil an ihren Kindern. Die Spannungen und Wutgefühle zwischen den Partnern übertragen sich offenbar auf das Verhältnis eines oder beider Elternteile zu den Kindern.[10] Das Problem verschlimmert sich durch das Verhalten der Kinder, die dazu neigen, auf die angespannte Atmosphäre im Elternhaus mit einem aufsässigen Benehmen zu reagieren.

Die Kinder leiden nicht nur unter der mangelnden Aufmerksamkeit und Zuwendung, wenn die Eltern ausschließlich mit sich selbst beschäftigt sind, sondern auch unter den ständigen Spannungen und Streitereien. In den letzten zehn Jahren wurden mehrere große Untersuchungen durchgeführt, die deutlich zeigten, wie schädlich sich destruktive Auseinandersetzungen zwischen den Eltern auf Kinder aller Altersstufen auswirken. Jugendliche und junge Erwachsene aus Familien, die nicht wissen, wie man konstruktiv streitet, leiden unter Angst, Nervosität und sind besonders suchtanfällig.[11] Manche Kinder zeigen sofortige Symptome, aber ich habe festgestellt, daß bei anderen die Probleme, die durch die Konflikte der Eltern entstehen, erst voll ausbrechen, wenn sie selbst erwachsen sind und eine Familie gründen.

Wenn Kinder beobachten, daß Erwachsene auf feindselige Weise miteinander umgehen, reagieren sie sofort mit Angst und Verunsicherung. Dies gilt insbesondere für kleine Kinder, die noch nicht begreifen, worum es bei dem Krach geht, aber die emotionale Anspannung und Disharmonie spüren. Je öfter Kleinkinder erleben, daß ihre Eltern streiten, desto unsicherer und verstörter werden sie. Da sie ihren Eltern noch nicht sagen können, wie sehr sie unter den Konflikten leiden, zeigen sie es auf andere Weise: Sie halten sich die Ohren zu oder verlassen den Raum, werden hyperaktiv oder leiden unter Konzentrationsschwächen.[12]

Ein Kind, das miterlebt, wie seine Eltern sich anschreien und beschimpfen, befürchtet, daß diese Art von Streit sich wiederholen könnte und reagiert wachsam und aufmerksam auf alle Zeichen von Unstimmigkeiten. Anstatt sich in sein Spiel zu vertiefen, fängt es an, den Interaktionen der Eltern viel zu große Aufmerksamkeit zu schenken.[13] So war es auch bei einem lieben kleinen Kerl, mit dem ich vor einigen Jahren in meiner Praxis zu tun hatte.

Jordan

Jordan wurde mit zwanzig Monaten zu einer gründlichen neurologischen Untersuchung gebracht. Seine Eltern, Ann und Steve, hielten ihn für hyperaktiv, doch die Ärzte teilten diese Auffassung nicht. Anfangs erklärten Ann und Steve, daß in ihrer Beziehung alles in Ordnung sei und daß es kaum Spannungen zwischen ihnen gebe. Doch als ich ihnen die üblichen Eingangsfragen nach ihrem Gesundheitszustand stellte, zeichnete sich ein anderes Bild ab. Als Ann mit Jordan schwanger war, hatte man bei Steve eine Krebserkrankung diagnostiziert. Er dachte, daß er die Geburt seines Kindes nicht mehr erleben würde, aber wie durch ein Wunder bildete sich der Krebs zurück. Jetzt wollte Ann ein zweites Kind, aber Steve war strikt dagegen. Er fürchtete jeden Tag, daß der Krebs zurückkehren könnte, und hatte Angst, daß Ann allein zurückbleiben würde. Das war offenkundig ein empfindliches Thema zwischen den beiden und innerhalb von Sekunden waren ihre Stimmen laut und heftig geworden. Während Ann und Steve ihr Gespräch fortsetzten, begann Jordan, der still mit ein paar Bauklötzen auf dem Fußboden gespielt hatte, mit seinen Spielsachen zu werfen und stürzte sich auf mein Telefon. Sein »hyperaktives« Verhalten war eindeutig eine Reaktion auf die Anspannung in der Beziehung der Eltern. Ann und Steve brachen ihr Gespräch ab, deuteten auf Jordan und meinten: »Sehen Sie, genauso benimmt er sich auch zu Hause«. Als sich Ann und Steve auf meine Anweisung hin an den Händen faßten, während sie ganz ruhig über ihre unterschiedlichen Ansichten sprachen, kehrte Jordan im Handumdrehen zu seinen Bauklötzen zurück.

»Kalte Kriege«

Kleine Kinder reagieren sehr stark auf den Grad der Anspannung zwischen ihren Eltern und registrieren einen »kalten Krieg« genauso wie lautstark und hitzig geführte Auseinandersetzungen. Ein häufiges Verhaltensmuster bei streitenden Partnern besteht darin, dem anderen die kalte Schulter zu zeigen. Wie allgemein bekannt, findet dieses

Verhalten nicht in einem emotionalen Vakuum statt, sondern wird von feindseligen Blicken und anderen Verhaltensweisen begleitet, die den schwelenden Zorn offenbaren. Studien haben gezeigt, daß einige Kinder sensibler auf dieses Konfliktverhalten reagieren als auf offene Auseinandersetzungen zwischen den Eltern. Auch hier sind es wiederum die kleinen Kinder, die am stärksten reagieren, indem sie ängstlich und im Laufe der Zeit depressiv werden.[14]

Doch älteren Kindern ergeht es nicht viel besser. Mehrere Studien haben gezeigt, daß präadoleszente Kinder, deren Väter in unglücklichen, äußerst konfliktreichen Beziehungen leben, abhängiger und unselbständiger sind als Kinder aus stabilen Familien. Kinder, deren Mütter unglücklich verheiratet sind, haben mit Angst und Unsicherheit zu kämpfen. Sogar bei Collegestudentinnen, die von Konflikten zwischen ihren Eltern berichteten, zeigte sich, daß sie anfälliger für Depressionen und Beziehungsprobleme waren.[15] Nach Jon Gottman, der umfassend untersucht hat, wie sich Beziehungskonflikte auf Kinder auswirken, tendieren Kinder von Eltern, die ihre Feindseligkeit durch Beschimpfungen und offene Streitlust ausdrücken, für gewöhnlich zu einem verstärkt aggressiven Verhalten. Dagegen neigen die Kinder von Eltern, die einander mit Kälte und Distanz bekämpfen, zur Verinnerlichung der Probleme und werden depressiv und ängstlich.[16]

Scheidungskinder

Neuere Forschungen deuten darauf hin, daß eine Scheidung zwar eine schmerzliche Erfahrung für Kinder darstellt, daß jedoch chronisch destruktive Konflikte wesentlich schwerere und dauerhaftere Schäden anrichten. In mehreren jüngeren Studien wurde festgestellt, daß Kinder sich psychisch hervorragend anpaßten, wenn die Eltern trotz Scheidung respektvoll miteinander umgingen und ihren Nachwuchs nicht zum Zankapfel machten. Im Gegensatz dazu zeigten Kinder, deren Eltern während oder nach der Scheidung bösartige Auseinandersetzungen führten, gravierende Entwicklungsstörungen.[17]

Therapeuten haben Kinder, die schwierige Scheidungen hinter sich haben, befragt, was das Schlimmste für sie war. Ganz oben auf der Liste steht die Erfahrung, von den Eltern in den Mittelpunkt der Auseinandersetzung gestellt zu werden. Wenn das Kind aufgefordert wird, Partei zu ergreifen und sich gegen den Partner zu stellen, gerät es in eine äußerst belastende Situation, in der es nur verlieren kann. Der Zwang, sich für eine Seite entscheiden zu müssen, verwandelt die Wohnungen beider Elternteile in Kriegsgebiete und vergrößert die Spannung, unter der das Kind ohnehin schon leidet, um ein Vielfaches.[18] Wenn Mädchen gedrängt werden, ihren Vater als »böse« zu betrachten, entwickeln sie ein negatives Männerbild und eine negative Vorstellung von Partnerschaft. Die Tochter, die aufgefordert wird, sich auf die Seite der Mutter zu schlagen, leidet unter unerträglichen Schuldgefühlen und wird in ihrer eigenen weiblichen Identität zutiefst verunsichert. Auch Jungen nehmen es übel, wenn sie sich für eine Seite entscheiden sollen. Wenn der Sohn die Partei des Vaters gegen die Mutter ergreifen soll, verliert er unter Umständen seine wichtigste emotionale Bezugsperson und leidet ebenfalls unter Schuldgefühlen. Wenn er die Partei der Mutter ergreift, verliert er die Möglichkeit, eine positive Bindung zum Vater zu entwickeln.

Wenn Eltern um die Kinder streiten

Kinder reagieren auch äußerst sensibel auf den Inhalt der elterlichen Streitigkeiten und leiden darunter, wenn sie glauben, daß sie der Anlaß von Zerwürfnissen sind.[19] Tatsächlich streiten Eltern sich häufig über die Kindererziehung. Die meisten Paare, die ich kennengelernt habe, glauben offenbar, daß sich in der Entwicklung ihres Kindes die Qualität ihres Erziehungsstils widerspiegelt. Da sogar kleinste Entscheidungen große Folgen haben können, sind die meisten Elternteile bereit, den Partner aufs heftigste anzugreifen, wenn sie seinen Ansatz für falsch halten. Die Eltern streiten sich, weil sie ihre Kinder lieben, und erkennen leider nicht, daß die daraus resultierende Spannung dem

Kind vermutlich mehr schadet als die Sache, die den Streit ausgelöst hat.

Es gibt kaum Familien, in denen es keine Meinungsverschiedenheiten über die Kindererziehung gibt. Die meisten Eltern zanken sich immer wieder über Fragen der Disziplin. Häufig vertritt ein Elternteil eine »harte« Position, während der andere für eine »weiche«, nachgiebige Haltung plädiert. Viele Männer sind der Ansicht, daß ihre Partnerin die Kinder zu sehr verwöhnt. Ihrer Ansicht nach stellt sie zu wenig Anforderungen und ist zu nachgiebig. Häufig zeigen sich die Verhaltensunterschiede zwischen Vater und Mutter bereits in den ersten Lebensmonaten des Babys. Mütter wiegen das Kind für gewöhnlich mit gurrenden Lauten im Arm, während Väter eher dazu neigen, es zu kitzeln oder auf andere Weise spielerisch zu provozieren.

Abgesehen von dem Zwist über das richtige Verhältnis von Zuwendung und Herausforderung gibt es fast immer Unterschiede in den Erwartungen, die jedes Elternteil für das Kind hat. Wie Familientherapeuten nur allzu gut wissen, gehören zu den Streitthemen zwischen Eltern häufig einige tickende Zeitbomben, die aus den problematischen Bereichen ihrer eigenen Kindheit stammen. Sehr oft versucht ein Elternteil, seine eigene Kindheit ungeschehen zu machen oder neu geschehen zu lassen, und verwechselt seine eigenen Gefühle und Erfahrungen mit denen des Kindes. Weil diese Interaktionen mit starken, größtenteils unbewußten Gefühlen verbunden sind, können Interventionsversuche des Partners sehr leicht Wutausbrüche und heftige Auseinandersetzungen auslösen.

Eltern von kleinen Jungen streiten häufig über die »männlichen« und »weiblichen« Neigungen des Kindes. Vor allem Männer haben häufig Angst vor Verhaltensweisen, die ihnen zu feminin erscheinen, und neigen dann zu übertriebenen Reaktionen. Sie wollen, daß sich ihre Söhne zu aggressiven, unabhängigen Männern entwickeln, und glauben, daß die Mutter diese Entwicklung behindert. Wenn ein kleiner Junge zum Beispiel Angst vor einer schwierigen Situation zeigt oder weint, weil er sich verletzt hat oder sich überfordert fühlt, nehmen viele Mütter ihren Sohn in den Arm und versuchen, ihn zu trösten. Dadurch sieht sich der Vater mit zwei Problemen konfrontiert: Er macht sich Sorgen, daß sein Sohn nicht lernen wird, seine Ängste zu überwinden, um die erforderliche Leistung zu bringen, und er befürchtet, daß sein Sohn eine zu starke Bindung an die Mutter entwickelt hat. In einer Gesellschaft wie der unseren, in der die unausgesprochene Angst lauert, daß ein schwacher Junge homosexuell werden könnte und daß der weibliche Einfluß zu einer untergeordneten Rolle im Leben führt, neigen viele Väter zu übertriebenen Reaktionen. Wenn der kleine Junge nicht aggressiv oder aktiv genug ist, reagiert der Vater, indem er ihn neckt, sich über ihn lustig macht oder ihn unter Umständen sogar als »Memme« beschimpft. In dem Versuch, den Sohn zu beschützen, wirft der Vater vielleicht auch seiner Frau vor, an der unerträglichen »Mädchenhaftigkeit« des Sohnes schuld zu sein und greift sie auf eine Weise an, die einen Streit auslöst. Leider entwickeln sich solche Streitigkeiten meistens spontan und vor den Augen des Kindes. Anstatt die Situation zu verbessern, führt dieses Verhalten in der Regel zu tiefen Gefühlen der Unzulänglichkeit und des heimlichen Grolls, sowohl bei der Mutter als auch beim Sohn.

Als Mutter eines achtjährigen Sohnes stelle ich häufig fest, daß diese Art von Interaktion regelmäßig in der Öffentlichkeit, zum Beispiel auf der Rollschuhbahn oder auf dem Fußballplatz ausgetragen wird. Es schmerzt mich, wenn ich sehe, wie meine Freunde oder Nachbarn sich in diese Art von Streit verwickeln, sobald ihre Söhne hinfallen und anfangen zu weinen. Wenn der Junge nicht sofort aufsteht und seinen Schmerz oder seine Angst vollständig ignoriert, wird der Vater wütend und ungeduldig. Schreitet dann die Mutter ein, um den Sohn in den Arm zu nehmen oder zu trösten, reagieren viele Väter feindselig und werfen ihr vor, den Sohn zu verhätscheln. Wenn Mütter dieses Urteil akzeptieren und sich abwenden, fühlt sich der Junge nicht nur allein gelassen, sondern auch verantwortlich dafür, daß seine Eltern sehr unglücklich sind. Die männliche Unabhängigkeit wird bestärkt, aber um den Preis wichtiger emotionaler Bedürfnisse – ein Prinzip, das nach Ansicht vieler Psychologen zu Entfremdung und emotionaler Distanz führt.[20]

Wenn Eltern ihre Konflikte auf die Kinder projizieren

Viele Auseinandersetzungen über die Kinder haben überhaupt nichts mit den Kindern zu tun. Häufig streiten Eltern sich über Dinge, die sie selbst betreffen, die sie jedoch vorher nicht offen angesprochen haben, weil ihnen der Mut dazu fehlte oder weil es ihnen gar nicht bewußt war. So ist ein Partner vielleicht überzeugt, daß ein bestimmtes Verhalten ihn nicht wirklich stört oder belastet, und er denkt, daß es sich nicht lohnt, deswegen einen Streit anzufangen. Doch zeigt sich dasselbe Verhalten beim Kind, gehen die Eltern massiv dagegen an. Auf ähnliche Weise führen mitunter auch Themen, deren Wichtigkeit man eigentlich leugnet, zu völlig überzogenen Reaktionen, sobald sie das Kind betreffen. Die Familie Stanton lieferte ein eindrucksvolles Beispiel für dieses Verhaltensmuster.

Die Stantons

John und Meridith Stanton meldeten sich zu einer Paartherapie an, weil Merediths Einzeltherapeut dazu geraten hatte. Meridith hatte sich in Behandlung begeben, weil sie unter Depressionen litt, die nach Ansicht des Therapeuten mit ihren Eheproblemen zusammenhingen. Das Paar war seit zwanzig Jahren verheiratet und hatte zwei Töchter im Teenageralter. Oberflächlich betrachtet waren sie eine glückliche Familie, doch sie hatten viele Probleme verleugnet oder beiseite geschoben, um die Fassade einer heilen Familie zu wahren.

John war ein charismatischer, intelligenter Mann, der seine Frau und seine Töchter innig liebte. Er stammte aus einer sozial schwachen Familie und hatte als das mittlere von fünf Kindern nicht viel Aufmerksamkeit erhalten. Als ich ihn nach der Ehe seiner Eltern fragte, antwortete John, daß sie im großen und ganzen recht gut miteinander ausgekommen seien, allerdings ständig über Geld gestritten hätten. John hielt insbesondere seinen Vater für einen Versager, weil er nie genug Geld nach Hause brachte, um seine Familie ausreichend zu versorgen. Die finanziellen Schwierigkeiten führten dazu, daß John die Schule kurz vor der Abschlußprüfung verließ und ein Unternehmen gründete, das sich im Laufe der Jahre sehr erfolgreich entwickelt hatte. Meridith hatte sich in ihrer Kindheit ebenfalls vernachlässigt gefühlt, da ihre Mutter eine kranke Schwester pflegen und gleichzeitig ein chronisch krankes Kind versorgen mußte. Um die Situation im Griff zu behalten, hatte die Mutter sich zu einer »Autokratin« entwickelt, die jedermann herumkommandierte und keine Zeit für Small talk hatte. Außerdem verbrachten Meridiths Eltern wenig Zeit miteinander und schienen stets von anderen Interessen und Verpflichtungen in Anspruch genommen. Meridith hatte gelernt, ihre Gefühle für sich zu behalten, und saß als junges Mädchen oft stundenlang allein in ihrem Zimmer und spielte Gitarre.

Die ersten Jahre der Ehe waren recht unkompliziert verlaufen, da Meridith sofort schwanger geworden war und beide sehr viel Freude an ihrer Elternrolle hatten. John war in vielerlei Hinsicht der »Chef« in der Familie, traf die Entscheidungen darüber, wo sie wohnten, welche Autos gekauft wurden oder was im Urlaub unternommen wurde. Meridith brauchte immer etwas Zeit, um sich über ihre Gefühle klar zu werden oder sich für eine Sache zu begeistern, während John voller kreativer Energie war und ständig vor Ideen übersprudelte. Doch da Johns Ideen in der Regel von Erfolg gekrönt waren, traute Meridith sich immer weniger, eine Meinung zu äußern, die den reibungslosen Gang der Dinge stören könnte. Schließlich fühlte sie sich von John vollständig in den Hintergrund gedrängt. Ob es Ärger in der Schule gab oder einen Streit mit der chemischen Reinigung – John hatte für jede Situation einen passenden Ratschlag parat. Im Laufe der Jahre kapselte sich Meridith immer mehr ab und wurde zunehmend depressiv. Sie freute sich kaum noch auf die gemeinsame Zeit mit ihrem Ehemann und suchte selten das Gespräch mit ihm.

Das Frühjahr, in dem wir mit der Therapie begannen, brachte eine interessante Wendung. Die ältere Tochter, Kim, absolvierte ihr erstes Jahr am College und konnte sich einfach nicht entscheiden, welches Hauptfach sie belegen sollte. Außerdem hatte sie vor, den Sommer über nach Hause zu kommen, und hatte ihrem Vater gegenüber erwähnt, daß sie einen Job brauchte. In der Therapie zeigte sich allmählich, wie ohnmächtig sich Meridith in ihrer Ehe fühlte und wieviel Wut sie innerlich angestaut hatte. Auch bei John wurde immer deutlicher, daß er insgeheim grollte, weil er seine Frau für unzulänglich und übermäßig abhängig hielt. Doch bis zu Kims Besuch blieb es an der Oberfläche relativ ruhig.

John gab Kim eine Liste mit Geschäftsfreunden, bei denen sie sich für einen Ferienjob bewerben konnte, und diskutierte mit ihr über das Studium. Er versuchte ihr zu erklären, daß es wichtig sei, sich früh in der Ausbildung für eine bestimmte Richtung zu entscheiden. Als Meridith dieses Gespräch mitanhörte, wurde sie wütend. Sie schrie, daß John endlich aufhören solle, sich in Kims Leben einzumischen. Kim habe es nicht nötig, sich von ihm unter Druck setzen zu lassen und sich seinen Wünschen zu fügen. Sie sei durchaus in der Lage, ihre eigenen Entscheidungen zu treffen und selbst über ihr Leben zu bestimmen. John brüllte zurück, daß Kim endlich lernen müsse, wie es im Leben zugehe und was es bedeute, Verantwortung zu tragen.

Auf mein Drängen setzten die beiden ihren Streit in unserer Sitzung fort. Doch ich bat Meridith, diesmal nicht »Kim«, sondern »wir« zu sagen, und John sollte den Namen seiner Tochter durch »ihr beide« ersetzen. Nach wenigen Minuten erkannte das Paar, daß der Streit überhaupt nichts mit Kim zu tun hatte. Zum ersten Mal stellten sie sich ihren eigenen Problemen. Obwohl es Monate dauerte, bevor sie in der Lage waren, ihren Groll und ihren Wunsch nach Veränderung wirklich auszudrücken und zu verstehen, konnten sie nach dieser Sitzung nach Hause gehen und sich bei Kim dafür entschuldigen, daß sie sie in einen Streit verwickelt hatten, der im Grunde nichts mit ihr zu tun hatte.

Kinder als Friedensstifter

Kinder nehmen es auch übel, wenn sie die Rolle des Friedensstifters in der Familie übernehmen müssen. Wenn Eltern zanken, tun die Kinder ihr Bestes, um den Streit zu beenden. Vor kurzem unterbrach meine fünfjährige Tochter eine hitzige Debatte zwischen mir und meinem Mann. »Mama, du gehst jetzt fünf Minuten ins Eßzimmer, und Papa geht fünf Minuten in die Küche. Dann lernt ihr vielleicht, wieder lieb zueinander zu sein.« Mit ganz ähnlichen »Auszeiten« regle ich Streitigkeiten zwischen ihr und ihrem Bruder, doch die Entschlossenheit, mit der sie den Streit unterbrach, zeigte mir, wie verstört sie war.

In Familien, in denen die Konflikte der Eltern zu körperlicher Gewalt führen, neigen die Kinder noch stärker zum Eingreifen. Aus Angst, daß die Situation außer Kontrolle geraten könnte, schreiten sie ein, um den Streit zu beenden, bevor er zu heftig wird. Doch sie nehmen es den Eltern auch übel, daß sie zu diesem Verhalten gezwungen werden, vor allem weil die Gefahr besteht, daß sich die Wut der Eltern plötzlich gegen sie richtet.[21] Viele Erwachsene haben den Eindruck, daß die Eltern sie als Kinder zu Sündenböcken gemacht oder an ihnen herumgenörgelt haben, um ihre Frustrationen abzureagieren.[21] Vielleicht haben sie recht. Auch wenn es dem Kind gelingt, sich vor der Wut der Eltern zu schützen, wird ihm mit der Rolle des Friedensstifters eine viel zu schwere Last aufgebürdet. Helen war eine junge Frau, die sehr unter dieser Situation gelitten hatte.

Helen

Die siebzehnjährige Helen wurde nach einem Selbstmordversuch an mich überwiesen. Sie hatte ein sehr schönes Gesicht, aber mindestens 60 Pfund Übergewicht und war deswegen jahrelang von anderen Kindern gehänselt worden. Die Krise, die dazu führte, daß Helen sterben wollte, hing mit einem Stipendium für eine angesehene Universität zusammen. Ihre Eltern meinten, sie solle auf ein örtliches College gehen oder vielleicht tagsüber arbeiten und eine Abendschule besuchen, doch Helen hatte andere Pläne. Sie war außergewöhnlich intelligent und arbeitete fleißig, um gute Noten zu bekommen. Beim allgemeinen Aufnahmetest für ein Universitätsstudium hatte sie glänzend abgeschnitten und mit Hilfe des Tutors an ihrer Schule hatte sie sich um ein begehrtes Stipendium beworben und es erhalten.

Doch Helen litt auch darunter, ihre Familie verlassen zu müssen. Seit Jahren stritten ihre Eltern erbittert miteinander und schienen einander zu hassen. Helens Mutter erzählte ihrer Tochter regelmäßig, wie unglücklich sie war. Jeden Tag nach der Schule setzte die Mutter ihr Milch und Kekse vor, während sie sich darüber beklagte, daß der Vater sie in der vergangenen Nacht zum Sex gedrängt hatte oder wieder zu geizig mit dem Haushaltsgeld gewesen war. Während die Mutter schlecht über ihren Mann redete, stopfte Helen die Kekse in sich hinein … und stopfte … und stopfte … Wenn die Eltern stritten, benutzte die Mutter Helen als Vermittlerin. »Sag deinem Vater, daß das Essen fertig ist … Sag deinem Vater, daß er nicht mehr so wütend auf mich sein soll … Probier mal, ob du deinem Vater ein bißchen Geld abluchsen kannst, damit ich dir einen neuen Pullover kaufen kann …«

Jetzt hatte Helen die Chance, all ihre Träume zu verwirklichen, aber sie hatte das Gefühl, daß ihre Mutter nicht in der Lage sein würde, allein zurechtzukommen. Da sie sich mit ihrem Problem weder an ihre hilflose Mutter wenden konnte noch an ihren Vater, den sie zu verachten gelernt hatte, sah sie keinen anderen Ausweg, als sich umzubringen.

Kinder als Ablenkung

Wenn Kinder die Zwistigkeiten der Eltern miterleben, finden sie mitunter noch eine weitere Strategie, um die Spannung und Disharmonie in ihren Familien aufzulösen. Sehr viele Kinder entdecken, daß man die Eltern dazu bringen kann, ihren Streit zu beenden und wieder zu kooperieren, wenn man sich selbst zum »Problem« macht. Dieses Verhaltensmuster wurde vor 30 Jahren erkannt und ist in jüngeren Studien über Kinder, die unter einer Vielzahl von Verhaltensstörungen und psychosomatischen Beschwerden leiden, bestätigt worden.[22]

Eltern sind sich normalerweise nicht bewußt, daß sie sich von ihren eigenen Schwierigkeiten abwenden, um auf die »besonderen Bedürfnisse« eines Kindes einzugehen. Bei Studien berichten solche Paare, daß es in ihrer Beziehung so gut wie keine Konflikte gebe, und beschreiben statt dessen ausführlich die Probleme ihres Kindes. Doch sie unterscheiden sich von Paaren, die eine gute Beziehung führen und ein stabiles Familienprofil aufweisen, weil letztere ihre Meinungsverschiedenheiten bereitwillig eingestehen und sie nicht vollständig ableugnen. Wenn Eltern bestehende Partnerschaftsprobleme abstreiten, sind sich die Kinder der Streitigkeiten meist um so bewußter. Sie erzählen, daß ihre Eltern Schwierigkeiten haben, miteinander auszukommen, und geben sich selbst die Schuld an den Spannungen. Viele entwickeln weitere Symptome, die auf eine verborgene Depression und Angst hindeuten.[23]

Kinder in der Elternrolle

Wenn ein Kind wie Helen in den Konflikt ihrer Eltern verwickelt wird, entweder als Friedensstifterin oder als Zielscheibe von Aggressionen, hört es auf, ein Kind mit relativ wenigen Pflichten zu sein und übernimmt statt dessen die Aufgaben der Eltern. Das Kind schlüpft in eine fürsorgliche Rolle, während die Eltern ihr verantwortungsloses, kindisches Verhalten fortsetzen. Gregory Jurkovic beschreibt die schlimmen Auswirkungen dieser »aufgezwungenen Elternrolle«, und die meisten Eltern wären zweifellos entsetzt, wenn sie wüßten, was sie ihren Söhnen und Töchtern damit antun.[24] Die Kinder, die in diese Rolle gedrängt werden, stammen häufig aus Familien, in denen sich ein Elternteil durch einen schweren Konflikt oder eine Scheidung, durch Alkohol- und Drogensucht oder eine angespannte wirtschaftliche Situation überfordert fühlt und unfähig ist, seinen Pflichten gerecht zu werden. Diese Kinder müssen viel zu früh eine viel zu große Verantwortung tragen und entwickeln ein alles durchdringendes Mißtrauen gegenüber

Erwachsenen. Außerdem leiden sie häufig unter einer geringen Selbstachtung und setzen das Muster der Pflichterfüllung auch später fort, indem sie die Bedürfnisse anderer über ihre eigenen stellen. Es ist nicht ungewöhnlich, daß sie sich schließlich ständig um andere kümmern und sogar bei der Partnerwahl darauf achten, daß dieses Muster nicht durchbrochen wird.

Andere Probleme, die im Erwachsenenalter zutage treten

Die Folgen eines familiären Klimas, das von destruktiven oder chronischen Konflikten geprägt ist, zeigen sich häufig erst wesentlich später. Judith Wallerstein, die sich intensiv mit den langfristigen Auswirkungen von Beziehungskonflikten befaßt hat und in Langzeitstudien die Entwicklung von Scheidungskindern über viele Jahre hinweg verfolgte, bezeichnet dies als »sleeper effect« oder »verzögerte Reaktion«.[25] Auch wenn es bei einigen Kindern so aussah, als hätten sie sich fünf Jahre nach der Scheidung der Eltern großartig angepaßt, entwickelten sie häufig gravierende Probleme, nachdem sie zu Hause ausgezogen waren und ihre ersten eigenen Partnerschaften eingingen. Da wurden die bitteren Erinnerungen an die Beziehung der Eltern wieder wach, was zu Mißtrauen, Zweifeln und selbstzerstörerischen Verhaltensweisen führte.

Eine weitere Auswirkung der elterlichen Auseinandersetzungen besteht darin, daß die Kinder eine Überempfindlichkeit für zwischenmenschliche Spannungen und Konflikte entwickeln. Studien zeigen, daß Kinder, die erlebt haben, wie ihre Eltern auf aggressive Weise miteinander umgehen, neutrale Handlungen als feindselige Akte deuten. Mit anderen Worten: Sie erwarten Konflikte und nehmen diese auch in Situationen wahr, in denen es völlig friedlich zugeht. Leider ist diese Art der Wahrnehmung nicht auf die Zeit der unmittelbaren Kindheitserlebnisse beschränkt, sondern wird zu einer lebenslangen Belastung, weil elementare Wahrnehmungs- und Zuordnungsmechanismen gestört und verändert wurden.[26]

In meiner paartherapeutischen Praxis versuche ich, Partnern zu helfen, ihre Reaktionen auf die Worte und Taten des anderen zu überprüfen. Wenn die eine Person die Bemerkungen der anderen als sarkastisch oder herabwürdigend empfindet, reagiert sie mit Abwehr oder Angriff. Doch sehr häufig ist die eigentliche Bemerkung bloß aus dem Kontext gerissen und völlig falsch verstanden worden. Nach meiner Erfahrung stammen Partner, die in dieser Hinsicht die größten Probleme haben, aus Familien, in denen es regelmäßig zu destruktiven Auseinandersetzungen zwischen den Eltern kam. Diese Leute haben die Erwartung entwickelt, daß eine Ehe sich in erster Linie durch gegenseitige Sabotage und Feindseligkeit auszeichnet, und nehmen dieses Verhalten auch dann wahr, wenn es gar nicht vorhanden ist. Peter und Catherine bieten ein Musterbeispiel für diese Situation.

Peter und Catherine

Bei Peter und Catherine handelt es sich um das Paar, das ich in der Einleitung erwähnte und das mich nach meinem Vortrag anrief. Ich war gerührt, als sie mich – »um ihrer Tochter willen« – um Hilfe für ihre Ehe baten. Sie wirkten offen und aufgeschlossen und sehr motiviert, an ihrer Beziehung zu arbeiten. Die angespannte finanzielle Lage der beiden gehörte zu den Themen, die häufig zu Auseinandersetzungen führten. Catherine hatte vier Monate mit der Arbeit ausgesetzt, als das Baby zur Welt gekommen war, und hoffte, weiterhin halbtags arbeiten zu können, bis sich Amy in einer Kindertagesstätte eingelebt hatte. Peter war selbständig, und sein Unternehmen hatte in letzter Zeit ohne erkennbaren Grund herbe Verluste hinnehmen müssen. Obwohl er hart gearbeitet hatte, um sich eine Stellung in der Geschäftswelt zu erobern, und seine Arbeit liebte, überlegte er ernsthaft, eine Stellung in einer etablierten Firma anzunehmen, einfach um ein festes Einkommen zu haben. Catherine, die aus einer relativ wohlhabenden Familie stammte, hatte erwartet, daß es Amy an nichts mangeln würde, und war enttäuscht, daß sie ihrer Tochter nicht das Leben bieten konnte, das sie sich für sie vorgestellt hatte. Immer wenn sie eine andere Mutter dabei beobachtete, wie sie ein hübsches

Kleid für ihre Tochter kaufte, wurde sie blaß vor Neid und dachte die ganze Zeit daran, wie gut Amy dieses Kleid stehen würde. Wenn sie dann schwach wurde und das Kleid allen guten Vorsätzen zum Trotz kaufte, tobte Peter vor Wut. Kaufte sie es nicht, dachte sie die ganze Nacht darüber nach und bekam wegen irgendeiner Kleinigkeit, die Peter getan oder nicht getan hatte, einen Zornesausbruch.

Viele Paare streiten sich um Geld –, aber wohl nicht so heftig wie dieses Paar. Ihnen war klar, daß es ein hochsensibles Thema war, aber sie wußten nicht, wie sie konstruktiver damit umgehen sollten. Ich erklärte, daß es hilfreich wäre, etwas mehr über ihre Kindheit zu erfahren, und bat sie, mir davon zu erzählen. Peter sagte, er habe weder zu seinem Vater noch zu seiner Mutter ein besonders gutes Verhältnis. Seine Mutter, meinte er, sei »die Königin der Kritik«, aber sein Vater sei sogar noch schlimmer. »Nichts, was ich tat, war je gut genug … Er führte sich auf, als könne er alles verlangen.« Als ich Peter fragte, ob dies auch für die Beziehung zwischen seinen Eltern galt, fügte er schnell hinzu: »An meiner Mutter hatte er sogar noch mehr auszusetzen als an mir. Ich glaube, es war ansteckend – es sprang von ihm auf sie und dann auf alle drei Kinder über.«

Ich fragte Peter, ob er Ähnlichkeiten zwischen seiner Kindheit und seinem jetzigen Leben erkenne. Zuerst verneinte er die Frage, doch dann sah er eine Gemeinsamkeit in dem Gefühl, das sich bei ihm einstellte, wenn Catherine sich darüber beklagte, »nicht genug« Geld ausgeben zu können, und dem Gefühl, das sein Vater immer in ihm ausgelöst hatte. »Ich finde, daß Catherine total undankbar ist. Ich glaube, sie weiß nicht einmal, wie viel ich ihr gebe, obwohl mein Geschäft finanziell total unter Druck steht und sie nur halbtags arbeitet.« Catherine widersprach. »Ich versuche die ganze Zeit, mit ihm zu reden, aber er hört mir einfach nicht zu. Es macht mir wirklich schwer zu schaffen, wenn ich dem Baby bestimmte Sachen nicht kaufen kann. Aber das hängt wahrscheinlich mit den Problemen in meiner Herkunftsfamilie zusammen.«

Catherine erklärte, daß ihr Vater, der als Architekt gearbeitet hatte, zwar recht gut verdient habe, aber schrecklich geizig gewesen sei. »Es ist lustig. Wir hatten eine Jacht und fuhren damit in Urlaub, aber meine Mutter mußte ständig darum betteln, ein bißchen Geld für Kleidung oder Möbel zu bekommen. Mein Vater ist auch heute noch so. Sie gehen nie in teure Restaurants, obwohl sie es sich leisten könnten und obwohl meine Mutter es für ihr Leben gern tun würde. Auf den Punkt gebracht, könnte man wohl sagen, daß ausschließlich mein Vater darüber bestimmt, wie das Geld verwendet wird.« Ich bat Catherine, mir mehr über die Ehe ihrer Eltern zu erzählen. »Na ja, in gewisser Weise war es ganz ähnlich wie bei meinen Schwiegereltern. Meine Mutter war nicht ganz so kritisch, aber mein Vater konnte wirklich ziemlich gemein zu ihr sein. Er hat enorm hohe Ansprüche an alle gestellt und ist total ausgerastet, wenn irgendwas nicht so lief, wie er es sich vorstellte.«

Ich erklärte, daß es offenbar zwei sich überschneidende Themen gab, die bei ihnen beiden eine große Rolle spielten. Das eine war die Vorstellung von der Herrschsucht eines unersättlichen, undankbaren Partners, das andere die Vorstellung von einem Partner, der alles, was nicht perfekt war, als ungenügend zurückwies. Gemeinsam untersuchten Catherine und Peter, wie sich diese Themen in ihre Ehe einschlichen. Peter gab zu, daß er oft dachte, Catherine halte ihn für unzulänglich und habe unerfüllbare Ansprüche. »Sie muß es gar nicht sagen. Es reicht, wie sie mich ansieht. Dann werde ich wütend auf sie. Ich denke: ›Du undankbare Kuh! Wenn du nicht alles bekommst, was ›du willst, bin ich ein Versager für dich.‹« Catherine meinte: »Ich glaube, daß ich manchmal tatsächlich erwarte, alles zu bekommen, was ich will. Ich weiß nicht immer ganz genau, wie Peters Geschäfte laufen, und manchmal denke ich, daß er mir nur etwas vorenthalten will. Er tut einfach, was er für richtig hält, und setzt mich irgendwo ganz unten auf seine Prioritätenliste. Aber er reagiert so empfindlich auf Kritik. Sobald ich eine einzige Sache erwähne, die ich gern anders hätte, hört er einfach nicht mehr zu. Warum soll ich immer so tun, als wäre alles perfekt, wenn es das nicht ist?«

Catherine und Peter hatten schnell erkannt, daß sie mit ihrer Art, die Dinge zu deuten, die Ehe ihrer Eltern nachahmten. Catherine hatte Angst, daß Peter ihr etwas vorenthalten wollte. Peter unterstellte häufig, daß Catherine etwas an ihm auszusetzen hatte und unzufrieden mit ihm als Familienvater und Partner war. Er deutete ihr Schweigen als Ausdruck der Mißbilligung. Nachdem ich erkannt hatte, daß die Überzeugungen und Erwartungen der beiden zu einer verzerrten Wahrnehmung führten, fing ich an, die beiden immer wieder zu unterbrechen. »Was glauben Sie«, fragte ich, »was Ihr Partner jetzt gerade denkt?« Wenn Peter und Catherine sich die Zeit nahmen, die Richtigkeit ihrer Annahmen zu überprüfen, stellten sie in den meisten Fällen fest, daß sie irgend etwas in die Worte des anderen hineininterpretiert hatten, was gar nicht da war. Doch wenn die alten Verletzlichkeiten und Wutgefühle die Oberhand gewannen, konnten Peter und Catherine nur noch die Geister der Vergangenheit sehen. Zur Therapie gehörte, daß sie lernten, ihre Erwartungen in Frage zu stellen und zu verändern, damit sie einander ihre echte Zuneigung und Hilfsbereitschaft zeigen konnten. Indem beide die Gefühle des anderen bestätigten und auf liebevolle Weise miteinander umgingen, gelang es ihnen, das Mißtrauen zu bekämpfen, das so schnell zu Distanz und zu geheimem Groll führte.

Catherine rief mich einige Monate nach unserer letzten Sitzung an, um mir mitzuteilen, daß alles immer noch sehr gut lief. Die beiden gestanden sich ein, wie froh sie waren, einander und ihre wunderschöne Tochter zu haben, und hatten beide das Gefühl, daß der andere ihnen wirklich zur Seite stand. Die Spannung, die ihre Verbundenheit untergraben hatte, gehörte der Vergangenheit an.

Gebote und Verbote bei Konflikten

Sehr wenige Eltern wollen ihrem Kind absichtlich schaden, aber viele wissen nicht, wie nachteilig sich bestimmte Beziehungskonflikte auswirken können. Gleichzeitig weisen die in diesem Kapitel erwähnten Studien über Familienkonflikte auf erfolgreiche Lösungsmöglichkeiten hin – auf Methoden einer konstruktiven Konfliktbewältigung, sowohl für die Eltern als auch für die Kinder. Hier einige Gebote und Verbote für die Handhabung von Konflikten:

Streiten Sie sich nicht vor den Kindern über die Kinder
Wenn Kinder miterleben, wie die Eltern über sie streiten, geraten sie in eine sehr verletzliche Position. Da sich insbesondere kleinere Kinder immer für den Mittelpunkt der Welt halten, geben sie sich häufig die Schuld an Streitigkeiten zwischen den Eltern. Es liegt auf der Hand, daß dieses Gefühl verstärkt wird, wenn sie der Gegenstand der Auseinandersetzung sind, die den Familienfrieden untergräbt. Die Last dieser Schuldgefühle und die damit verbundenen Selbstvorwürfe führen dazu, daß die Kinder ein geringes Selbstwertgefühl und Verhaltensstörungen entwickeln.

Keine übertriebenen Gefühlsausbrüche
Man könnte sagen, daß Konflikte eine zerstörerische Wirkung haben, wenn die Partner zu exzessiven Wut- und Gefühlsausbrüchen neigen, wenn es zu verbalen Feindseligkeiten in Form von wüsten Beschimpfungen kommt oder wenn sie mit Gewalt oder mit Scheidung drohen. Bei destruktiven Konflikten ist es viel schwieriger, eine produktive Lösung für das Problem zu finden, das den Streit verursacht hat. Bei einer derart hitzigen Auseinandersetzung befinden sich beide Partner in einem Zustand »hoher Erregung«. Der Adrenalinspiegel steigt, versetzt die Partner in eine »Angriffs- oder Fluchthaltung«, was sie wiederum daran hindert, neue Informationen aufzunehmen. In diesem Erregungszustand können die beiden ihre Probleme nicht konstruktiv besprechen. Da sie nicht in der Lage sind, den Standpunkt des anderen zu verstehen oder darauf einzugehen, kommt bei dieser Art von Auseinandersetzung nichts Vernünftiges heraus. Sie vergrößert lediglich die Distanz zwischen den Partnern, so daß sich beide hinterher schlechter fühlen als vorher. Das Problem ist nicht kleiner geworden, und die Entfremdung ist gewachsen. Ganz zu schweigen von der traurigen Tatsache, daß Eltern, die die-

sen Gipfel emotionaler Anspannung erreichen, für ihre Kinder überhaupt nicht mehr ansprechbar sind.

Gehen Sie Gesprächen über Meinungsverschiedenheiten nicht aus dem Weg

Konflikte sind nicht per se destruktiv. Paare, die Angst vor einem Streit haben und Gespräche über ihre unterschiedlichen Standpunkte vermeiden, haben in ihren Beziehungen mehr Probleme als Paare, die gelernt haben, offen über Probleme zu sprechen. Wenn Partner nicht über ihre Differenzen reden, wächst die Unzufriedenheit und die Entfremdung. Außerdem können Kinder, die kein Vorbild für ein konstruktives Konfliktverhalten haben, nicht lernen, Probleme in ihrem eigenen Leben zu lösen. Diese wichtige Fähigkeit werden sie nur erwerben, wenn sie Gelegenheit erhalten, erfolgreiche Bewältigungsstrategien zu beobachten und nachzuahmen.

Bleiben Sie fair

Wenn einer der Partner ein Problem sieht und in der Lage ist, es auf eine Weise darzustellen, die den anderen nicht verletzt oder herabsetzt, ist es leichter, gemeinsam an einer Lösung zu arbeiten. Bei einem konstruktiven Streit sind die Partner in der Lage, ihre Gefühle in einer Atmosphäre der Empathie und des Verständnisses auszudrücken. Sie erheben keine verletzenden Vorwürfe, die zu Gegenangriffen oder zum Rückzug führen, sondern fühlen sich trotz der Meinungsunterschiede sicher und geborgen. Sie mögen unterschiedlicher Ansicht sein, aber sie hören einander zu und versuchen, den Standpunkt des anderen zu verstehen. Wenn Kinder beobachten, daß ihre Eltern auf diese Weise streiten, lernen sie, daß Differenzen nicht zwangsläufig etwas Bedrohliches sind und der Liebe keinen Abbruch tun. Experimente haben gezeigt, daß Säuglinge und Kleinkinder bei einem Streit zwischen den Eltern weiterhin lächeln, lachen oder ihr Spiel fortsetzen, solange keine feindseligen Gefühle zum Ausdruck gebracht werden.

Der Grad an Wut und emotionaler Anspannung, den die

Kinder bei ihren streitenden Eltern spüren, beeinflußt ihr Wohlbefinden und ihr Gefühl der Geborgenheit.

Eltern müssen nicht versuchen, jeden Streit vor den Kindern zu vermeiden, aber sie müssen lernen, konstruktiv zu streiten. Partner, die hitzige Auseinandersetzungen führen, wenn die Kinder schlafen, machen sich etwas vor, wenn sie glauben, daß ihre Kinder dann keinen Schaden nehmen. Fast alle meine erwachsenen Klienten, die Schwierigkeiten mit einem konstruktiven Konfliktverhalten in ihren Beziehungen haben, erinnern sich, daß sie als Kinder wach und zitternd im Bett lagen, während sie lauschten, wie die Eltern sich anschrien. Es ist nicht schlimm, wenn Kinder wissen, daß die Eltern manchmal unterschiedlicher Meinung sind. Schlimm ist, wenn sie in einer Atmosphäre destruktiver Konflikte aufwachsen.

Halten Sie Ihr Kind aus dem Streit heraus

Wie das Beispiel von Helen zeigt, ist es äußerst schmerzlich und verstörend für ein Kind, wenn man es auffordert, Partei zu ergreifen. Wenn man sein Kind stellvertretend für sich selbst mit dem Partner interagieren läßt, wird es dazu gezwungen, den anderen Elternteil als Gegner zu betrachten. Der Vater oder die Mutter fühlen sich vielleicht weniger einsam, aber sie drängen das Kind in einen Konflikt, mit dem es nichts zu tun hat und der es überfordert. Da Kinder eifrig bemüht sind, den häuslichen Frieden wiederherzustellen, ergreifen sie vielleicht bereitwillig die Partei eines Elternteils, wenn sie darum gebeten werden, aber nicht ohne unmittelbare oder langfristige Konsequenzen. Viele Eltern beruhigen sich mit dem Gedanken, daß sie ihr Kind nicht gezielt zum Verbündeten gemacht haben. Doch es gibt viele Situationen, in denen Kinder freiwillig ihre Beteiligung anbieten, um zur Konfliktlösung beizutragen. Eltern, denen das Wohl ihrer Kinder am Herzen liegt, sollten aufmerksam auf diese Art von Reaktion achten und alles in ihrer Macht stehende tun, um das Kind aus den Beziehungsproblemen herauszuhalten. Kein Streit ist es wert, das Kind in ein Dreiecksverhältnis zu ziehen.

Beruhigen Sie Ihr Kind, wenn es verstört auf einen Streit reagiert

Ich finde es immer wieder erstaunlich, was einige Eltern ihren Kindern anvertrauen. Zu Nähe und Vertrautheit gehört, daß man sich austauscht, aber das bedeutet nicht, daß Eltern ihren Kindern alle möglichen Lasten aufbürden dürfen. Kinder sollten das Gefühl haben, daß sie ihren Eltern alle Sorgen und Kümmernisse anvertrauen können; Eltern sollten einem Kind nur erzählen, was dieses zum Verständnis von Problemen, die es direkt betreffen, unbedingt wissen muß. Über Probleme, die Eltern mit ihrer Intimität und Sexualität haben, müssen Kinder nicht unterrichtet werden. Wenn ein Kind intimen Einzelheiten ausgesetzt wird, gerät es in einen tiefen Zwiespalt. Der Elternteil, der das Beziehungsproblem offenbart, fordert das Kind im Grunde dazu auf, ihn zu unterstützen und sich mit ihm gegen den anderen Elternteil zu verbünden. Die unausgesprochene oder vielleicht sogar ausgesprochene Botschaft lautet: »Dein Vater (deine Mutter) hat mir Schreckliches angetan. Weil er (sie) mich so unglücklich gemacht hat, mußt du mir deine ganze Liebe geben, damit es mir wieder besser geht, und du mußt dein möglichstes tun, um die Person, die mich so furchtbar verletzt hat, zu bestrafen.«

Kinder mögen Phantasien über die sexuelle Beziehung ihrer Eltern entwickeln, aber die Fakten verunsichern sie und machen ihnen angst. Kinder sind schlichtweg überfordert, wenn sie Einzelheiten über das Sexualleben der Eltern erfahren, und entwickeln deutliche Streßsymptome. Auch Jugendliche sind intimen Details über die elterliche Beziehung noch nicht gewachsen. Wenigstens können sie sich besser schützen, auch wenn dies vielleicht nur möglich ist, indem sie sich emotional oder physisch vollständig aus der Situation zurückziehen.

Machen Sie in Gegenwart des Kindes deutlich, daß der Streit vorüber ist

Die meisten Eltern vertragen sich wieder, wenn sie gestritten haben, aber leider häufig in Abwesenheit der Kinder.

Das Kind weiß nicht, daß seine Eltern Frieden geschlossen, sich gegenseitig entschuldigt und vielleicht sogar miteinander geschlafen haben. Viele Eltern nehmen an, daß ihr Kind nichts von dem Zank mitbekommen hat, und denken deshalb, daß sie ihm auch nicht mitteilen müssen, wann der Streit vorüber ist, doch Studien widerlegen diese Auffassung. Wenn Kinder Gelegenheit erhalten zu sehen, wie die Eltern sich aussöhnen, können sie selbst feststellen, daß »alles wieder gut ist«. In Experimenten hat man beobachtet, daß bei Kindern, die miterleben, wie die Eltern sich vertragen, eine sofortige Entspannung eintritt und Streßsymptome verschwinden. Das heißt nicht, daß die Eltern jeden Zwist so planen müssen, daß sie den Streit in Anwesenheit der Kinder begraben können, aber es heißt, daß sie in irgendeiner Form erwähnen sollten, daß ihr Streit beigelegt ist. Wenn die Eltern bemerkt haben, wie verstört die Kinder von dem Streit waren, sollten sie auch einräumen, daß die Auseinandersetzung für alle Beteiligten belastend war und daß sie den Streit bedauern.

Gleichen Sie Wut mit Liebe und Humor aus

Trotz aller Bemühungen werden Partner immer wieder unterschiedliche Vorstellungen haben und auf ein Thema stoßen, an dem sich ein Streit entzündet. Nach Auffassung von Psychologen, die sich mit Konflikten beschäftigen, können Eltern die psychische Gesundheit des Kindes am besten bewahren, wenn das Gefühlsleben der Familie so ausgewogen ist, daß Anspannung und Feindseligkeit durch die gleiche oder eine größere Menge an Liebe und Zuneigung ausgeglichen werden. In stabilen Partnerschaften lachen die Eltern miteinander und mit ihren Kindern. Diese Kinder übertragen ihren Sinn für Humor auf andere Situationen und benutzen ihn erfolgreich, um Probleme in eigenen Beziehungen zu bewältigen. Wenn Kinder sich in ihrer Kernfamilie prinzipiell sicher und geborgen fühlen, können sie auch gelegentliche Anspannungen und Konflikte tolerieren.

Fragen

1. Wie haben Ihre Eltern Streitigkeiten ausgetragen? Durch offenen Konflikt? Rückzug und Distanz? Durch Handgreiflichkeiten wie Stöße oder Schläge? Wie bewußt haben Sie diese Auseinandersetzungen wahrgenommen? Haben Ihre Eltern Sie je in einen Konflikt hineingezogen?

2. Haben Sie manchmal Angst, »total auszurasten«? Haben Sie Methoden entwickelt, mit denen Sie solche Gefühle unter Kontrolle halten können?

3. Haben Sie manchmal Angst, daß Ihr Partner oder Ihre Partnerin die Beherrschung verlieren könnte? Wie beeinflußt das Ihre Beziehung?

4. Wie häufig streiten Sie sich mit Ihrem Partner oder Ihrer Partnerin in Gegenwart der Kinder? Glauben Sie, daß Ihre Kinder in irgendeiner Weise darunter leiden?

5. Wie oft vertragen Sie sich in Gegenwart Ihrer Kinder oder lassen sie wissen, daß ein Streit beigelegt ist?

Kapitel 8

Das Positive hervorheben

»Daß wir gemeinsam lachen und uns am anderen freuen,
gehört zu unserer Beziehung.«

In Anbetracht der zahlreichen Widrigkeiten, die eine Partnerschaft belasten können, ist es wichtig, sich auf die positiven Elemente zu konzentrieren, die eine Partnerschaft lebendig halten und überdauern lassen. Von einer starken Beziehung profitieren nicht nur die Partner, sondern vor allem auch die Kinder – jeden Tag sowie in ihrem gesamten späteren Leben. Nach Auffassung des Psychiaters John Gottman, eines Spezialisten für Beziehungsfragen, müssen die positiven und negativen Elemente in einer Partnerschaft in einem bestimmten Verhältnis zueinander stehen, damit eine Beziehung auf Dauer funktionieren kann. Das Zahlenverhältnis lautet nicht fifty-fifty, sondern fünf zu eins![1] Jede belastende oder negative Interaktion sollte durch fünf erfreuliche Interaktionen ausgeglichen werden. Im folgenden habe ich die positiven Elemente, die für Kinder am deutlichsten wahrnehmbar sind, aufgeführt. Jedes Element sollte unter zwei Aspekten betrachtet werden: im Hinblick auf die positive Wirkung, die es auf die Partnerschaft hat, und im Hinblick auf die positiven Lehren über die Liebe, die unsere Kinder daraus ziehen.

Zärtlichkeit
Ein auffälliges Merkmal von Paaren, die seit über zwanzig Jahren glücklich verheiratet sind, ist das Ausmaß an körperlichen Berührungen, das die Partner austauschen.[2] Auch Sex ist wichtig für eine Beziehung, aber die Fähigkeit, Zuneigung auf nichtsexuelle Weise zu zeigen, erhöht das Gefühl der Nähe und Verbundenheit. Die Zärtlichkeit meines Mannes gehört zu den kostbarsten Dingen, auf die ich zäh-

len kann. Es ist erstaunlich, wie entspannt und getröstet ich mich fühle, wenn er meinen Arm streichelt. Es gibt unzählige Möglichkeiten, wie Partner ihre Zuneigung durch Berührungen ausdrücken können, von der morgendlichen Umarmung bis zum Händchenhalten beim Spazierengehen. Doch den meisten Paaren fehlt es in dieser Hinsicht nicht an Phantasie, sondern an Risikobereitschaft.

In meiner therapeutischen Praxis habe ich die Erfahrung gemacht, daß diejenigen Paare, die unter den größten Problemen leiden, körperliche Distanz halten, auch wenn sie nicht in einer akuten Krise stecken. Wenn ich dieses Thema anspreche, sagen sie normalerweise, daß sie eine Zurückweisung fürchten oder daß sie keine Lust auf Sex haben und keine mißverständlichen Botschaften aussenden wollen. So kommen sie dann zu dem Fehlschluß, daß sie Spannungen und Konflikte vermeiden, wenn sie körperlichen Abstand halten. Nichts könnte weiter von der Wahrheit entfernt sein. Mit zärtlichen Berührungen kann man auf sanfte Weise ein Gefühl der Verbundenheit in die Beziehung zurückbringen. Sogar Partner, die frustriert über den Mangel an Sex sind, reagieren normalerweise erfreut auf kleine Zeichen der Zuneigung.

Kindern kann es Unbehagen bereiten, wenn die Eltern ihre Sexualität allzu deutlich zur Schau stellen, aber sie genießen es und profitieren davon, wenn die Eltern ihre Zuneigung durch zärtliche Berührungen zum Ausdruck bringen. Tatsächlich werden sie sich in der Regel einmischen, um ihren Anteil an den Umarmungen abzubekommen. Wenn Kinder Zeichen zärtlicher Zuneigung zwischen ihren Eltern beobachten, fördert dies ihr Gefühl der Geborgenheit mehr als sich mit Worten sagen läßt. Wenn sie das Bild der Eltern, die sich liebevoll berühren oder an der Hand halten, in ihr Schema von der Ehe integrieren, werden sie diese Zärtlichkeit auch in ihren eigenen Beziehungen erwarten und nach einem Partner suchen, dem körperliche Nähe und Umarmungen genauso wichtig sind wie ihnen selbst. Wenn sich Kinder in ihrer familiären Umwelt sicher und geborgen fühlen, können sie sich unbeschwert den normalen Interessen der Kindheit widmen. Das Bild von Mama und Papa, die einander umarmen oder an der Hand halten, wird sie ein Leben lang begleiten – als Symbol für ein harmonisches Familienleben und als Ideal für ihre eigene Zukunft.

Freundschaft

Eine weitere Eigenschaft, die ganz oben auf der Liste glücklicher Paare steht, ist ihre Freundschaft. Dazu gehören gemeinsame Interessen ebenso wie der Austausch von Gedanken und Gefühlen. Auch hier gilt wieder, daß es kein Patentrezept dafür gibt, wieviel Zeit Partner mit gemeinsamen Aktivitäten verbringen müssen, damit eine Beziehung funktioniert. Doch es ist zweifellos leichter, eine glückliche Beziehung zu führen, wenn die Partner sich über Themen unterhalten können, die beide interessieren. Wenn Haus und Kinder die einzige Gemeinsamkeit sind, drehen sich die Gespräche häufig ausschließlich um Probleme. Partner sollten sich nicht nur die Kindererziehung teilen, sondern auch Spaß miteinander haben und die Gesellschaft des anderen genießen.

Wenn die Eltern gemeinsame Hobbys und Interessen haben, kommen die Kinder in den Genuß von lebendigen, spannenden Gesprächen. Weil diese Art von Beziehung anregend und lustig ist, werden die Kinder »Freundschaft« als ein wichtiges Element in ihr Schema mitaufnehmen. Partner, die auch Freunde sind und Spaß miteinander haben, können schwierige Zeiten leichter durchstehen und sind noch stärker motiviert, an der Aufrechterhaltung ihrer Ehe zu arbeiten. Ein Paar, das sehr von diesem Kapital profitierte, waren Alan und Megan.

Alan und Megan

Megan war völlig überrascht, als Alan ihr eröffnete, daß er unglücklich sei und sich frage, ob sie sich nicht lieber trennen sollten. Jäh aus ihrer Selbstzufriedenheit gerissen, drängte sie Alan zu einer sofortigen Paartherapie. Alan machte auf mich den Eindruck eines sehr besonnenen, gelassenen Mannes, und ich fragte mich, was seinen Wunsch nach einer Trennung ausgelöst hatte. Er versicherte Megan, daß er keine außereheliche Affäre habe, aber unter dem ewigen Einerlei leide und sich nach einem aufregenderen Leben sehne. Megan gab zu, daß ihre Beziehung ein bißchen langweilig geworden war. Sie waren beide stark in ihrem Beruf engagiert und widmeten sich hingebungsvoll ihren beiden Töchtern im Teenageralter. Doch die Älteste stand kurz vor ihrem Collegeabschluß, und die Jüngere würde das Elternhaus im kommenden Jahr verlassen. Alan erklärte, daß er Megan oft anschaue und sich frage, worüber sie reden könnten. Als Megan das hörte, meinte sie lachend: »Das geht mir genauso. Mit meinen Freundinnen kann ich stundenlang quasseln, aber wenn wir beide zusammen sind, fällt mir nichts ein.«

Trotz der offenkundigen Distanz spürte man bei beiden deutlich die gegenseitige Zuneigung und eine tiefe Vertrautheit. Megan meinte, daß Alans plötzliches Interesse an Gesprächen wahrscheinlich mit der momentanen Flaute bei seiner Arbeit zusammenhing. »Wenn Alan beruflich voll eingespannt ist, hat er überhaupt keine Zeit für mich. Wenn das Geschäft im nächsten Monat wieder auf vollen Touren läuft, schiebt er diese ganze Sache garantiert beiseite und behauptet steif und fest, daß er zu beschäftigt ist, um eine Therapie zu machen.« Alan räumte ein, daß Megan wahrscheinlich recht habe, fügte aber hinzu: »Ich glaube, es hängt auch damit zusammen, daß ich fünfzig werde. Ich hätte nie gedacht, daß ich ein Kandidat für eine Midlife-Crisis bin, aber plötzlich denke ich, daß ich einen wichtigen Bereich meines Lebens vernachlässigt habe. Ich sehne mich wirklich nach einer lebendigeren Beziehung, die mehr Pep hat.«

Anstatt in die Defensive zu gehen oder beleidigt zu reagieren, schwieg Megan einen Moment und meinte dann: »Vielleicht hast du recht. Ich bin heute hierhergekommen, weil ich nicht wollte, daß wir uns trennen, aber jetzt denke ich, daß ich mich genauso wie du nach einer besseren Beziehung sehne. Und wenn du beruflich wieder voll eingespannt bist, möchte ich erst recht, daß wir unserer Ehe Priorität einräumen.«

Als ich mehr über ihr gemeinsames Leben erfuhr, wurde mir klar, daß die beiden dazu neigten, Konflikten auszuweichen. Sie hatten einige wichtige Fragen bezüglich der Kinder und ihrer finanziellen Situation unter den Teppich gekehrt. Doch das fundamentale Problem war, daß sie offenbar kaum etwas gemeinsam hatten. Um etwas Bewegung in diesen Teil ihrer Beziehung zu bringen, bat ich sie, sich eine Situation vorzustellen, in der sie sich zusammen amüsierten. Alan malte sich eine Fahrradtour und ein Picknick auf einer wunderschönen, einsamen Sommerwiese aus. Megan sagte, sie könne kaum schwimmen, habe aber immer schon davon geträumt, einmal zu segeln. Sie stellte sich vor, daß sie beide an einem herrlichen Sommertag ganz allein auf einem Segelboot übers Wasser glitten. Ich fragte sie, wie schwierig es wäre, den Traum des anderen nachzuvollziehen und sich vorzustellen, ihn gemeinsam mit dem Partner zu verwirklichen. Alan und Megan scherzten darüber, wie es wohl wäre, wenn sie zum ersten Mal nach zwanzig Jahren wieder auf ein Fahrrad stiegen, und sie zeigten Interesse und Neugier für den Traum des anderen.

Obwohl ich nicht immer »Hausaufgaben« verteile, bat ich dieses Paar, beide Wunschvorstellungen genauer zu erforschen und festzustellen, ob es möglich sei, erste Schritte für eine Umsetzung einzuleiten. In der Therapie konzentrierte ich mich unterdessen darauf, dem Paar dabei zu helfen, einige problematische Themen in einer sicheren Umgebung zu besprechen. Alan und Megan erkannten, daß ihnen der Gesprächsstoff unter anderem ausgegangen war, weil sie beide jedes kontroverse Thema vermeiden wollten. Da es so viele Bereiche gab, die ungelöste Probleme enthielten, blieben nur wenige Themen übrig, die sie gefahrlos ansprechen konnten. Sie mußten lernen, einem heiklen Thema nicht auszuweichen und es zu Ende zu diskutieren. Das war ein entscheidender Wendepunkt. Genauso wichtig war, daß sie neue Interessen in ihre Beziehung einbrachten. Am Ende der Therapie hatten die beiden sich neue Fahrräder angeschafft und angefangen, an den Wochenenden lange Fahrradtouren zu unternehmen. Sie hatten sich Broschüren von drei Segelschulen schicken lassen und schienen fest entschlossen, sich für einen Kurs anzumelden. Außerdem hatten sie beschlossen, einmal die Woche auswärts frühstücken zu gehen, und berichteten mir kichernd, wie viel Spaß es mache, sich morgens allein zu zweit aus dem Haus zu stehlen. Jetzt hatten die beiden jede Menge Gesprächsstoff. Sie hatten keine Angst, heikle Themen wieder aufzugreifen und waren aufrichtig an ihren Freizeitaktivitäten interessiert.

Obwohl Alan und Megan ursprünglich nicht über die Probleme ihrer Kinder gesprochen hatten, waren sie beide, aus unterschiedlichen Gründen, um ihre älteste Tochter besorgt. Sharon hatte sich mit dem Lernen immer etwas schwergetan und Mühe gehabt, einen Bereich zu finden, der sie interessierte. Bis jetzt hatte sie ihre Studienrichtung dreimal gewechselt. Alan brachte relativ viel Geduld und Verständnis für Sharons Entscheidungsschwierigkeiten auf, aber Megan ärgerte sich, daß ihre Tochter nicht engagierter an ihr Studium heranging, und fand, daß sie ihre Ausbildung größtenteils »verschwendete«. Der Gedanke, ein weiteres Jahr für Sharons Grundstudium aufkommen zu müssen, regte Megan auf, und sie war wütend auf Alan, weil er keine Stellung bezog. Als wir zu dritt über Sharons Unentschlossenheit sprachen, stellte sich heraus, daß Alan sehr oft mit seiner Tochter telefonierte, um ihr Rat und Anleitung zu geben. Alan hatte von seinen eigenen Eltern nie viel Aufmerksamkeit oder Unterstützung erhalten, und seine gute Beziehung zu Sharon machte ihn überaus glücklich. Vater und Tochter hingen sehr aneinander. Doch er sah ein, daß er Sharon durch seine Haltung davon abhielt, selbst die Verantwortung für ihr Leben zu übernehmen. Schließlich einigte er sich mit Megan auf einen Kompromiß. Als Sharon für noch ein weiteres Semester um finanzielle Unterstützung bat, erklärten ihre Eltern, daß sie nur die Hälfte der mit der Ausbildung verbundenen Kosten übernehmen würden. Sharon überraschte sie mit der Ankündigung, daß sie jetzt doch ihren Abschluß machen wolle und sich für einen interessanten Teilzeitjob beworben habe. Offenbar war

Sharon gern bereit, erwachsen zu werden, wenn die Eltern ihr nur signalisierten, daß sie damit einverstanden waren. Die neu entdeckte Freude der Eltern aneinander und ihre Einigkeit hatten zweifellos einen wichtigen Anteil daran, daß die Tochter die notwendige Sicherheit fand, um ihr Leben selbst in die Hand zu nehmen.

Anerkennung

Glückliche Paare sind in der Lage, zu ihrem gegenseitigen Wohl beizutragen, indem sie dem anderen ihre Wertschätzung zeigen. Berufstätige Frauen sagen, daß ihnen alles »machbar« erscheint, solange der Partner ihre Leistung anerkennt. Nur wenn es für selbstverständlich gehalten wird, daß sie neben ihrer Berufstätigkeit auch noch den Haushalt bewältigen, reagieren sie mit Ressentiments. Viele Eltern sind froh, daß sie die Verantwortung der Kindererziehung nicht allein tragen müssen, aber wenige nehmen sich die Zeit, es zu sagen. Tatsächlich zeigen die meisten Studien über Familien, daß Frauen und Männer beide der Ansicht sind, der Partner unterschätze die Arbeit, die sie leisten.[3]

Wenn die Partner zum Ausdruck bringen, daß sie zu schätzen wissen, wie gut der andere seine Elternrolle erfüllt, tragen sie zum Glück in der Partnerschaft und in der Familie bei. Einfache Worte der Anerkennung können viel bewirken und die Zufriedenheit in der Beziehung enorm fördern. Daß die Liebe uns glücklich macht, hat unter anderem damit zu tun, daß der andere uns das Gefühl gibt, gebraucht und anerkannt zu werden, und umgekehrt. Wenn diese Wertschätzung vorhanden ist, fühlen sich die Partner in ihrer Verbundenheit bestärkt und schöpfen daraus Kraft für alle anderen Bereiche ihres Lebens. Wenn beide Elternteile die Bemühungen des anderen bestätigen und ihre Anerkennung zum Ausdruck bringen, sind die Kinder die wahren Gewinner. In dieser Situation bekommen sie von allem das Beste: Eltern, die emotional verfügbar sind, wenn man sie braucht, die aber dennoch nicht abhängig von ihren Kindern sind, um eigene unerfüllte Bedürfnisse nach Intimität zu befriedigen. Das Allerbeste ist, daß diese Kinder ein Modell von einer liebevollen Beziehung erhalten, mit dem sie sich identifizieren können.

Wenn ungelöste Konflikte und Enttäuschungen dazu führen, daß die Partner ihre zärtliche Zuneigung füreinander verlieren, fühlen sich beide ungeliebt und einsam. Es ist nicht ungewöhnlich, daß Menschen verzagen und es zulassen, daß ihr Pessimismus im Hinblick auf einen einzelnen Bereich der Beziehung alle anderen Bereiche vergiftet. Wenn sie nicht mehr sehen und anerkennen, daß der Partner ihr Leben immer noch in vielerlei Hinsicht bereichert, verschlimmert sich der Teufelskreis der Enttäuschung und Negativität. Die Anerkennung des Positiven hilft, diesen Kreis zu durchbrechen, und kann die schlummernden Fähigkeiten zur Liebe und Nähe zu neuem Leben erwecken.

Kinder von verbitterten, entfremdeten Eltern halten den Traum von einer erfüllten Liebe, von zwei Menschen, die sich finden und fortan »glücklich und zufrieden leben«, für eine große Lüge. Die fehlende Anerkennung, die sie bei ihren Eltern beobachten, fördert die Vorstellung, daß eine feste Partnerschaft ein undankbares und wenig lohnendes Unterfangen ist. Wenn dagegen Eltern ihre gegenseitigen Beiträge dankbar anerkennen, sehen die Kinder, wie viel zwei Menschen einander bedeuten können. Sie spüren das Wohlwollen und die positiven Gefühle, die durch die ausgedrückte Wertschätzung hervorgerufen werden. Dadurch lernen sie, wie wichtig Lob und Anerkennung sind, und werden vermutlich keine Probleme damit haben, diese Art des Gebens und Nehmens auch in ihren eigenen Beziehungen zu praktizieren.

Lachen

Die Fähigkeit zum gemeinsamen Lachen ist ebenfalls als eines der Schlüsselelemente einer glücklichen Beziehung beschrieben worden.[4] Sinn für Humor hilft Partnern, ihre Probleme objektiv zu betrachten. Das heißt nicht, daß man mit einem Witz über alle Schwierigkeiten und Streitpunkte hinweggehen kann, aber man braucht ein Mittel, um ernsthafte Probleme von unvermeidlichen, aber banalen Ärgernissen abzugrenzen. Wenn Eltern zusammen lachen und ihren Humor einsetzen können, um schwierige Situationen zu meistern, ersparen sie ihren Kindern auch die Spannungen, die in anderen Familien für Angst und Unruhe sorgen. Die Kinder werden eher lernen, mit Humor an ihre eigenen Beziehungen heranzugehen, und diese Tradition in ihren eigenen Familien fortsetzen.

In meiner Familie gibt es eine Geschichte, die immer wieder erzählt wird. Meine Großmutter, eine exzellente Köchin, hatte sich den ganzen Tag in der Küche abgemüht und einen großen Topf Hühnersuppe mit Matzeklößchen für das Sederfest bei ihrer Tochter gekocht. Mein Großvater trug die kostbare Suppe mit äußerster Vorsicht aus dem Haus, kam aber trotzdem auf den Verandastufen ins Rutschen und schlug der Länge nach hin. Der Legende zufolge sah meine Großmutter entsetzt mit an, wie das Ergebnis ihrer stundenlangen Bemühungen die Stufen hinuntertröpfelte – und brach in schallendes Gelächter aus. Meine Großeltern lachten noch immer, als sie bei ihrer Tochter ankamen, und konnten nur mit Mühe erklären, weshalb es keine Suppe geben würde, weil sie immer wieder kichern mußten. Diese wunderbaren Menschen wußten, daß es wichtigere Dinge im Leben gibt als eine Suppe und daß schlechte Laune oder ein ruiniertes Fest die Matzeklöße nicht zurückbringen würden. Meine Großmutter hat nicht eine Sekunde lang angenommen, daß mein Großvater ihre harte Arbeit absichtlich sabotiert hatte – er war der größte Fan ihrer Kochkunst! Ihr Sinn für Humor und ihre Liebe bewahrte die beiden vor Gefühlen, die anderen Leuten den ganzen Abend verdorben hätten.

Aufgeschlossenheit

Je länger ich als Therapeutin praktiziere, desto mehr Respekt entwickele ich vor der Bedeutung subjektiver Wahrnehmungen. Unzählige Verhaltensweisen und Handlungen können völlig anders gedeutet werden, als sie gemeint waren. Die Kommunikationsforschung bestätigt, daß die Absichten, die eine Person einer anderen zuschreibt, um eine

Situation zu deuten, eine ungeheuer wichtige Rolle spielen. Bei einem Forschungsexperiment zeigte man Ehemännern, Ehefrauen und unbeteiligten Dritten Videofilme über eine Unterhaltung zwischen dem Paar. Jede Person wurde gebeten, bestimmte Sätze einzuschätzen und zu bewerten, ob sie negativ, positiv oder neutral gemeint waren. Die Wissenschaftler stellten fest, daß Partner in glücklichen Beziehungen die Bemerkungen des anderen als überwiegend neutral oder positiv einschätzten und gute Absichten unterstellten. Partner aus unglücklichen Beziehungen deuteten die Äußerungen des anderen dagegen überwiegend als negativ und böswillig. Sogar wenn der unbeteiligte Dritte die Bemerkung als neutral einstufte, hielten diese Eheleute an der Überzeugung fest, daß die Bemerkung ihres Partners negativ gemeint war. Neutrale Äußerungen wurden als negativ wahrgenommen und positive Sätze als neutral bewertet.[5] Eine negative Voreingenommenheit führt zu größerer Disharmonie, während positive Grundannahmen die Harmonie und Zufriedenheit in der Beziehung verstärken.

Das heißt nicht, daß man sich automatisch auf das Positive konzentrieren sollte, denn es besteht immer die Gefahr, daß man einen wichtigen »negativen« Aspekt, den man aufgreifen und besprechen sollte, beschönigt. Doch man sollte die Möglichkeit alternativer Absichten in Betracht ziehen und aufgeschlossener auf unterschiedliche Standpunkte und Sichtweisen reagieren. Eltern, die auf die positiven Aspekte im Verhalten ihres Partners achten, sind toleranter und eher bereit zu verzeihen. Sie glauben, daß der andere in guter Absicht handelt, und schützen damit ihre Beziehung vor dem abgestumpften Blick und der verzerrten Wahrnehmung, die bei einer pessimistischen Grundstimmung die Oberhand gewinnen.

Sehr häufig sind Menschen verletzt, wütend oder enttäuscht über eine Sache, die auf einer falschen Schlußfolgerung basiert. Leider halten sie dann meist nicht inne, um nochmals über das Ereignis zu reden, sondern nehmen eine gekränkte oder abwehrende Haltung ein, die dann unweigerlich genau die Interaktion in Gang setzt, die sie fälschlicherweise unterstellt haben. In der Therapie muß ich Paaren häufig dabei helfen, keine voreiligen Schlüsse zu ziehen und sich mehr Zeit mit der Kommunikation zu lassen. Ich tue das, indem ich häufig nachfrage: »Wie haben Sie diese Äußerung verstanden?« und die Person dann bitte, noch einmal Rücksprache mit dem Partner zu halten und zu klären, ob sie die beabsichtigte Bedeutung richtig verstanden hat. Bei Gail und Mario erwies es sich als entscheidender Wendepunkt, daß sie lernten, ihre Annahmen in Frage zu stellen.

Gail und Mario

In unserer ersten Sitzung sagte ich Gail und Mario, sie seien das reaktivste Paar, das ich je kennengelernt hätte. Sie waren vollständig auf den Tonfall und die Körperhaltung des anderen eingestimmt, so daß die kleinste Geste zum Beweis einer unausgesprochenen Überzeugung wurde. Leider waren die Botschaften, nach denen sie Ausschau hielten und die sie deshalb auch »entdeckten«, fast immer Zeichen der Zurückweisung und Kritik. Zu Beginn der Therapie war es extrem schwierig für mich, ihre Interaktion zu begreifen. Gail fing an, ihre Version einer Geschichte zu erzählen und brach dann mitten im Satz ab, um Mario vorwurfsvoll entgegenzuschleudern: »Du brauchst das gar nicht abzustreiten ... du weißt genau, daß es so gewesen ist.« Verwirrt fragte ich Gail, warum sie das gesagt hatte. »Ich kann sehen, was er denkt«, behauptete sie. »Er übernimmt nie die Verantwortung für sein Handeln.« Als ich Gail endlich dazu bringen konnte, mir zu erläutern, wie sie erkannt hatte, daß Mario ihre Version der Ereignisse leugnete, erklärte sie mit Nachdruck, daß sie es an der Art erkennen könne, wie er die Wand anstarre. Ich habe lange genug mit Paaren gearbeitet, um zu wissen, daß sie einander manchmal in- und auswendig kennen, aber Marios Blick hatte auf mich völlig neutral gewirkt, und meiner Ansicht nach hatte er seiner Frau zugehört. Als ich Mario fragte, ob er wütend oder empört über die Version gewesen sei, die seine Frau erzählt hatte, räumte er ein, daß er einen Anflug von Wut verspürt, sich aber bemüht habe, weiterhin zuzuhören. »Sie sagt mir ständig, was ich denke oder was ich fühle, aber normalerweise liegt sie falsch.«

Einige Augenblicke später lief die gleiche Interaktion mit vertauschten Rollen ab. Während Mario seine Version der Ereignisse schilderte, reckte Gail ihren Kopf ein wenig in die Höhe, wie um eine Verspannung zu lockern. Mario brach mitten im Satz ab, starrte sie vorwurfsvoll an und sagte dann an mich gewandt mit abgrundtief pessimistischem Ton: »Das bringt doch alles nichts. Sie wird sich nie ändern. Es ist sinnlos, darüber zu reden.« Ich achte normalerweise sehr aufmerksam auf meine Klienten und zerbrach mir den Kopf darüber, was Gail wohl gesagt oder getan hatte, das Mario zu dieser Schlußfolgerung veranlaßte. Als Mario mir sagte, daß Gail den Kopf auf eine bestimmte Art halte, wenn sie wütend sei, konnte ich wiederum nur darüber staunen, wie wenig erforderlich war, um eine derart starke Reaktion auszulösen. Entweder kannte sich dieses Paar extrem gut oder sie interpretierten Dinge aufgrund ihrer Art zu kommunizieren, die gar nicht da waren.

Ich erklärte Gail und Mario, daß sie mit ihren Deutungen möglicherweise in 60 Prozent der Fälle richtig lagen, aber daß ich Ihnen helfen könnte, die restlichen 40 Prozent besser zu verstehen, wenn sie bereit wären, dem anderen einfach von ihrer Wahrnehmung zu erzählen und ihn zu fragen, ob ihre Schlußfolgerung richtig oder falsch sei. Außerdem sagte ich ihnen, daß ein abrupter Abbruch des Gesprächs die denkbar schlechteste Methode sei, um eine konstruktive Lösung zu finden. Sie dürften nicht einfach unterstellen, daß der andere ihnen nicht zuhöre und die Kommunikation dann beenden. Wenn sie ihre Gedanken nicht zu Ende führten, machten sie es dem Partner schlichtweg unmöglich, ihren Standpunkt zu verstehen. Wenn sie mich davon überzeugen wollten, daß sie wirklich aufrichtig an einem Dialog interessiert seien, müßten sie sich verpflichten, ihre Ausführungen abzuschließen.

Was die Fähigkeit des gegenseitigen Gedankenlesens betraf, erwies sich die von mir geschätzte Trefferquote als durchaus zutreffend, doch als Gail und Mario lernten, ihre Sätze zu Ende zu führen und ihre Annahmen über den anderen zu überprüfen, bekamen sie ihre impulsiven Reaktionen besser in den Griff. Je mehr Übung sie darin bekamen, dem anderen zu bestätigen, daß sie ihm zuhörten, desto besser konnten sie erkennen, daß sie beide aufrichtig bemüht waren, die Beziehung zu verbessern, was ihnen wiederum die Hoffnung gab, daß es ihnen gemeinsam gelingen würde.

Flexibilität

Nur wenige Eltern haben das Gefühl, daß man sie ausreichend auf die wichtigste und anspruchsvollste Rolle ihres Lebens vorbereitet hat. Trotz des reichhaltigen Angebots an Ratgebern und Schwangerschaftskursen fühlen sich die meisten Eltern nach dem großen Ereignis allein gelassen und völlig auf sich gestellt. Ein ausgewogenes Verhältnis zwischen Ehe, Kindern, Beruf und sozialen Verpflichtungen herzustellen, erfordert Kraft, Geduld und Flexibilität.

Wenn die Eltern in der Lage sind, zum Wohl ihrer Familie zu kooperieren, lernen sie, wie wichtig Flexibilität und Anpassungsfähigkeit sind. Sie machen sich nicht gegenseitig Vorwürfe, wenn ein Notfall eintritt oder ein Plan plötzlich über den Haufen geworfen wird, sondern können umschalten und die anstehende Aufgabe in Angriff nehmen. Die Bereitschaft, sich der gegebenen Situation anzupassen, ist eine wundervolle Gabe, nicht nur für die Elternrolle, sondern auch für die Partnerschaft. Wenn beide Partner in der Lage sind, ihre Verbundenheit durch Handlungen zu beweisen, die Kompromisse oder Opfer erfordern, wissen sie die Liebe des anderen in der Regel zu schätzen.

Flexibilität bedeutet auch, daß die Partner offen für Alternativen und bereit sind, ihre Perspektive zu erweitern. Wer es nicht nötig hat, sich hartnäckig an seine Überzeugungen oder Vorlieben zu klammern, fühlt sich nicht bedroht, wenn der Partner einen alternativen Ansatz vorschlägt; er ist vielmehr bereit, seine Sichtweise zu verändern und Ideen in Betracht zu ziehen, die völlig neu für ihn sind. Viele Menschen empfinden es als Glück und als Bereicherung, daß der Partner Interessen und Lebenserfahrungen in die Beziehung einbringt, die im eigenen Leben vielleicht bislang gefehlt haben.

Wenn Kinder in einer Umgebung aufwachsen, in der die Eltern empfänglich für die Ansichten des Partners sind, bleiben ihnen die Spannungen und Schuldvorwürfe erspart, zu denen es unweigerlich kommt, wenn es nur »eine Wahrheit« gibt. Die Bereitschaft, neue Möglichkeiten zu erforschen und Alternativen in Betracht zu ziehen, erstreckt sich normalerweise auch auf die Kinder. Die Eltern geben ihnen die Freiheit, eigenen Interessen nachzugehen, und erwarten nicht, daß sie bestimmten Verhaltensnormen entsprechen, die keinen Raum für Individualität lassen.

Versöhnlichkeit

Trotz bester Absichten geschieht es immer wieder, daß Partner einander verletzen oder enttäuschen. Wer dann mit dem anderen reden kann und anschließend seinen Groll vergißt, hat einen großen Vorteil im Leben. Viel zu viele Paare, die zu mir in die Therapie kommen, halten auf krampfhafte Weise an jeder Enttäuschung oder Kränkung fest, was sie nur noch unglücklicher macht. Partner, die sich so verhalten, scheinen Trost in einer selbstgerechten Haltung zu suchen. Sie klammern sich an die Idee, daß man ihnen Unrecht getan oder sie unfair behandelt hat, und benutzen diese Vorstellung, um einen Rückzug oder Gegenangriff zu rechtfertigen. Sie sehen ihren Partner als einen Feind, der ihnen nicht nur diese eine Verletzung zugefügt hat, sondern es zweifellos immer wieder tun würde, wenn er die Gelegenheit erhielte. Sie erlauben dem anderen nicht, die Sache wieder in Ordnung zu bringen, was leider dazu führt, daß sich eine kleine Schramme zu einer großen Wunde auswächst.

Dem anderen zu verzeihen ist eine aktive Anstrengung, die erfordert, daß man dem anderen vertraut und daran glaubt, daß sich alles wieder zum Guten wenden kann. Es ist nur möglich, wenn der Partner, der verletzt wurde, dem anderen seinen Schmerz offenbart, und wenn der andere seinerseits eingesteht, daß er den Schmerz verursacht hat. Wenn beide gemeinsam an der Lösung des Problems arbeiten und dann die Nähe und Vertrautheit wiederherstellen, geben sie dem Guten in ihrer Beziehung eine Chance, die Oberhand zu behalten. Wenn die Partner nicht wissen, wie man verzeiht, häufen sich die Verletzungen an und führen schließlich auf beiden Seiten zu einer abwehrenden Haltung und zur gegenseitigen Entfremdung.

Eltern, die Vertrauen zueinander haben, wissen, wie man verzeiht, und bereichern so die gesamte Familie. Der Glaube an die guten Absichten und an die Veränderungsfähigkeit des anderen schafft ein Klima der Zuversicht. Dem Partner zu verzeihen ist ein Akt der Liebe und die einzige Methode, reinen Tisch zu machen. Partner, die diese Fähigkeit in ihre Beziehung einbringen, zeigen sie auch gegenüber ihren Kindern, die wie alle Menschen Fehler machen. Wenn ein Kind miterlebt, daß die Eltern bemüht sind, einander zu verzeihen, weil sie das Beste für ihre Beziehung wollen, wächst es nicht nur in einer Atmosphäre des Vertrauens und der Akzeptanz auf, sondern lernt auch etwas über den Wert von Ausdauer und Güte.

Die Kraft, sich um die Stärken der Beziehung zu bemühen

Wir alle werden von unserer Vergangenheit beeinflußt, aber wir sind ihr nicht hilflos ausgeliefert. Wer negative Eigenschaften und Verhaltensmuster, die durch frühere Erfahrungen geprägt oder entstanden sind, einfach passiv akzeptiert, macht es sich zu einfach. Die guten Eigenschaften, die eine Partnerschaft fördern und unseren Kindern jene Art von Erfahrung verschaffen, die wir ihnen wünschen, stehen allen Eltern offen – doch sie erfordern mitunter einige Anstrengungen und Veränderungen. Die meisten verheirateten Menschen zum Beispiel können sich durchaus vorstellen, daß sie wesentlich glücklicher wären, wenn bloß ihr Partner endlich lernen würde, sich anders zu verhalten. Doch damit das Positive in einer Beziehung die Oberhand gewinnen kann, sollten im Idealfall beide Partner zu Veränderungen bereit sein. In den meisten Fällen gehört dazu, daß man die Entscheidung trifft, etwas Neues auszuprobieren, und ein Risiko eingeht. Doch schon der Entschluß, auf die Stärken einer Ehe zu setzen, hat positive Auswirkungen auf die gesamte Beziehung und auf die Kinder. Zuneigung, Anerkennung, Flexibilität, Freundschaft, Versöhnlichkeit, Lachen, Aufgeschlossenheit – wenn diese Bestandteile alle zusammenkommen, entsteht eine familiäre Umwelt, in der alle Beteiligten liebevoll, entspannt und spielerisch miteinander umgehen. Den Kindern bleiben nicht nur die Spannungen und Feindseligkeiten erspart, die in unglücklichen Beziehungen vorherrschen, sondern sie entwickeln auch ein inneres Bild von einer Partnerschaft, das sie das Beste erwarten und bekommen läßt.

Fragen

1. Welche Eigenschaft Ihrer Beziehung schätzen Sie am meisten? Was müßte in Ihrer Beziehung geschehen, damit diese Eigenschaft deutlich hervortritt? Wodurch wird sie geschwächt? Was würden Sie als die zweite große Stärke Ihrer Beziehung bezeichnen? Wie oft nehmen sie diese Qualität wahr? Durch welche Ereignisse verliert sie an Bedeutung?
2. Denken Sie an drei Partnerschaften, die Sie im Laufe Ihres Lebens kennengelernt haben (z.B. die Ehe Ihrer Eltern, ihrer Geschwister oder Freunde). Welche Eigenschaften bewundern Sie am meisten? Wie leicht oder schwer wäre es, diese Stärke in Ihre eigene Beziehung einzubringen?
3. Stellen Sie sich vor, Ihre Beziehung wäre eine Wippe, mit Spannungen und Konflikten auf der einen und Liebe und Freundschaft auf der anderen Seite: Welche Seite hätte das größere Gewicht?
4. Wovor haben Sie den größten Respekt, wenn Sie daran denken, wie Ihr Ehemann/Ihre Ehefrau als Vater/als Mutter ist? Als Partner/Partnerin? Als Mensch? Wann haben Sie ihm/ihr zuletzt gesagt, wie sehr sie diese Eigenschaft zu schätzen wissen?

5. Wie oft pro Woche nehmen Sie und Ihr Partner oder Ihre Partnerin sich in den Arm oder halten sich an der Hand? Wer initiiert diese Berührungen in der Regel? Wie haben Ihre Eltern einander ihre Zuneigung gezeigt? Ihre Schwiegereltern? Welche Beziehung hat die größten Ähnlichkeiten mit ihrer eigenen, wenn es um den Ausdruck von Zuneigung geht?

Kapitel 9

Auf dem Weg zu einer besseren Partnerschaft

*»Es ist nie zu spät,
es zu versuchen.«*

Zu Beginn dieses Buches habe ich erklärt, daß einige Kapitel leicht zu lesen sein würden, weil sie Ihnen bestätigen werden, daß Sie intuitiv das Richtige in ihrer eigenen Partnerschaft tun und damit auch das Beste für Ihr Kind erreichen. Doch es gibt vermutlich ein oder zwei Bereiche, in denen es nicht ganz so gut läuft, wie Sie es sich wünschen würden. Vielleicht haben Sie über diese Gefahren bislang noch nicht sehr viel nachgedacht, doch nachdem Sie jetzt wissen, wie stark die Kinder von Ihrer Partnerschaft beeinflußt werden, möchten Sie vielleicht intensiver an diesen Problemen arbeiten. Wenn die Beziehung in eine Sackgasse gerät, sollte sich ein Paar nicht scheuen, die Hilfe eines Therapeuten in Anspruch zu nehmen, aber die folgenden Anregungen können Ihnen helfen, einige erste Schritte zu unternehmen, um die angestrebten Veränderungen einzuleiten.

Stellen Sie sich die Partnerschaft vor, die Sie sich wünschen

Wenn ich mit Paaren arbeite, fordere ich sie für gewöhnlich auf, sich einmal vorzustellen, wie ihr Leben aussehen könnte, wenn die Therapie erfolgreich abgeschlossen ist. Ich bitte sie, dabei so genau wie möglich zu sein und sich eine konkrete Situation vorzustellen, die repräsentativ für ihre Traumpartnerschaft ist. In Wirklichkeit ist dieses Ziel nur erreichbar, wenn beide Partner es im Blick behalten. Wenn sie vom Weg abkommen oder auf ein scheinbar unüberwindbares Hindernis stoßen, kann die Vorstellung von dem angestrebten Zustand ungeheuer motivierend wirken. Wenn die Partner einen toten Punkt erreichen, sich im Kreis drehen oder nicht in der Lage sind, sich auf neue Formen der Annäherung einzulassen, bitte ich sie, einmal zu überlegen, was dabei herauskommen wird, wenn sie weiterhin genau das tun, was sie im Moment tun. Dann fordere ich sie auf, dieses Bild mit ihrer Vision von einer glücklichen Ehe zu vergleichen. Auch wenn es nicht leicht ist, neue Bewältigungsstrategien für schwierige Situationen zu finden, kann sich die Vision eines besseren Ergebnisses als sehr hilfreich erweisen.

Erweitern Sie Ihre Selbsterkenntnis

Eine Vision von der angestrebten Veränderung gibt eine Richtung vor und bestärkt die Motivation, aber man muß noch weitere Schritte unternehmen, um ans Ziel zu gelangen. Die Sehnsucht nach Glück oder der perfekten Beziehung macht es oft schwer, Gefühle auszuhalten, die auf das Gegenteil hindeuten. Den meisten Menschen fällt es relativ leicht, Zorn und Wut zu erkennen, doch man muß auch auf die subtilen, aber hartnäckigen Zeichen achten, die auftreten, wenn zentrale Probleme nicht vollständig verarbeitet wurden. Partner, die einem Gespräch über bestimmte Themen ausweichen, sind häufig pessimistisch; sie glauben nicht, daß sie ihre Probleme lösen können, und haben in gewisser Weise aufgegeben. Distanz zwischen Partnern ist ein Symptom für den Verlust des Wohlwollens oder Vertrauens und sollte sehr ernst genommen werden. Erkenntnis ist tatsächlich der erste Schritt zur Veränderung.

Zur Selbstbewußtheit gehört nicht nur, daß man sich seines Verhaltens gewahr wird, sondern auch, daß man die eigenen Gefühle erkennt und versteht. Viele Menschen haben nie gelernt, wie man schmerzliche oder schwierige Emotionen erträgt. Das Auftauchen solcher Gefühle kann Angst oder extremes Unbehagen auslösen. Tatsächlich braucht man sehr viel Mut, um seine tiefsten Gefühle zu entdecken und auszuhalten. Doch man sollte immer daran denken, daß Gefühle, so wichtig sie sind, nur Gefühle sind. Ihre Existenz bedeutet nicht, daß tatsächlich etwas Schreckliches geschehen wird.[1] Außerdem sind sie begrenzt. Viele Menschen wenden sich von einem emotionalen Erleben ab, weil sie glauben, daß die Qual ins Unermeßliche anwachsen wird, und erkennen nicht, daß sie die äußerste Schmerzgrenze bereits erreicht haben. Das Problem ist, daß man nicht weiß, was man als nächstes tun soll. Der Veränderungsprozeß kann zwar nur beginnen, wenn man seine Gefühle anerkennt, doch wenn diese Bewußtheit einmal da ist, können Sie weitere Maßnahmen ergreifen, die Ihnen helfen werden, belastende Emotionen leichter zu ertragen.

Um unangenehme Gefühle so lange auszuhalten, daß man sie versteht, muß man vielleicht lernen, sich selbst zu trösten und zu beruhigen. Wenn unsere Kinder einen bösen Traum haben und in unsere Arme flüchten, wollen sie gehalten und getröstet werden. Wir sagen ihnen, daß sie keine Angst haben müssen, und versichern ihnen, daß alles wieder gut wird. Daraus schöpfen sie Kraft und fassen genügend Mut, um wieder in ihr Bett zu gehen. Auch Erwachsene brauchen Trost und Zuwendung, wenn die Angst sie zu überwältigen droht. Erinnern Sie sich daran, daß Ihre beunruhigenden Gefühle einfach nur Gefühle sind; sie können Ihnen nicht wirklich schaden. Manchmal hilft es auch, tief durchzuatmen und sich noch einmal von seinen Wünschen inspirieren zu lassen. Wenn Sie sich Ihrem Partner oder einem Freund anvertrauen, wird es leichter, die schwierigen Gefühle, die man zu verstehen sucht, zu ertragen. Erst wenn wir wissen, was wir fühlen, können wir die Zusammenhänge zwischen dem, was falsch läuft, und den notwendigen Veränderungen erkennen.

Die meisten Menschen müssen auch lernen, was sich hinter ihrer Wut verbirgt. Wut ist eine wichtige Emotion, die uns auf Probleme aufmerksam macht.[2] Doch unter der Wut verbergen sich häufig weitere Gefühle, die wir unbedingt verstehen müssen. Häufig reagieren wir wütend, wenn wir Angst haben, verletzt oder enttäuscht sind. Um Probleme wirklich aufzuklären und die Nähe herzustellen, von der unsere Partnerschaft und unsere Kinder profitieren werden, müssen wir diese tieferen Gefühle freilegen, aussprechen und verarbeiten.

Decken Sie Ihre stummen Überzeugungen und Erwartungen auf

Ein weiterer wichtiger Schritt zur Veränderung besteht darin, daß man die Annahmen und Überzeugungen aufdeckt, die mit den Gefühlen verbunden sind. Zu einem besseren Verständnis der eigenen Partnerschaft gehört auch, daß wir die Werte und Erwartungen erkennen, die wir aus der Vorlage der elterlichen Partnerschaft abgeleitet haben, denn durch dieses Modell haben wir gelernt, wie Beziehungen funktionieren. Wir sollten nie vergessen, daß unsere Eltern uns in zwei gleichermaßen bedeutsamen Hinsichten beeinflußt haben: durch die Identifikationen, die wir ohne Rücksicht auf die Konsequenzen unbewußt übernommen haben, und durch die Elemente, die wir abgelehnt und die wir mit der Herausbildung von Abwehrhaltungen beantwortet haben.

Obwohl es Angst auslösen kann, ist es wichtig, daß man erkennt, welche Teile der elterlichen Beziehung inspirierend wirken und welche uns innerlich zusammenzucken lassen. Unkenntnis schützt uns nicht vor ihrem Einfluß. Im Gegenteil. Wenn die Geister der Vergangenheit sich still und heimlich in unser Leben einschleichen, können wir uns nicht aktiv mit ihnen auseinandersetzen, sondern lediglich passiv reagieren. Wir können weder das Beste aus den potentiellen Stärken machen, noch etwas unternehmen, um die Elemente, die so viel Schmerz hervorrufen, zu verändern. Solange uns bestehende Identifikationen nicht voll bewußt sind, können wir sie nicht nutzbar machen. Tatsächlich sind den meisten Menschen bestimmte Aspekte der elterlichen Beziehung lieb und teuer und könnten in Quellen der Kraft verwandelt werden, wenn man sie besser verstehen würde. Erinnerungen an Situationen, in denen die Eltern gut kooperiert oder sich ihre Zuneigung gezeigt haben, können uns beflügeln, wenn wir uns ihre Bedeutung bewußt machen.

Wenn wir erkennen, welche Elemente der elterlichen Beziehung wir in unser Schema aufgenommen haben, können wir auch die Enttäuschung besser verstehen, die sich einstellt, wenn die Realität nicht der Vorlage entspricht. In meinem eigenen Leben hing eine solche Diskrepanz zum Beispiel damit zusammen, daß meine Eltern immer außergewöhnlich fürsorglich miteinander umgingen. Ich weiß noch, wie meine Mutter zum ersten Mal selbst mit dem Auto zu einem Besuch ihrer Eltern aufbrach, die etwa 160 km entfernt lebten. Mein Vater hatte selbstverständlich den Wagen aufgetankt, das Öl und den Reifendruck überprüft, aber er erklärte meiner Mutter auch noch zwanzig Minuten lang besorgt und in allen Einzelheiten, wie sie sich verhalten sollte, falls sie auf der Autobahn überholt würde, und händigte ihr eine detaillierte Karte mit genau gekennzeichneten Abfahrten und Richtungsangaben aus. Überflüssig zu sagen, daß meine Mutter die Reise schon zigmal als Beifahrerin gemacht hatte und eine exzellente Autofahrerin war, doch das Verhalten meines Vaters an diesem Tag brachte unmißverständlich zum Ausdruck, wie sehr er seine Frau liebte. Es war mir nicht bewußt, aber innerlich war ich überzeugt, daß die Bereitschaft meines Mannes, meinen Wagen aufzutanken und mir beim Navigieren durch neue Situationen behilflich zu sein, ein Gradmesser seiner Liebe war. Als diese Bereitschaft nachließ, hielt ich das für ein untrügliches Zeichen seiner wachsenden Gleichgültigkeit. Erst als ich meine tiefe Enttäuschung erkannte, konnte ich den nächsten Schritt tun und die Überzeugungen und Schlußfolgerungen, die diesen Gefühlszustand ausgelöst hatten, in Frage stellen.

Am Ende jedes Kapitels habe ich einige Fragen zusammengestellt, die Sie dazu anregen sollen, die eigenen Überzeugungen kritisch unter die Lupe zu nehmen. Wenn Sie sich Ihre Antworten überlegt haben und den Wunsch verspüren, noch genauer nachzuforschen, könnten Sie sich zum Beispiel mit Ihren Geschwistern über die Fragen unterhalten, Kindheitsfotos durchstöbern oder noch einmal genau beobachten, wie Ihre Eltern heute miteinander umgehen. Wenn man Erinnerungen und Eindrücke ausführlicher schildert, geschieht es oft, daß man Kindheitserlebnisse noch einmal aus der Perspektive eines Erwachsenen durchlebt und dadurch zu einem tieferen Verständnis des Geschehens gelangt.

Mehrere der Personen, von denen ich in diesem Buch berichtet habe, fühlten sich dem einen Elternteil eindeutig stärker verbunden. Das führte dazu, daß ihre Sicht des anderen Elternteils und der elterlichen Beziehung stark von der Sichtweise des bevorzugten Elternteils beeinflußt war. Wenn wir die Partnerschaft unserer Eltern aus einer objektiveren Perspektive betrachten wollen, ist es von entscheidender Bedeutung, daß wir erkennen, wie stark wir dazu gedrängt wurden, Partei für eine Seite zu ergreifen. Wenn wir diese Mechanismen verstehen, können wir die Beziehung unserer Eltern endlich »loslassen«. Es ist ein ungeheuer befreiendes Gefühl, wenn man sich nicht mehr verpflichtet fühlt, die Kämpfe der Eltern auszutragen und ihre Überzeugungen zu verteidigen. Erst dann gewinnen wir die Freiheit, eine liebevolle Partnerschaft einzugehen, in der unser eigenes, einzigartiges Selbst sich voll entfalten kann. Ein Mensch, dem dies gelang, war Helen.

Die therapeutische Arbeit mit Helen

Als ich Helen wiedertraf, hatte sie das College seit einigen Jahren beendet und war inzwischen verheiratet. Sie hatte mich angerufen, kurz nachdem ihr Vater wegen eines Herzinfarkts ins Krankenhaus eingeliefert worden war. Wie Sie sich vielleicht noch erinnern, war Helen als Verbündete und Vertraute der Mutter in die Ehe ihrer Eltern hineingezogen worden. Sie wußte alles über die Beziehung ihrer Eltern, doch nur aus der Perspektive ihrer Mutter. Ihren Vater hielt sie für einen distanzierten, unsensiblen Mann, und Partnerschaft erschien ihr als ein Ort, an dem man nicht mit Unterstützung oder Freundschaft rechnen konnte. In Anbetracht der eindeutigen Bedürftigkeit der Mutter wirkte der Vater kalt und grausam. Als Helen ihre Mutter auf die Intensivstation begleitete, hörte sie fassungslos, wie sie beharrlich behauptete, daß der Vater schon wieder wie das blühende Leben aussehe, obwohl er leichenblaß und teilnahmslos in seinen Kissen lag. Glücklicherweise war es nur ein leichter Herzinfarkt gewesen, und obwohl ihr Vater Bettruhe brauchte und sein Zustand beobachtet werden mußte, hatte man ihn am nächsten Tag in ein normales Zimmer auf der Inneren Station verlegt. Nach etwa zehn Minuten verkündete Helens Mutter, daß der Vater Ruhe brauche und die vielen Besucher ihn störten. Sie machte Anstalten zu gehen und forderte Helen auf, ihr zu folgen. Die Schwestern hatten die Besuchszeit nicht begrenzt, und das Zimmer wirkte groß und fremd. Helen überlegte, wie ihr zumute wäre, wenn sie allein darin zurückbleiben müßte. Sie dachte einen Moment lang nach und fragte ihren Vater dann, ob es ihm recht sei, wenn sie noch etwas länger bliebe. Er streckte seine Hand nach ihr aus und lächelte sie dankbar an.

Als Helen mir von diesem Ereignis berichtete, erkannte sie, daß ihre Mutter ein völlig unrealistisches Bild vom Vater hatte. Ihr wurde klar, daß die Mutter die verletzliche Seite ihres Mannes nicht ertragen und nicht einmal wahrnehmen konnte. Doch so wie Helen ihren Vater in Erinnerung hatte, war er auch so gut wie nie aus sich herausgekommen und zeigte seine Verwundbarkeit nicht. Als wir über verschiedene Erinnerungen an ihre Kindheit sprachen, begriff Helen, was das wahre Problem in der Ehe ihrer Eltern gewesen war. Ihr Vater hatte die Rolle des unbesiegbaren, aber unsensiblen Partners übernommen, während ihre Mutter sich in der Rolle der bedürftigen, aber benachteiligten Ehefrau eingerichtet hatte. Helens Vater hatte es zugelassen, daß die verletzliche Seite seiner Frau mehr und mehr Raum einnahm und die Familie beherrschte, weil er auf diese Weise eine Auseinandersetzung mit seinen eigenen Schwächen vermeiden konnte. Doch als Helen erneut darüber nachdachte, kam sie zu dem Schluß, daß ihr Vater im Grunde mehr entbehrt hatte als seine Frau.

Das war eine besonders wichtige Erkenntnis, weil Helen in ihrer eigenen Ehe einen Partner gefunden hatte, der ihre unabhängige Seite bestärkte. Die negative Identifikation mit der tyrannischen Liebe der Mutter hatte bei Helen dazu geführt, daß sie selten über ihre Gefühle sprach oder sie in anderer Form zeigte. Außerdem war ihr Mann ein »Tat-

mensch«, der nicht viel von Psychologie hielt und sich lieber
mit Fakten als mit Gefühlen befaßte. Als Helen die Ehe ihrer
Eltern aus einer neuen Perspektive betrachtete, fand sie den
Mut, sich einzugestehen, daß niemand in ihrer Familie ge-
wußt hatte, wie man Gefühle eingesteht oder den anderen
unterstützt. Die Hand, die sich im Krankenzimmer nach Helen ausgestreckt hatte, war ein Symbol der Verbundenheit
und der Hoffnung. Helen übertrug diese Hoffnung auf ihre
eigene Ehe: Als sie ein Gespräch anfing, in dem sie ihre Verwirrung und ihre verletzliche Seite offenbarte, stellte sie fest,
daß ihr Mann keineswegs mit Verachtung oder Rückzug reagierte, sondern mit Liebe und Verständnis. Es war für beide
eine ganz neue Erfahrung, die erst möglich wurde, nachdem
sich Helen von der Last der elterlichen Ehe und den damit
verbundenen Überzeugungen befreit hatte.

Stellen Sie Rollenklischees in Frage

Die meisten der in diesem Buch dargelegten Themen zeigen, wie stark Erwartungen und Verhaltensweisen durch
geschlechtsspezifische Rollenbilder beeinflußt werden. Aus
der Ehe unserer Eltern haben wir gelernt, was diesbezüg-
lich zwischen Männern und Frauen geschieht, und ein
Großteil unseres Verhaltens beruht auf den Überzeugungen, die wir aus diesen Lernerfahrungen abgeleitet haben.
Wenn wir genauer hinsehen, entdecken wir möglicherweise, daß viele dieser tief eingeprägten Rollenbilder re-
striktiv und oberflächlich sind. Häufig führen sie zu Überzeugungen und Erwartungen, die uns von unserem wahren
Wesen und von unseren wahren Wünschen ablenken.

Männliche und weibliche Rollenklischees sind so subtil
und erscheinen uns so »normal«, daß sie häufig schwer zu
erkennen sind. Heimlicher Groll, Feindseligkeit und Kälte
in einer Beziehung sind häufig darauf zurückzuführen, daß
über wichtige Fragen nicht ausreichend diskutiert wurde.
Anstatt anklagend mit dem Finger auf den anderen zu deuten, sollte man in sein eigenes Inneres schauen und über die
eigenen Verhaltensweisen und Erwartungen nachdenken.
Frauen stellen dann möglicherweise fest, daß sie sich unbe-

haglich fühlen, wenn sie selbstbewußt reagieren, oder daß sie normalerweise klein beigeben, wenn sie beim Partner Mißbilligung oder Ärger spüren. Männer, die in ihr Inneres schauen, stellen vielleicht fest, daß sie Gefühle oft zu hastig beiseite schieben oder voreilige Lösungen präsentieren, ohne ihre eigenen Gefühle oder die der Partnerin wirklich verstanden zu haben. Nur wenn wir erkennen, wie wir selbst zur Aufrechterhaltung der Dynamik beitragen, die uns unglücklich macht, können wir erfolgreiche Schritte für eine Veränderung einleiten.

Seien Sie offen für neue Erklärungen

Im Laufe der Jahre ist mir immer bewußter geworden, wie stark ein Veränderungsprozeß von Meinungen und Überzeugungen beeinflußt wird. Wie wir auf eine Situation reagieren, hängt gänzlich von den grundlegenden Überzeugungen ab, durch die wir die Ereignisse auf eine ganz spezifische Weise deuten. Eine Möglichkeit, uns selbst und unsere Beziehung anders wahrzunehmen, besteht darin, unsere Annahmen und Schlußfolgerungen in Frage zu stellen. Dadurch werden wir offen für positive Eindrücke und sind besser in der Lage, unsere wahren Wünsche zu erkennen und die angestrebten Veränderungen umzusetzen.

Bei meiner therapeutischen Arbeit habe ich einmal einen Ehemann kennengelernt, der anfangs nicht viel von Gefühlen hielt. Als überzeugter »Macho« bemühte er sich um eine knallharte, rationale Haltung und hatte dadurch jeglichen Kontakt zu seinen eigenen Gefühlen verloren. Auch die Gefühle seiner Frau bereiteten ihm Unbehagen, und wenn Gespräche zu emotional wurden, brach er sie abrupt ab. Durch die Therapie kam er wieder in Berührung mit einer Seite seiner Persönlichkeit, die er sich selten eingestanden hatte, und fand die Kraft, die Art von Beziehung aufzubauen, die er sich wirklich wünschte.

Richard und Molly

Richard und Molly waren seit elf Jahren verheiratet, als sie mich um eine Beratung baten. Mollys erste Worte an mich lauteten: »Wenn die Kinder nicht wären, hätten wir uns schon längst scheiden lassen. Doch inzwischen ist es so schlimm geworden, daß ich mir nicht sicher bin, ob es sich lohnt, noch weiter zusammenzubleiben.« Richard fügte zurückhaltend, aber beunruhigt hinzu, er habe alles versucht, aber Molly schließe ihn einfach aus ihrem Leben aus. Das Paar unternahm kaum noch etwas gemeinsam, und ihr Sexualleben war nahezu eingeschlafen. Beide hingen sehr an ihren drei schulpflichtigen Kindern, bekamen aber ständig Streit, weil sie in Erziehungsfragen meistens völlig unterschiedlicher Meinung waren. Die Folge war, daß sie ständig in Gegenwart der Kinder zankten, manchmal auch sehr heftig, was für gewöhnlich damit endete, daß Richard losbrüllte oder einfach wegging.

Ich fragte die beiden, ob ihre Beziehung schon immer angespannt und konfliktreich gewesen sei. »Im Gegenteil«, antwortete Molly. »Als wir uns kennenlernten, lag meine krebskranke Mutter im Sterben. Richard war immer für mich da, die Ruhe und Aufmerksamkeit in Person. Er war mein Fels in der Brandung. Ich glaube nicht, daß ich die Sache ohne ihn durchgestanden hätte.« Überrascht fragte ich Molly, ob sie sagen könne, ab wann sich alles verändert habe.

Molly: Das kann ich Ihnen ganz genau sagen. Emily ist jetzt fünf. Als ich mit ihr schwanger war, war Richard Junior vier und Scott zwei Jahre alt. Ich litt unter einem schwangerschaftsbedingten Asthma. Die Ärzte meinten, es würde wieder verschwinden, wenn das Baby da wäre, aber ich konnte keine Medikamente nehmen. Es war schrecklich; manchmal bekam ich überhaupt keine Luft mehr.

J.S.: Erzählen Sie weiter.

Molly: Eines Morgens hatte ich einen schrecklichen Anfall. Richard half mir mit den Kindern, aber es wurde immer schlimmer. Ich dachte, ich müßte sterben. Dann sagte Richard, daß er ein wichtiges Meeting bei der Arbeit hätte und jetzt aufbrechen müsse. Ich war allein mit zwei Kindern, ich bekam keine Luft … und er ging einfach weg!

J.S.: Wissen Sie noch, was Sie gedacht haben?

Molly: Er läßt mich allein! In dem Moment wurde mir klar, daß er mich nicht wirklich liebt. Wenn man jemanden liebt, geht man nicht einfach so weg.

Ich sah Richard an und fragte ihn, ob er sich an den Morgen erinnere. Er antwortete in ausdruckslosem, nüchternem Ton, so als würde er mir den Weg zur nächsten Autobahnabfahrt erklären:

Richard: Molly hätte die Nachbarn oder einen Rettungswagen rufen können. Wenn ich arbeitslos geworden wäre, hätte die ganze Familie darunter gelitten. Ich mußte meinen beruflichen Verpflichtungen nachkommen.

J.S.: Als Molly erzählt hat, wie Sie beide sich kennengelernt haben, hat sie Sie als »Fels in der Brandung« beschrieben. Das hat mich neugierig gemacht. Sie scheinen ein sehr tüchtiger Mann zu sein. Wie sehen Sie das?

Richard: Ich würde eher sagen, daß ich ein pragmatischer Mann bin, aber tüchtig ist wahrscheinlich in Ordnung. Ich sehe mich selbst gern als einen Menschen, der immer einen kühlen Kopf bewahrt.

J.S.: Waren Sie immer so? Waren Sie auch ein ernstes Kind?

Richard: Nein, nicht immer. Ich habe vier Brüder, und wir hatten immer viel Spaß zusammen. Aber wir lebten auf einer Farm und mußten auch mit anpacken. Ich war der Älteste, von daher war ich vermutlich besonders pflichtbewußt.

J.S.: Wie war es, als Kind auf einer Farm zu leben?

Richard: Anders. Meine Familie hat mehr Zeit miteinander verbracht als die Leute in der Stadt. Wir spielten und schwammen, aber wir haben es uns selbst beigebracht. Wir brauchten keinen Unterricht. Meine Mutter konnte nicht Auto fahren, von daher hätten wir sowieso keinen Unterricht nehmen können.

J.S.: Glauben Sie, daß Ihre Mutter manchmal besorgt war ... weil sie fünf Kinder hatte und in einem Notfall nicht hätte fahren können?

Richard: Sieben. Ich habe auch noch zwei jüngere Schwestern. Wir hatten großen Landbesitz, deshalb gab es keine unmittelbaren Nachbarn. Ich glaube, meine Mutter hat es einfach nicht zugelassen, daß wir Probleme bekamen. Sie hat nie viel Aufhebens davon gemacht, wenn wir krank waren, und alles, für das man ein Auto brauchte, mußte eben warten, bis mein Vater nach Hause kam. Offen gesagt kann ich mich nicht erinnern, daß es in dieser Hinsicht je ein Problem gegeben hat.

J.S.: Nun, ich verstehe, weshalb Sie ein ausgeprägtes Verantwortungsgefühl entwickelt haben – als ältestes von sieben Kindern, die abgeschnitten auf einer Farm lebten und meistens kein Auto zur Verfügung hatten. Sie mußten lernen, ganz allein mit vielen Dingen fertigzuwerden. Ich verstehe, weshalb Molly Sie als ihren »Fels in der Brandung« bezeichnet hat. Hat Ihre Mutter ähnlichen Halt bei Ihrem Vater gefunden?

Richard: Meine Eltern sind beide nüchterne, praktische Menschen. Sie haben schwer gearbeitet und waren damit beschäftigt, die Farm am Laufen zu halten. Meine Mutter trug ihren Teil dazu bei, mein Vater den seinen.

J.S.: Molly, ich denke gerade über Richards Rolle als Fels in der Brandung nach und wie wichtig diese Rolle für Sie beide ist. Vielleicht glaubt Richard, daß Sie nur den Teil von ihm lieben, der stark ist ... den Teil, der »aus Stein« ist? Was wäre, wenn sich Richard an dem Morgen, an dem Sie Ihren Asthmaanfall hatten, nicht wie ein Fels gefühlt hätte? Was wäre, wenn er sich genauso gefürchtet hätte wie Sie?

Molly: Sie meinen, Richard hat es vielleicht mit der Angst bekommen, als ich den Anfall hatte?

J.S. (schaut Richard an): Es war sicher schrecklich für Sie, mitansehen zu müssen, wie Ihre Frau um Luft ringt, und nicht zu wissen, wie Sie ihr helfen können.

Richard (mit Tränen in den Augen): Ich hatte Angst. Ich finde es unglaublich, daß ich weggelaufen bin, aber ich konnte es nicht ertragen.

Molly: Richard, ich hatte keine Ahnung, daß du Angst hattest. Du redest nie über deine Gefühle. Ich denke immer, du hast gar keine.

J.S.: Molly, angenommen, Richard hat geglaubt, daß Sie ihn nur lieben, wenn er der »Fels« ist ... daß er ihre Liebe und ihren Respekt verliert, wenn er Ihnen seine schwache Seite zeigt? Würde das etwas an Ihrer Auffassung ändern?

Molly: Sie meinen, daß er mich an jenem Tag nicht verlassen hat, weil er mich nicht liebt? Sondern daß er einfach nicht damit umgehen konnte?

An diesem Punkt wurde Molly traurig und nachdenklich. Sie fing an zu weinen und sagte zu Richard: »Das würde alles verändern.«

In unserer nächsten Sitzung erforschten wir, weshalb Richard sich selbst unbedingt als »Fels« sehen wollte und warum Gefühle ihm offenkundig großes Unbehagen bereiteten. Richard hatte sich immer für einen tüchtigen, kompetenten Mann gehalten und übernahm diese Rolle auch in seiner Ehe. Als wir über das Leben auf der Farm sprachen, erkannte Richard allmählich, daß weder sein Vater noch seine Mutter die Zeit oder die Geduld aufgebracht hatten, um auf seine Gefühle einzugehen. Außerdem wurde ihm bewußt, daß Kompetenz der zentrale Wert in seiner Familie gewesen war und daß seine Mutter es als demütigend empfunden hatte, nicht Auto fahren zu können. Sein schweigsamer, stoischer Vater hatte die Rolle des »Felsen« in der Beziehung übernommen, aber nie seine eigenen Schwächen oder Verletzlichkeiten gezeigt. Als wir über Gefühle sprachen, räumte Richard ein, daß er oft Angst empfand, aber gelernt habe, das Gefühl zu unterdrücken, indem er sich in die Arbeit stürzte.

Als ich Richard und Molly bat, ein Bild von ihrer Wunschehe zu entwerfen, entstand zunächst eine gewisse Verwirrung. Molly meinte spontan, daß es wieder so sein sollte wie vor der Geburt der Kinder, sah dann aber ein, daß sie in einer Beziehung mit »Richard als Fels« nie das Glück finden würde, das sie sich ersehnte. Nach einigen Diskussionen entschied Richard, daß er eine Ehe wollte, in der er sich respektiert und angenommen fühlte, und Molly wollte eine Ehe, in der sie wirklich über ihre Gefühle reden konnte. Solange Richard den Eindruck hatte, daß Molly ihn auch dann noch respektierte, wenn er seine verletzliche Seite zeigte, war er bereit, es auszuprobieren. Während eines »Probelaufs« in meiner Praxis fing Richard an, Molly von dem Druck bei seiner Arbeit zu erzählen. Zuerst war es ihm sichtlich unangenehm, über seine Gefühle zu reden. Er mußte gegen seine Befürchtung ankämpfen, daß Molly ihn weniger achten würde, und es kostete ihn auch große Überwindung, sich selbst einzugestehen, daß es Dinge im Leben gab, denen er sich nicht gewachsen fühlte. An einem Punkt wandte sich Richard an mich und meinte: »Ich habe immer gedacht, daß es ein Zeichen von Stärke ist, wenn ich meine Probleme für mich behalte und alles allein durchstehe. Jetzt erkenne ich, daß es viel mehr Kraft und Mut erfordert, die eigenen Gefühle auszuhalten und offen darüber zu reden.«

Daß Richard eine Stärke darin sehen konnte, seine Schwächen einzugestehen, versetzte ihn in die Lage, mehr Risiken einzugehen und den Veränderungsprozeß fortzusetzen. Wie er schnell feststellte, wurde er ruhiger und gelassener, wenn er über seine Gefühle sprach. Molly hörte ihm verständnisvoll zu und zeigte ihm, daß sie kein bißchen weniger Respekt vor ihm hatte, wenn er seine Schwächen offenbarte. Mit jedem Gespräch vertiefte sich die Bindung zwischen den beiden.

Erst als Molly die Möglichkeit in Betracht ziehen konnte, daß Richards abrupter Aufbruch ein Zeichen seiner Überforderung und nicht seiner Gleichgültigkeit gewesen war, konnte sie ihm verzeihen und selbst wieder ihre Verwundbarkeit zeigen. Erst als Richard erkennen konnte, daß es Mut erfordert und eher Stärke als Schwäche beweist, wenn man seine Gefühle offenbart, konnte er sich öffnen und sich auf die liebevolle Beziehung einlassen, die sie sich beide aufrichtig wünschten. Wenn es so etwas wie ein Rezept für Veränderungen gibt, so beginnt es mit der Vision eines besseren Lebens und der Erkenntnis der Probleme, die einer besseren Beziehung im Wege stehen. Veränderungen sind viel leichter, wenn man feste Überzeugungen von Richtig und Falsch in Frage stellen kann. Wenn wir erkennen, daß die Geschichte unserer Partnerschaft auf Annahmen und Interpretationen aufbaut, die möglicherweise zu eng oder falsch sind, werden wir offener für eine neue Sichtweise.

Bilden Sie ein Team

Natürlich sind Veränderungen wesentlich leichter, wenn beide Seiten sich darum bemühen. Die Kommunikation ist ein entscheidendes Element in diesem Prozeß. Wenn Partner sich gemeinsam um ein besseres Verständnis ihrer Beziehung und der darin vorherrschenden Wertvorstellungen bemühen, dann kann sogar der mühsame Bewußtwerdungsprozeß zu mehr Nähe führen. Wenn ich mit Paaren arbeite, betone ich die Bedeutung der Zusammenarbeit. Ich unterstreiche, wie wichtig es ist, daß die beiden ein Team bilden, um ihre Beziehung und ihre Familie zu stärken. Für mich bedeutet Teamwork, daß man an einem gemeinsamen Ziel arbeitet. Es ist leichter, Kompromisse zu schließen und den anderen zu unterstützen, wenn beide dasselbe wollen und genauso hart daran arbeiten. Wenn die Partner auf der selben Seite stehen, ist das, was sich im einzelnen ändern soll, viel leichter zu bestimmen und zu bewerkstelligen.

Teammitglieder wissen, daß man sich gegenseitig beschützen muß, um den gemeinsamen Erfolg zu sichern. Wenn Paare überempfindlich aufeinander reagieren oder dazu neigen, immer wieder dieselben »alten Kamellen« auszugraben und in destruktive Verhaltensmuster zu fallen, versuche ich ihnen zu helfen, die Abfolge aus einem anderen Blickwinkel zu betrachten. Im typischen Fall hat sich der eine Partner in eine überempfindliche Position manövriert, während der andere noch immer eine gewisse Bodenhaftung hat. Wenn dieser Partner anerkennen könnte, daß er einen kurzen Moment lang die Chance und die Gelegenheit hat, den anderen wieder auf das gemeinsame Ziel auszurichten, ließen sich viele schmerzliche Interaktionen vermeiden. Anstatt auf die Provokation anzuspringen und mit der üblichen Gegenattacke zu antworten, kann man auf eine Weise reagieren, die beruhigend und nicht provozierend wirkt. Natürlich ist das nicht einfach, und doch finden wir bei unseren Kindern irgendwie die Stärke, es zu tun. Eltern, die mit dem Einsatz ihrer Stärken experimentieren können, um dem Partner auf diese Weise zu helfen, stellen häufig fest, daß sie reich dafür belohnt werden.

Trennen Sie zwischen Gegenwart und Vergangenheit

Eine weitere Möglichkeit, die Beziehung zu stärken, besteht darin, daß man lernt, alte Verletzungen und Enttäuschungen von der Realität des Hier und Jetzt zu trennen. Unsere kognitiven Landkarten sind sehr einflußreich, weil sie nicht nur die Richtung vorgeben, in die unsere Interpretationen und Schlußfolgerungen gehen, sondern auch unsere Stimmungslage und unsere Erwartungen an den weiteren Verlauf von Ereignissen beeinflussen. Wenn eine Interaktion mit dem Partner einer unglücklichen Kindheitserfahrung ähnelt, wird sehr häufig die gesamte Bedeutungsstruktur der Vergangenheit aktiviert. An diesem Punkt überfluten die ganzen intensiven Gefühle und Überzeugungen aus unserer Kindheit die Bühne und vermischen sich mit der gegenwärtigen Szenerie. Alte Überzeugungen und Erwartungen werden zu neuem Leben erweckt und verzerren unsere Wahrnehmung und unser Verhalten.

Wer einmal erkannt hat, welche spezifischen Themen aus der Vergangenheit leicht hervorbrechen und die Gegenwart überwältigen, merkt eher, wann dieser Prozeß einsetzt. Wenn man weiß, daß alte Schemata die Wahrnehmung verzerren und übermächtige Gefühle auslösen, kann man den Kreislauf durchbrechen, indem man sich selbst daran erinnert, daß die Gegenwart nicht die Vergangenheit ist. Die Fähigkeit, die beiden Erfahrungen zu unterscheiden und zu vergleichen, sorgt dafür, daß die alten Verletzungen uns nicht blind für die gegenwärtige Situation machen.

Nutzen Sie die Macht der Verantwortlichkeit und Vergebung

Heimlich gehegte Wutgefühle gehören zu den destruktivsten Kräften in einer Partnerschaft. Ob sie unter der Oberfläche brodelt, sich in gelegentlichen Tobsuchtsanfällen Luft macht oder in tagtäglichen Ausdrücken der Feindseligkeit und des Grolls zum Ausdruck kommt, sie vergiftet die Umwelt für Eltern und Kinder. Obwohl Wut nützlich sein kann, weil sie uns auf problematische Situationen und unverarbeitete Gefühle aufmerksam macht, sollte man sie als Aufforderung zum Handeln betrachten. Wenn Partner Listen über die ihnen zugefügten Kränkungen führen, bestärken sie eine negative Grundhaltung, die sie daran hindert, dem Partner zu vertrauen, mit ihm zu reden und sich an ihm zu freuen. Wenn das Gute in einer Beziehung sich jemals durchsetzen soll, muß man konstruktiver mit solchen Verletzungen umgehen.

Jede Beziehung wird enorm davon profitieren, wenn die Partner in der Lage sind, einander offen zu sagen, daß sie sich ärgern oder sich gekränkt fühlen. Es gibt viele Ratgeber, in denen Methoden beschrieben werden, wie man dieses Thema konstruktiv angeht. So sollte man zum Beispiel immer nur ein einzelnes konkretes Ereignis ansprechen und nicht gleich ein ganzes Bündel von Vorwürfen vorlegen. Auch sollte man sich um einen ruhigen, respektvollen Ton bemühen, anstatt den Partner zu provozieren oder zu beleidigen.[3] Doch genauso wichtig ist es, daß beide Partner wissen, wie man die Verantwortung übernimmt, wenn man selbst derjenige ist, der den anderen verletzt hat. Auch wenn man die andere Person nicht absichtlich gekränkt hat oder denkt, daß sie überempfindlich reagiert, kann sie die Sache nur wirklich verzeihen, wenn man die eigene Schuld eingesteht. Man muß den anderen wissen lassen, daß seine Gefühle beachtet und anerkannt werden; oft reicht dazu schon ein so simpler Satz wie: »Mir war nicht klar, wie schlimm das für dich ist. Ich wollte dich nicht verletzen«.

Doch der Vorfall ist erst wirklich abgeschlossen, wenn der andere ihn verzeihen kann. Wir müssen lernen, eine Entschuldigung anzunehmen und auf die Aufrichtigkeit des Partners zu vertrauen, damit wir uns über die Abwehrhaltung hinausbewegen können, die unsere Distanz vergrößert und die Wut weiter gären läßt. Dem anderen verzeihen zu können, wenn er die Verantwortung für sein Handeln übernimmt, ist wie eine Zauberformel für die Wiederherstellung der Liebe und Verbundenheit. Es ist nicht nur ein belebendes Elixier für die Partnerschaft, sondern auch für die Kinder, die sehen, daß man auf konstruktive Weise mit Konflikten und Enttäuschungen umgehen kann und die am meisten von einem entspannten, konfliktfreien Zuhause profitieren werden.

Unseren Kindern zuliebe

Obwohl ich als Paartherapeutin viel über menschliches Verhalten weiß, stieß ich bei den Recherchen für dieses Buch auf einige erschreckende Erkenntnisse, die mich dazu brachten, meine eigene Ehe genauer zu betrachten. Ich dachte an die vielen Situationen, in denen ich in Anwesenheit der Kinder mit meinem Mann gestritten hatte, und an Situationen, in denen ich wütend geworden war und ihn in Gegenwart meiner Kinder herabgesetzt hatte. Manchmal habe ich sie sogar in den Streit hineingezogen. Man gelobt sich oft halbherzig Besserung, doch in dieser Hinsicht habe ich mir fest geschworen, mein Verhalten zu ändern – um meiner Kinder willen.

Wenn ich will, daß meine Kinder stolz und selbstbewußt durchs Leben gehen, dann habe ich die Pflicht, keine sarkastischen oder respektlosen Äußerungen über ihren Vater zu machen. Wenn ich will, daß meine Kinder eine feste Beziehung für einen sicheren Ort halten, dann muß ich mein Temperament zügeln und gründlich nachdenken, bevor ich wütend losbelle. Beim Schreiben dieses Buches wurden mir mehrere ungelöste Fragen und »alte« Streitpunkte bewußt, die an mir nagten und mich insgeheim mit Pessimismus und Groll erfüllten. Mein Mann und ich haben einige sehr interessante Monate und viele Gespräche hinter uns, die ohne dieses Buch sicher nicht stattgefunden hätten.

Doch wenn ich in die Gesichter meiner Kinder sehe, weiß ich, daß es richtig war, die heißen Eisen anzupacken und die damit verbundenen Risiken und Spannungen nicht zu scheuen. Ich weiß, daß ich etwas Wertvolles getan habe – nicht nur für mich und meine Beziehung zu meinem Mann, sondern auch für die Zukunft unserer Kinder. Ich bin der

Umsetzung meiner Vorstellung, die ich von einer glücklichen Partnerschaft habe, ein Stückchen näher gekommen, und ich hoffe, daß ich meinen Kindern durch die Stärkung dieser Verbundenheit etwas Kostbares mit auf den Weg gebe – ein positives Vermächtnis der Liebe.

Fragen

1. Was schätzen Sie am meisten, wenn Sie an jene Bereiche Ihrer Beziehung denken, die Ähnlichkeiten mit der Beziehung Ihrer Eltern haben? In welchen Bereichen würden Sie sich lieber anders verhalten?

2. Wenn Sie die Möglichkeit gehabt hätten, die Beziehung Ihrer Eltern mit einem Zauberspruch zu verändern, was hätten Sie sich gewünscht? Würde Ihr Leben heute in irgendeiner Hinsicht anders aussehen, wenn der Zauber gewirkt hätte?

3. Welche Probleme oder Situationen wecken leicht Assoziationen mit wichtigen Themen aus Ihrer Vergangenheit? Kennen Sie die entsprechenden »wunden Punkte« Ihres Partners oder Ihrer Partnerin?

4. Wie leicht beruhigt sich Ihr Partner/Ihre Partnerin, wenn es Ihnen selbst gelingt, die Ruhe zu bewahren? Weiß Ihr Partner/Ihre Partnerin, wie er/sie am besten zu Ihnen durchdringen kann, wenn Sie überempfindlich auf etwas reagiert haben?

5. Fühlen Sie sich manchmal durch frühere Entscheidungen, die nicht mehr dem entsprechen, was Sie heute für richtig halten oder sich erträumen, eingeengt oder »in der Falle«? Wann haben Sie zum letzten Mal versucht, mit Ihrem Partner oder Ihrer Partnerin darüber zu sprechen?

6. Versetzen Sie sich fünf Jahre in die Zukunft und stellen Sie sich Ihre Wunschbeziehung vor. Wie weit sind Sie von der Verwirklichung dieser »Traumehe« entfernt? Können Sie sich zwei Aspekte Ihrer Persönlichkeit vorstellen, die in dieser idealen Beziehung häufig zum Ausdruck kommen würden? Wie würde Ihr Partner/Ihre Partnerin reagieren, wenn Sie versuchen würden, diese Seiten heute auszuleben?

Anmerkungen

Kapitel 1: Was Kinder von der Partnerschaft ihrer Eltern lernen

1. Für weitere Informationen zur Lerntheorie siehe zum Beispiel Bandura und Walters, *Social Learning and Personality Development* (1963).
2. Mehrere Studien befassen sich mit der Frage, wie kognitive Strukturen die Wahrnehmung beeinflussen. Siehe zum Beispiel Baucom, Epstein, Sayers und Sher (1989), S. 31. Siehe auch Dobson und Kendall (1993), S. 8, und Chelune, Robison und Kommor (1984), S. 19.
3. Eine hervorragende Zusammenfassung von Piagets Arbeit bietet Hugh Rosen (1985). Das hier beschriebene Experiment findet sich auf Seite 15.
4. Bernstein, zitiert nach Whiteside (1986), S. 156.
5. Neisser (1994), S. 6.
6. Lewis und Owen (1995), S. 462.
7. Hampson, Hyman und Beavers (1994), S. 66–67.
8. Robins, Schoenberg, Homes et al. (1985), S. 37.
9. Langston, S. 128.
10. Eine ausgezeichnete Darstellung des Identifikationsprozesses findet sich bei Meissner (1986), S. 240.
11. Snyder, Velasquez und Clark (1997), S. 192.
12. Fuss (1995), S. 6.
13. Zitiert nach Josselson (1994), S. 162.
14. Gerson und Hoffman (1993), S. 341.
15. David und Jill Scharff erörterten das »verinnerlichte Paar« erstmals in ihrem Buch *Object Relations Familiy Therapy* (1987), S. 241.
16. Ich habe mich in mehreren Aufsätzen und Fachbüchern mit der Wiederholung der Familiendynamik befaßt. Siehe Siegel (1991), S. 72, und Siegel (1992), S. 9-19. Siehe auch Scarf (1986), S. 126.
17. James Framo beschrieb dies als erster in einem Aufsatz mit dem Titel »Symptoms from a familiy transactional viewpoint« (1970), S. 128. Die Rolle der Kinder bei der Stabilisierung der elterlichen Beziehung beschreibt Byng-Hall (1980), S. 356. Siehe auch Scarf (1986).
18. Siehe auch Ackerman (1986).
19. Der von Minuchin geprägte Begriff der »Verstrickung« wird sehr anschaulich beschrieben bei Gerson (1986), S. 140–142.
20. Edward Waring (1980), S. 474, berichtet, daß die glücklichsten Paare in seiner Studie angaben, die erfolgreiche Ehe ihrer Eltern habe ihr eigenes Eheglück tiefgreifend beeinflußt.
21. Steil (1997).

Kapitel 2: Der Partnerschaft Priorität einräumen

1. Neuman (1998), S. 93, zitiert diese Scheidungsrate nach dem U.S. Census Bureau: National Center for Health Statistics. Die hohe Rate unglücklicher Ehen, die nicht mit Scheidung enden, aber auch nicht auf Paartherapie ansprechen, wurde von Heaton und Albrecht (1991), S. 747, diskutiert. Forschungsergebnisse über die Beziehung zwischen

Depression und Eheproblemen werden in Prince und Jacobson (1995), S. 380, wiedergegeben.

2. Diese Thematik betont auch Wallerstein (1994). Siehe auch Weeks (1995), S. 37–39, und Taffel (1999).
3. Carter und McGoldrick (1989), S. 15.
4. Falicov (1998), S. 38, schildert, wie Intimität zwischen Eheleuten und anderen Partnern sich in verschiedenen Kulturen unterscheidet.
5. Stierlin und Weber (1989), S. 31.
6. Harkaway (1989), S. 236.
7. Josselson (1994), S. 182.
8. Swidler (1980), S. 128.
9. Barnes (1990), S. 223.
10. Stiver (1991), S. 158.
11. Brody, Pillegrini und Sigel (1986), S. 291. Siehe auch Kerig (1993), S. 29.
12. Drei Untersuchungen, die wichtige Informationen über die Anpassung an das Leben mit Kindern liefern, stammen von Mackey und O'Brien (1995), Cowan und Cowan (1992) und Belsky und Rovine (1990).
13. Taffel (1999), S. 32.
14. Mackay und O'Brien (1995) berichten, daß drei Jahre nach der Geburt ihres ersten Kindes zehn Prozent der untersuchten weißen amerikanischen Paare geschieden und sechs Prozent getrennt waren. Bei den schwarzen amerikanischen Paaren in dieser Untersuchung lösten sich noch mehr Ehen auf, 24 Prozent waren geschieden und 17 Prozent lebten getrennt. Crohan (1996), S. 936, berichtet von ähnlichen Zahlen.
15. Belsky und Kelly (1994), S. 134.
16. Westfall (1995), S. 180. Siehe auch Spring (1996), S. 139.
17. Cowan und Cowan (1992), S. xi.
18. Sabatelli und Anderson (1991), S. 363.

Kapitel 3: Den Wert wechselseitiger Abhängigkeit lehren

1. Waring (1983), S. 48. Siehe auch Beavers (1985), S. 75–83.
2. Josselson (1994).
3. Siehe zum Beispiel Levant (1998).
4. Besonders gut wird das beschrieben von Hafner (1986) in Kapitel zwei, »Sex-Role Stereotyping and Conflict«, S. 16–46.
5. Hare-Mustin (1994), S. 19. Siehe auch Worden und Worden (1998), S. 5-9, und Sheinberg und Penn (1991), S. 34.
6. Krystal (1988), S. 258–263.
7. Lerner (1992), S. 170. Siehe auch Stiver (1991), S. 155.
8. Josselson (1991), S. 204.
9. Stiver (1991), S. 160.
10. McQuillan und Ferree (1998), S. 215f., untersuchten 230 Paare und stellten fest, daß Mann und Frau mit ihrer Beziehung zufriedener sind, wenn eine Frau sich von ihrem Mann verstanden fühlt. Auch Frauen, die angaben, es sei sehr leicht, mit dem Partner über Probleme zu sprechen, führten Beziehungen, in denen beide Partner von größerer Zufriedenheit berichteten. Siehe auch Heller und Wood (1998), S. 273.

11. Mackey und O'Brien (1995).

12. Levant (1997), S. 441.

13. Bei diesem Forschungsprojekt wurden 56 Familien mit einem Kind im Vorschulalter untersucht, als die Kinder fünf Jahre alt waren, und noch einmal, als die Kinder acht waren. Die Ergebnisse sind dargestellt in Hooven, Gottman und Katz (1995), S. 229, und Gottman (1998), S. 174.

14. Whitbourne und Ebmeyer (1990), S. 25.

15. Loewenstein (1967), S. 798.

16. Larson, Hammond und Harper (1998), S. 498.

17. Howes und Markman (1989) und Zeanah, Borris und Larrieu (1997), S. 174, verweisen auf Studien von Cox (1989) und berichten, daß zwischen der Nähe zwischen Partnern einerseits und sensibler elterlicher Fürsorge und einer sicheren Bindung des Babys andererseits ein Zusammenhang besteht.

Kapitel 4: Die Wichtigkeit von gegenseitigem Respekt deutlich machen

1. Kohuts Theorien über das Selbstwertgefühl sind in verschiedenen Büchern und Artikeln dargestellt, zum Beispiel in *Auf der Suche nach dem Selbst* (München: Pfeiffer, 1993) und in *Die Heilung des Selbst* (Frankfurt a.M.: Suhrkamp, 1981). Seine Gedanken sind auch in Alice Millers Buch *Am Anfang war Erziehung* (Frankfurt: Suhrkamp, 1980) dargelegt.

Kapitel 5: Das Vertrauen in Wort und Tat erhalten

1. Chelune, Robinson und Kommor (1984), S. 31.

2. Eine ausgezeichnete Darstellung der Probleme in zusammengesetzten Familien findet man bei Bray (1998). Siehe auch Hetherington und Jodl (1994), S. 57.

3. Hansky (1981). Siehe auch Siegel (1992), S. 42.

4. Die »obsessive« Dynamik wird von Brown (1991), S. 74–78, gut beschrieben. Siehe auch Westfall (1989), S. 169.

5. Scanzoni (1984), S. 26.

6. Brown (1991), S. 246–249.

7. Ebenda, S. 273.

8. Wallerstein und Blakeslee (1989), S. 51.

9. Spring (1996), S. 127.

10. Gottman (1998), S. 177, zitiert jüngere Zahlen des statistischen Bundesamtes der USA und nennt die Prozentzahlen von Kindern, die in Kernfamilien (mit beiden Eltern) leben: 56 Prozent der weißen amerikanischen Kinder, 38 Prozent der hispanoamerikanischen Kinder und 26 Prozent der afroamerikanischen Kinder.

11. Neuman (1998), S. 93, berichtet, daß die Hälfte der Kinder aus geschiedenen Ehen den Elternteil, der nicht das Sorgerecht hat, im vergangenen Jahr nicht gesehen hat und daß nur eines von sechs Kindern wöchentlich Kontakt mit ihm hat. Neuman schätzt, daß etwa 20 Millionen amerikanischer Kinder von dieser Situation betroffen sind.

12. Duran-Aydintug (1997) berichtet, daß in einer Stichprobe von sechzig

Universitätsstudenten, deren Eltern sich hatten scheiden lassen, 82 Prozent aussagten, sie vertrauten ihrem eigenen derzeitigen Partner oder ihrer Partnerin nicht. Von einem ähnlichen Ergebnis berichten Thornton und Freedman (1982), S. 302.

13. Lee (1995), S. 62.

14. Berner (1992), S. 73–80, führt an, daß das Engagement für die Kindererziehung bei Eltern, deren eigene Eltern geschieden waren, besonders stark ist.

15. Die höheren Scheidungsraten bei Erwachsenen, die selbst Scheidungskinder waren, werden in mehreren Untersuchungen zitiert. Die Unterschiede werden jedoch, wie Kulka und Weingarten (1979), S. 68, zeigen, geringer, wenn man den Bildungsstand zur Zeit der Eheschließung berücksichtigt.

16. Timmer, Veroff und Hatchett (1996), S. 336.

17. Mackey und O'Brien (1995).

18. Während sich die ersten Studien über die Konsequenzen einer Scheidung für Kinder mit Themen wie Stigma (siehe zum Beispiel Glenn [1985], S. 69), befaßten, zeigen jüngere Untersuchungen, daß nachteilige Wirkungen mit größter Wahrscheinlichkeit dann auftreten, wenn die Scheidung sehr konfliktreich war oder wenn die Kinder miteinbezogen wurden. Buchanan, Maccoby und Dornbusch (1991), S. 1015, zum Beispiel interviewten 522 Jugendliche vier Jahre nach der Trennung der Eltern. Heranwachsende, die sagten, sie fühlten sich zwischen streitenden Eltern gefangen, litten unter Problemen wie Kopfschmerzen, Depressionen, Eßstörungen, Erschöpfung und Angst. Siehe auch Thornton und Freedman (1982), S. 302; Kozuch und Cooney (1995), S. 58; und Lee (1995), S. 63. Siehe Amato, Loomis und Booth (1995), S. 895.

19. Gottman (1998), S. 180. Siehe auch Neuman (1998), S. 93.

Kapitel 6: Konstruktiv über Unterschiede und Probleme verhandeln

1. Margolin (1988), S. 195.

2. Krystal (1988), S. 49–53.

3. Laut Gotlib und Avison (1993), S. 296, lebten 1988 in den USA schätzungsweise 28 Millionen Kinder in Familien mit alkoholkranken Eltern. Nach Ansicht von Straussner (1994), S. 394, haben fast 40 Prozent der Erwachsenen in den USA einen alkoholkranken Blutsverwandten; dabei ist die erhebliche Anzahl von Kindern, deren Eltern von anderen Drogen, wie zum Beispiel Kokain, abhängig sind, noch nicht mit eingerechnet.

4. Gorski (1993), S. 63.

5. Cowan (1997), S. 150.

6. Kerr und Bowen (1988), S. 65.

7. Lerner (1992), S. 204.

8. Harter (1997), S. 83, stellte fest, daß Eheleute egozentrisch wurden, Depressionen entwickelten und sich weniger authentisch fühlten.

9. Siehe Harter (1997), S. 34. Siehe auch Steil (1997), S. 27–39; Larson,

Hammond und Harper (1998), S. 488; und Knudson-Martin (1997), S. 423.

10. Rabin (1996), S. 64, beschreibt die Reaktionen von Freunden und Verwandten, wenn der Mann seinen Arbeitsplatz aufgibt, um das Sabbatjahr seiner Frau zu unterstützen.
11. Steil (1997), S. 29.
12. Scanzoni (1989), S. 81.
13. Schneider (1990), S. 122.
14. Siehe Lachtar (1998) oder Siegel (1999).
15. Soncinni (1997), S. 85.
16. Howes und Markman (1989), S. 1050. Siehe auch McQuillan und Ferree (1998), S. 216.

Kapitel 7: Die langfristigen Folgen von Konflikten

1. Cowan und Cowan (1991), S. 84–85, berichten, daß Frauen am unglücklichsten in den ersten sechs Monaten nach der Geburt sind, vor allem weil sie mehr Verantwortung für Haushalt und Kinderbetreuung übernehmen müssen. Bei den Männern setzt die größere Unzufriedenheit eher in den darauffolgenden sechs bis achtzehn Monaten ein. Auch Belsky, Belsky und Rovine (1980), S. 8, haben festgestellt, daß die Zufriedenheit in der Partnerschaft bei den 128 von ihnen untersuchten Paaren nach der Geburt des Babys abnahm, und zwar vom Beginn der Schwangerschaft bis drei Jahre nach der Geburt. Mackey und O'Brien (1985), S. 127, haben festgestellt, daß weiße amerikanische Paare in der Zeit nach der Geburt der Kinder bis zum Kleinkindalter dreimal so viele Konflikte erleben wie vor der Geburt der Kinder. Die Autoren weisen allerdings darauf hin, daß es auch eine positive Entwicklung gibt, weil die Partner lernen, besser zusammenzuarbeiten.
2. Allen (1996), S. 106.
3. In dem klassischen Aufsatz von O'Leary und Arias aus dem Jahr 1988, S. 104–127 wird geschätzt, daß es in 25 Prozent der Ehen zu Mißhandlungen des Ehepartners kommt. Die von McNeal und Amoto (1998), S. 123, zitierte Erhebung (National Familie Violence Survey) deutet darauf hin, daß jährlich über drei Millionen Kinder zu Zeugen gewalttätiger Auseinandersetzungen zwischen den Eltern werden. Cassidy (1989), S. 32, interviewte 174 zufällig ausgewählte Familien und stellte fest, daß die Mehrheit der Kinder extremen Konflikten der Eltern ausgesetzt gewesen war. Von den 350 befragten Kindern hatten 337 erlebt, daß die Eltern sich verbal oder emotional mißhandelten, 121 hatten beobachtet, daß ein Elternteil vom anderen bedroht wurde und 93 hatten körperliche Gewalt mitangesehen.
4. Wallerstein und Blakeslee (1989), S. 146 ff.
5. Die Veränderungen von Kindern, die extremen Ehekonflikten ausgesetzt sind, werden in zahlreichen Studien beschrieben. Die beste Zusammenfassung der Forschungsergebnisse liefern Cummings und Davies (1994), S. 3. Sie weisen darauf hin, daß bei Kindern, die Feindseligkeiten zwischen den Eltern erlebt haben, die Wahrscheinlichkeit

extremer Verhaltensstörungen um 600 Prozent höher liegt als in der Durchschnittsbevölkerung. Beach (1995), S. 72 u. 102, untersuchte Fünft-, Sechst- und Siebtkläßler und stellte fest, daß Kinder besonders empfindlich auf körperliche Aggressionen der Mutter reagieren, was zu hohen Graden an kindlicher Aggressivität, Angst, Depression, somatischen Beschwerden und sozialen Problemen führte. Siehe auch Amato und Keith (1991), S. 38; Grych und Ficham (1990), S. 270; und Cummings, Pellegrini und Notarious (1989), S. 1040.

6. McNeil und Amato (1998), S. 136, befragten 471 junge Erwachsene, deren Eltern nach den Ergebnissen einer zehn Jahre zuvor durchgeführten Befragung wahrscheinlich eine gewalttätige Beziehung hatten. Die Autoren kam zu dem Ergebnis, daß die Mehrheit dieser Kinder inzwischen selbst in gewalttätigen Beziehungen lebte. Siehe auch Amato und Keith (1991), S. 38; Gynch und Fincham (1990), S. 269; und Cappell und Heiner (1990), S. 143.

7. Siehe Belsky und Roving (1981), zitiert nach Katz (1990), S. 17–20.

8. Howard und Weeks (1995) berichten, daß die Hälfte aller Patienten, die psychiatrisch behandelt werden, Hilfe aufgrund von Beziehungsproblemen suchten, und daß bei 30 Prozent dieser Paare ein Partner unter klinischen Depressionen leidet (S. 96). Auch Rusheer und Gotlib stellten fest, daß depressive Patienten von mehr Zerwürfnissen berichten als ihre nichtdepressiven Gegenstücke (zitiert nach Gotlib und Avison [1993], S. 300). Tronsley, Beach und Fincham (1991), S. 143, meinen, daß 50 Prozent der Frauen, die unter Depressionen leiden, schwerwiegende Beziehungsprobleme haben. Depressionen führen dazu, daß sich der betroffene Elternteil erschöpft und leicht überfordert fühlt, seltener in der Lage ist, mit dem Kind zu spielen oder sich an ihm zu erfreuen, und dazu neigt, sich zurückzuziehen oder feindselig auf das Kind zu reagieren. Siehe auch Guttman (1989), S. 253; und Anthony (1983), S. 8-11.

9. Cowan (1997), S. 148.

10. Harold, Fincham, Osborne und Conger (1997), S. 347–348.

11. Grych und Fincham (1990), S. 286, werteten 25 Studien aus, die zeigen, wie sich elterliche Konflikte auf Kinder unterschiedlicher Altersstufen auswirken. Cummings und Davies (1994), S. 37–86, untersuchen sowohl die direkten als auch die indirekten Folgen von Konflikten und erläutern die Dynamik, die dazu führt, daß einige Kinder die Probleme nach außen verlagern (Schulprobleme, Beziehungsprobleme mit Gleichaltrigen und Aggressionen), während andere sie nach innen richten (Depressionen, Angst und geringe Selbstachtung). Grych (1991) untersuchte 222 Kinder von der vierten bis zur fünften Klasse und stellte fest, daß Kinder, die regelmäßig heftige und schlecht gelöste Konflikte ihrer Eltern miterlebten, dazu neigen, andere zu schikanieren und einzuschüchtern. Cummings und Davies (1994), S. 135, vertreten die Auffassung, daß Kinder, die häufig heftigen Streitigkeiten zwischen den Eltern ausgesetzt sind, in einem Zustand hoher Erregung bleiben, der ihre emotionalen Ressourcen und Energien verringert.

Siehe auch Easterbrooks und Emde (1994), S. 164–165; O'Brien, Bahadur et al. (1997), S. 39; und Emery (1982), S. 312.

12. Cummings und Davis (1994), S. 40.

13. Siehe Cummings, Pellegrini und Notarious (1989), S. 1035 f. Siehe auch Cummings und Cummings (1988), und Dodge (zitiert nach Grych und Fincham [1990], S. 286).

14. Allen (1996), S. 98, untersuchte die Auswirkungen eines Konfliktstils, der durch gegenseitige Feindseligkeiten gekennzeichnet ist, und eines Konfliktstils, der durch Distanzierung charakterisiert ist. Katz (1990), S. 116, stellte fest, daß Kinder, deren Eltern sich zurückziehen, wenn Konflikte auftauchen, größere Wut zeigen und auch Probleme mit der Kontrolle ihrer Gefühle haben.

15. Schwartz und Zuroff (1979), S. 398, untersuchten 98 Collegestudentinnen und kamen zu dem Schluß, daß diejenigen, die von Konflikten ihrer Eltern berichteten, anfälliger für Depressionen waren. Siehe auch Harold, Fincham, Osborne und Conger (1997), S. 333; sowie Howes und Markman (1989), S. 1051.

16. Hoovan, Gottman und Katz (1995), S. 229. Siehe auch Gohm, Oishi, Darlington und Diener (1998), S. 319.

17. Amato, Loomis und Booth (1995), S. 913, untersuchten die Folgen von Beziehungskonflikten bei 2033 Erwachsenen und ihren Kindern über einen Zeitraum von 12 Jahren. Kinder, die durch die Scheidung der Eltern einer feindseligen häuslichen Umgebung entfliehen konnten, waren emotional stabiler als Kinder, deren Eltern zusammenblieben und weiterhin eine extrem konfliktreiche Beziehung führten (S. 913). Siehe auch Kulka und Weingarten (1979), S. 50; Kelly (1998), S. 259; Amato und Keith (1991), S. 38; und Gohm, Oishi et al. (1998), S. 69.

18. Kerig (1995), S. 28, untersuchte 75 intakte Familien, in denen das älteste Kind zwischen sechs und zehn Jahre alt war. Sie kam zu dem Ergebnis, daß bei Eltern, die in generationsübergreifenden Koalitionen steckten, eine größere Wahrscheinlichkeit bestand, daß sie unzufrieden mit ihrer Beziehung waren und unter ausgeprägten Konflikten litten. O'Brien, Margolin und John (1995), S. 3460, befragten 83 Familien und stellten fest, daß Kinder, die in die Konflikte ihrer Eltern hineingezogen wurden, mehr Anpassungsprobleme zeigten als andere.

19. Emery (1982), S. 324. Siehe auch Grych (1991), S. 69.

20. Coltrane (1998), S. 206, faßt Untersuchungen zusammen, die zeigen, daß Väter die Geschlechterstereotype stärker fördern als Mütter, insbesondere bei Söhnen. Pollock (1992) beschreibt, wie dies zur Entfremdung zwischen Vater und Sohn ebenso wie zur Fortsetzung unterdrückter Gefühle führt. Siehe auch Levant (1998), S. 441.

21. Cummings und Davies (1994), S. 38, weisen darauf hin, daß Kinder, die ein feindseliges Verhalten ihrer Eltern erleben, damit rechnen, daß sie selbst zur Zielscheibe der Aggressionen werden. Laut Harold, Fincham, Osborne und Conger (1997) können Feindseligkeiten zwischen den Eltern tatsächlich dazu führen, daß sie sich auch gegenüber ihren Kindern feindseliger verhalten. Siehe auch Barber (1998), S. 119.

22. Guerin und Gordon (1986), S. 158–166.
23. Kerig (1995), S. 333.
24. Jurkovic (1997), S. 30.
25. Wallerstein (1989) beschreibt dieses Phänomen auf S. 92 u. S. 94f.
McNeal und Amato (1998), S. 135, haben gezeigt, daß Kinder, die im
Alter von 11 bis 19 Jahren ehelicher Gewalt ausgesetzt waren, noch
fünf bis zehn Jahre später darunter leiden. Siehe auch Kulka und Weingarten (1979), S. 51; und Cappell und Heiner (1990), S. 135.
26. Kendall und Dobson (1993), S. 6.
27. Gottman (1994), S. 110.
28. Easterbrooks (1994), S. 160.
29. Cummings und Davies (1994), S. 70–78. Siehe auch Grych und Fincham
(1990), S. 285f.

Kapitel 8: Das Positive hervorheben

1. Gottman (1994), S. 57.
2. Mackey und O'Brien (1995), S. 141.
3. Steil (1997), S. 28.
4. Siehe Beavers (1985), S. 82 u. S. 165.
5. Noller (1984), S. 22.

Kapitel 9: Auf dem Weg zu einer besseren Partnerschaft

1. Siehe Wenning (1998), insbesondere S. 62–79.
2. Lerner (1990), S. 85f.
3. Wenning (1998), S. 68–77. Siehe auch Gottman (1994), S. 181–199.

Literaturverzeichnis

Ackerman, Robert: *Growing in the Shadow: Children of Alcoholics.* Pompino Beach, Fla.: Health Communications, 1986.

Ahrons, Constance R.: *The Good Divorce.* New York: HarperCollins, 1994.

Aida, Yukie und Toni Falbo: Relationships Between Marital Satisfaction, Resources and Power Strategies. *Sex Roles* 24 (1991), S. 43–55.

Allen, Melissa: *Children's Perceptions and Comparisons of Two Marital Conflict Patterns. Mutually Hostile and Demand-Withdraw.* Doctoral dissertation, Texas A&M University, 1996.

Amato, Paul R. und Bruce Keith: Parental Divorce and the Well-Being of Children: A Meta-Analysis. *Psychological Bulletin* 110, no. 1 (1991), S. 26–46.

Amato, Paul R., Laura Spenser Loomis und Alan Booth: Parental Divorce, Marital Conflict, and Offspring Well-Being During Early Adulthood. *Social Forces* 73, no. 3 (1995), S. 895–915.

Ambert, Anne Marie: *Parents, Children and Adolescents: Interactive Relationships and Development in Context.* New York: Haworth, 1997.

Bandura, Albert und Walters: *Social Learning and Personality Development.* New York: Holt Rinehart & Winston, 1963.

Barber, Brian K.: Interparental Conflict Styles and Youth Problem Behaviors: A Two-Sample Replication Study. *Journal of Marriage and the Family* 60 (1998), S. 119–132.

Barnes, Gill G.: The Little Woman and the World of Work. In: *Gender and Power in Families,* hrsg. v. R. J. Perelberg and A. C. Miller, S. 221–244, New York: Routledge, 1990.

Baucom, Donald H., und Adams: Assessing Communication in Marital Interaction. In: *Assessment of Marital Discord: An Integration for Research and Clinical Practice.* Hillsdale, N.J.: Lawrence Erlbaum, 1987.

Baucom, Donald H., Norman Epstein, Steven Sayers und Tamara G. Sher: The Role of Cognitions in Marital Relationships: Definitional, Methodological and Conceptual Issues. *Journal of Consulting and Clinical Psychology* 57 (1989), S. 31–38.

Beach, Beverly K.: *The Relation Between Marital Conflict and Child Adjustment: An Examination of Parental and Child Repertoires.* Doctoral dissertation, West Virginia University, 1995.

Beavers, W. Robert: *Successful Marriage: A Family Systems Approach to Couples Therapy.* New York: W. W. Norton, 1985.

Belsky, Jay, und Michael Rovine: Patterns of Marital Change Across the Transition to Parenthood: Pregnancy to Three Years Postpartum. *Journal of Marriage and the Family* 52 (1990), S. 5-19.

Benjamin, Lorna S., und Frances J. Friedrich: Contributions of Structural Analysis of Social Behavior (SASB) to the Bridge Between Cognitive Science and a Science of Object Relations. In: *Person, Schemas and Mal-*

adaptive Interpersonal Patterns, hrsg. v. Mardi J. Horowitz. Chicago: University of Chicago Press, 1991.

Berner, R. Thomas: *Parents Whose Parents Were Divorced.* New York: Haworth, 1992.

Bernstein, Ann C.: Stepfamilies with a Mutual Child. Zitiert nach Mary F. Whiteside, Remarried Systems. In: *Children in Family Contexts: Perspectives on Treatment,* hrsg. v. Lee Combrick-Graham. New York: Guilford, 1986.

Black, Claudia: *It Will Never Happen to Me.* Denver: Medical Administration Corp., 1981.

Booth A. und J. Dunn: *Stepfamilies: Who Benefits? Who Does Not?* Hillsdale, N.J.: Lawrence Erlbaum, 1994.

Bray, James H. und John Kelly: *Stepfamilies: Love, Marriage and Parenting in the First Decade.* New York: Bantam, Doubleday, Dell, 1998.

Brody, Gene H., Anthony D. Pillegrini und Irving E. Sigel: Marital Quality and Mother-Child and Father-Child Interactions with School-Aged Children. *Developmental Psychology* 22, no. 3 (1986), S. 291–296.

Brown, Emily M.: *Patterns of Infidelity and Their Treatment.* New York: Brunner/Mazel, 1991.

Buchanan, Christy M., Eleanor E. Maccoby und Sanford M. Dornbusch: Caught Between Parents: Adolescents' Experience in Divorced Homes. *Child Development* 62 (1991), S. 1008–1029.

Burman, Bonnie, Richard S. John und Gayla Margolin: Effects of Marital and Parent-Child Relations on Children's Adjustment. *Journal of Family Psychology* 1, no. 1 (1987), S. 91–108.

Byng-Hall, John: Symptom Bearer as Marital Distance Regulator: Clinical Implications. *Family Process* 19 (1980), S. 355–365.

Cappell, Charles und Robert B. Heiner: The Intergenerational Transmission of Family Aggression. *Journal of Family Violence* 5 (1990), S. 135–152.

Carli, Linda L.: Gender, Language and Influence: *Journal of Personality and Social Psychology* 59, no. 5 (1990), S. 941–951.

Carter, Betty und Monica McGoldrick: The Changing Family Life Cycle: A Framework for Family Therapy. In: *The Changing Family Life Cycle,* 2. Aufl., hrsg. v. Betty Carter und Monica McGoldrick, S. 3-28, Boston: Allyn and Bacon, 1989.

Cassady, M. E.: *The Family Responses to Conflict Scale: Development of a Measure of Marital Conflict and Children's Exposure and Reactions.* Doctoral dissertation, University of Connecticut, 1989.

Chelune, Gordon J., Joan T. Robison und Martin J. Kommor: A Cognitive Interactional Model of Intimate Relationships. In: *Communication, Intimacy, and Close Relationships,* hrsg. v. Steve Duck. New York: Academic Press, 1984.

Christensen, Andrew und Christopher L. Heavey: Gender and Social Structure in the Demand/Withdraw Pattern of Marital Conflict. *Journal of Personality and Social Psychology* 59, no. 1 (1990), S. 73–81.

Clulow, Christopher (Hrsg.): *Partners Becoming Parents*. Northvale, N.J.: Jason Aronson, 1997.

Coltrane, Scott: Gender, Power and Emotional Expression: Social and Historical Contexts for a Process Model of Men in Marriages and Families. In: *Men in Families*, hrsg. v. Alan Booth und Ann C. Crouter, S. 193–211, Mahwah, N.J.: Lawrence Erlbaum, 1998.

Cowan, Carolyn P. und Phillip A. Cowan: *When Partners Become Parents: The Big Life Change for Couples*. New York: Basic Books, 1992.

Cowan, Carolyn P., Phillip A. Cowan, Gertrude Heming, Ellen Garrett, William S. Coysh, Harriet Curtis-Boles und Abner Boles, III.: Transitions to Parenthood: His, Hers and Theirs. *Journal of Family Issues* 6, no. 4 (1985), S. 451–481.

Cowan, Phillip A.: Being Partners: Effects on Parenting and Child Development. In: *Partners Becoming Parents*, hrsg. v. Christopher Clulow, S. 140–158, Northvale, N.J.: Jason Aronson, 1997.

Cowan, Phillip A. und E. Mavis Hetherington: *Family Transitions*. Hillsdale, N.J.: Lawrence Erlbaum, 1991.

Cox, Martha J., Margaret T. Owen, Jerry M. Lewis und V. Kay Henderson: Marriage, Adult Adjustment and Early Parenting. *Child Development* 60 (1989), S. 1015–1024.

Cox, Martha J., Margaret T. Owen, Jerry M. Lewis, Cynthia Riedel, Lynda Scalf-McIver und Ana Suster: Intergenerational Influences on the Parent-Infant Relationship in the Transition to Parenthood. *Journal of Family Issues* 6, no. 4 (1985), S. 543–564.

Crohan, Susan E.: Marital Quality and Conflict Across the Transition to Parenthood in African American and White Couples. *Journal of Marriage and the Family* 58 (1996), S. 933–944.

Crohn, Joel: Intercultural Couples. In: *Re-visioning Family Therapy: Face, Culture and Gender in Clinical Practice*, hrsg. v. Monica McGoldrick, S. 295–308, New York: Guilford, 1998.

Cummings, E. Mark und Patrick Davies: *Children and Marital Conflict: The Impact of Family Dispute and Resolution*. New York: Guilford, 1994.

Cummings, Jennifer S., David S. Pellegrini, Clifford I. Notarious und E. Mark Cummings: Children's Responses to Angry Adult Behavior as a Function of Marital Distress and History of Interparent Hostility. *Child Development* 60 (1989), S. 1035–1043.

David, Corrine, Ric Steele, Rex Forehand und Lisa Armistead: The Role of Family Conflict and Marital Conflict in Adolescent Functioning. *Journal of Family Violence* 11, no. 1 (1996), S. 81–91.

Dobson, Keith und Philip C. Kendall (Hrsg.): *Psychopathology and Cognition*. New York: Academic Press, 1993.

Duran-Aydintug, Candan: Adult Children of Divorce Revisited: When They Speak Up. *Journal of Divorce & Remarriage* 27, nos. 1 and 2 (1997), S. 71–83.

Easterbrooks, M. Ann, E. Mark Cummings und Robert N. Emde: Young

Children's Responses to Constructive Marital Disputes. *Journal of Family Psychology* 8, no. 2 (1994), S. 160–169.

Emery, Robert D.: Interparental Conflict and the Children of Discord and Divorce. *Psychological Bulletin* 92 (1982), S. 310–330.

Falicov, Celia J.: The Cultural Meaning of Family Triangles. In: *Re-Visioning Family Therapy: Face, Culture and Gender in Clinical Practice*, hrsg. v. Monica McGoldrick, S. 33–49, New York: Guilford, 1998.

Framo, James: Symptoms from a Family Transactional Viewpoint. *Family Therapy in Transition*, hrsg. v. Nathan Ackerman, S. 125–170, Boston: Little Brown, 1970.

Freedman, Jill und Gene Combs: *Narrative Therapy: The Social Construction of Preferred Realities*. New York: Norton, 1996.

Fuss, Diane: *Identification Papers*. London: Routledge, 1995.

Gable, Sara, Keith Cernic und Jay Belsky: Coparenting Within the Family System: Influences on Children's Development. *Family Relations* 43 (1994), S. 380–386.

Gerson, Mary-Joan: *The Embedded Self: A Psychoanalytic Guide to Family Therapy*. Hillsdale, N.J.: The Analytic Press, 1996.

Gerson, R., S. Hoffman, M. Sauls und D. Ulrici: Family-of-Origin Frames in Couples Therapy. *Journal of Marital and Family Therapy* 19, no. 4 (1993), S. 341–354.

Glenn, N. D.: Children of Divorce. *Psychology Today*, Juni 1985.

Gorski, Terence T.: *Getting Love Right: Learning the Choices of Healthy Intimacy*. New York: Fireside, 1993.

Gotlib, Ian H. und William R. Avison: Children at Risk for Psychopathology. In: *Basic Issues in Psychopathology*, hrsg. v. Charles G. Costello, S. 271–314, New York: Gilford, 1993.

Gottman, John M.: Toward a Process Model of Men in Marriages and Families. In: *Men in Families*, hrsg. v. A. Booth and A. C. Crouter. Mahwah, N.J.: Lawrence Erlbaum, 1998.

–: *Why Marriages Succeed or Fail … and How You Can Make Yours Last*. New York: Fireside, 1994.

Gottman, John M. und L. E. Katz: Effects of Marital Discord on Young Children's Peer Interaction and Health. *Developmental Psychology* 25 (1989), S. 373–381.

Grych, John H.: *Marital Conflict and Children's Adjustment: Initial Investigations of the Cognitive-Contextual Framework*. Doctoral dissertation, University of Illinois at Urbana-Champaign, 1991.

Grych, John H. und Frank D. Fincham: Marital Conflict and Children's Adjustment: A Cognitive-Contextual Framework. *Psychological Bulletin* 108, no. 2 (1990), S. 267–290.

Guerin, Phillip J. und E. M. Gordon: Trees, Triangles and Temperament in the Child-Centered Family. In: *Evolving Models for Family Change: A Volume in Honor of Salvador Minuchin*, hrsg. v. H. C. Fishman and B. L. Rosman, S. 159–182, New York: Guilford, 1986.

Guttman, Herta A.: Children in Families with Emotionally Disturbed Parents. In: *Children in Family Contexts: Perspectives on Treatment*, hrsg. v. Lee Combrinck-Graham, S. 252–276, New York: Guilford, 1989.

Hafner, R. Julian: *Marriage and Mental Illness: A Sex-Roles Perspective*. New York: Guilford, 1986.

Hampson, R. B., T. L. Hyman und W. R. Beavers: Age-of-Recall Effects on Family-of-Origin Ratings. *Journal of Marital and Family Therapy* 20, no. 1 (1994), S. 61–67.

Hare-Mustin, Rachel T.: Discourses in the Mirrored Room: A Post-modern Analysis of Therapy. *Family Process* 33 (1994), S. 19–35.

Harkaway, Jill E.: Childhood Obesity: The Family Context. In: *Children in Family Contexts: Perspectives on Treatment*, hrsg. v. Lee Combrinck-Graham, S. 231–251, New York: Guilford, 1989.

Harold, Gordon T, Frank D. Fincham, Lori N. Osborne und Rand D. Conger: Mom and Dad Are at It Again: Adolescent Perceptions of Marital Conflict and Adolescent Psychological Distress. *Developmental Psychology* 33, no. 2 (1997), S. 333–350.

Harter, Susan: The Personal Self in Social Context. In: *Self and Identity*, hrsg. v. Richard D. Ashmore and Lee Jussim, S. 81–105, New York: Oxford, 1997.

Heaton, Tim B. und Stan L. Albrecht: Stable Unhappy Marriages. *Journal of Marriage and the Family* 53 (1991), S. 747–758.

Heller, Patrice E. und Beatrice Wood: The Process of Intimacy: Similarity, Understanding and Gender. *Journal of Marital and Family Therapy* 24, no. 3 (1998), S. 273–288.

Hetherington, E. Mavis und Kathleen M. Jodl: Stepfamilies as Settings for Child Development. In: *Stepfamilies: Who Benefits? Who Does Not?*, hrsg. v. A. Booth and J. Dunn, S. 55–79, Hillsdale, N.J.: Lawrence Erlbaum, 1994.

Hetherington, E. Mavis, M. Stanley-Hagan und E. R. Anderson: Marital Transitions: A Child's Perspective. *American Psychologist* 44 (1989), S. 303–312.

Holtzworth-Munroe, Amy, Stacia B. Beatty und Kimberly Anglin: The Assessment and Treatment of Marital Violence. In: N. S. Jacobson und A. S. Gurman (Hrsg.) *Clinical Handbook of Couple Therapy*, hrsg. v. N. S. Jacobson and A. S. Gurman, S. 317–339, New York: Guilford, 1995.

Hooven, Carole, John M. Gottman und Lynn F. Katz: Parental Meta-Emotion Structure Predicts Family and Child Outcomes. *Cognition and Emotion* 9, nos. 2 and 3 (1995), S. 229–264.

Howes, Paul und Howard J. Markman: Marital Quality and Child Functioning: Longitudinal Investigation. *Child Development* 60 (1989), S. 1044–1051.

Jekielek, S. M.: Parental Conflict, Marital Disruption and Children's Emotional Well-Being. *Social Forces* 76, no. 3 (1998), S. 905–936.

Josselson, Ruthellen: *Der Weg zu mir – Frauen beschreiben ihr Selbst*. Köln:

Ed. Hum. Psych. 1991. (Orig.: *Finding Herself: Pathways to Identity Development in* Women. New York: Jossey Bass, 1987.)

–: *Was uns zusammenhält.* Hamburg: Kabel 1994. (Orig.: *The Space Between Us.* New York: Sage, 1996 [1992].)

Jurkovic, G. J.: *Lost Childhoods: The Plight of the Parentified Child.* New York: Brunner/Mazel, 1997.

Katz, Lynn F.: *Patterns of Marital Conflict and Children's Emotions.* Doctoral dissertation, University of Illinois at Urbana-Champaign, 1990.

Katz, Lynn F. und John M. Gottman: Patterns of Marital Conflict Predict Children's Internalizing and Externalizing Behaviors. *Developmental Psychology* 29 (1993), S. 940–950.

Kelly, E. Lowell und James J. Conley: Personality and Compatibility: A Prospective Analysis of Marital Stability and Marital Satisfaction. *Journal of Personality and Social Psychology* 52, no. 1 (1987), S. 27–40.

Kelly, J. B.: Marital Conflict, Divorce and Children's Adjustment. *Child and Adolescent Psychiatric Clinics of North America* 7, no. 2 (1998), S. 259–271.

Kendall, Philip C. und Keith S. Dobson: On the Nature of Cognition and Its Role in Psychopathology. In: *Psychopathology and Cognition*, hrsg. v. Keith S. Dobson und Philip C. Kendall, New York: Academic Press, 1993.

Kerig, Patricia K.: Triangles in the Family Circle: Effects of Family Structure on Marriage, Parenting and Child Adjustment. *Journal of Family Psychology* 9, no. 1 (1995), S. 28–43.

Kerr, Michael and Murray Bowen: *Family Evaluation.* New York: W. W. Norton, 1988.

Knudson-Martin, Carmen: The Politics of Gender in Family Therapy. *Journal of Marital and Family Therapy* 23 (1997), S. 421–437.

Kohut, Heinz: Überlegungen zum Narzißmus und zur narzißtischen Wut. In: *Die Zukunft der Psychoanalyse*, Frankfurt a.M.: Suhrkamp, 1975. (Heinz Kohut: Thoughts on Narcissism and Narcissistic Rage. In: *The Search of the Self*, hrsg. v. P. H. Ornstein, New York: International Universities Press, 1978.)

Kozuch, Patricia und Teresa M. Cooney: Young Adults' Marital and Family Attitudes: The Role of Recent Parental Divorce, and Family and Parental Conflict. *Journal of Divorce and Remarriage* 23, nos. 3 and 4 (1995), S. 45–62.

Krystal, H.: *Integration and Self-Healing: Affect–Trauma–Alexithymia.* Hillsdale, N.J.: The Analytic Press, 1988.

Kulka, Richard A. und Helen Weingarten: The Long-Term Effects of Parental Divorce in Childhood on Adult Adjustment. *Journal of Social Issues* 35, no. 4 (1979), S. 50–78.

Lachtar, Joan: *The Many Faces of Abuse.* Northvale, N.J.: Jason Aronson, 1998.

Langston, Donna: Tired of Playing Monopoly? In: *Race, Gender, Class: An*

Anthology, 3. Aufl., hrsg. v. M. L. Anderson und P. H. Collins, S. 126–136, Belmont, Calif.: Wadsworth, 1998.

Larson, Jeffrey H., Clark H. Hammond und James M. Harper: Perceived Equity and Intimacy in Marriage. *Journal of Marital and Family Therapy* 24 (1998), S. 487–506.

LaRossa, R.: *Conflict and Power in Marriage*. Beverly Hills, Calif.: Sage, 1977.

Lee, Mo-Yee: Trajectory of Influence of Parental Divorce on Children's Heterosexual relationships. *Journal of Divorce and Remarriage* 22, nos. 3 and 4 (1995), S. 55–76.

Lerner, Harriet: *Wohin mit meiner Wut? Neue Beziehungsmuster für Frauen*. Frankfurt a.M.: Fischer, 1990. (Orig.: *The Dance of Anger: A Woman's Guide to Changing. The Patterns of Intimate Relationships*. New York: Harper & Row, 1985.)

–: *Zärtliches Tempo. Wie Frauen ihre Beziehungen verändern, ohne sie zu zerstören*. Frankfurt a.M.: Fischer, 1992. (Orig.: *The Dance of Intimacy: A Woman's Guide to Courageous Acts of Change in Key Relationships*. New York: Harper & Row, 1989.)

Levant, Ronald E.: Gender Equality and the New Psychology of Men: Comment on ›The Politics of Gender in Family Therapy‹. *Journal of Marital and Family Therapy* 23, no. 4 (1997), S. 439–444.

Lewis, Jerry M. und Margaret T. Owen: Stability and Change in Family-of-Origin Recollections Over the First Four Years of Parenthood. *Family Process* 34, no. 4 (1995), S. 455–465.

Loewenstein, R. M.: Defensive Organization and Autonomous Ego Function. *Journal of the American Psychoanalytic Association* 15, no. 4 (1967), S. 795–809.

Mackey, Richard A. und Bernard A. O'Brien: *Lasting Marriages: Men and Women Growing Together*. Westport, Conn.: Praeger, 1995.

Margolin, Gayla: Marital Conflict Is Not Marital Conflict Is Not Marital Conflict. In: *Social Learning and Systems Approaches to Marriage and the Family*, hrsg. v. R. de V. Peters and R. J. McMahon, S. 193–216, New York: Brunner/Mazel, 1988.

McNeal, Cosandra und Paul R. Amato: Parents' Marital Violence: Long-Term Consequences for Children. *Journal of Family Issues* 19, no. 2 (1998), S. 123–139.

McQuillan, Julia und Myra M. Ferree: The Importance of Variation Among Men and the Benefits of Feminism for Families. In: *Men in Families*, hrsg. v. Alan Booth and A. C. Crouter, S. 213–225, Mahwah, N.J.: Lawrence Erlbaum, 1998.

Meissner, W. W.: The Earliest Internalizations. In: *Self and Object Constancy*, hrsg. v. Ruth F. Lax, Sheldon Bach und J. Alexis Burland, S. 29–72, New York: Guilford, 1986.

Meyer, Shannon L., Christopher M. Murphy, Michele Cascardi und Beverly Birns: Gender and Relationships: Beyond the Peer Group. *American Psychologist* 46 (1991), S. 537.

Morrison, Helen L.: *Children of Depressed Parents*. New York: Grune & Stratton, 1983.

Morrow, M. R.: The Influence of Dysfunctional Family Behaviors on Adolescent Career Exploration. *School Counselor* 42, no. 4 (1995), S. 311–316.

Moultrup, David J.: *Husbands, Wives & Lovers*. New York: Guilford, 1990.

Neisser, Ulric: Self-Narratives: True and False. In: *The Remembering Self*, hrsg. v. Ulric Neisser and Robyn Rivush, 1–18. Cambridge, Mass.: The Press Syndicate of the University of Cambridge, 1994.

Neuman, M. Gary: How Divorce Affects Kids. *Parents Magazine*, November 1998, S. 93.

Noller P.: *Non Verbal Communication and Marital Interaction*. Pergamon Press, 1984.

O'Brien, Mary, Mudaita A. Bahadur, Christina Gee, Kathy Balto und Stephanie Erber: Child Exposure to Marital Conflict and Child Coping Responses as Predictors of Child Adjustment. *Cognitive Therapy and Research* 21, no. 1 (1997), S. 39–59.

O'Leary, K. Daniel: Marital Discord and Children: Problems, Strategies, Methodologies and Results. In: *Children in Families Under Stress*, hrsg. v. A. Doyle, D. Gold und D. Moskowitz, S. 35–46, San Francisco: Jossey Bass, 1984.

O'Leary, K. Daniel und I. Arias: Prevalence, Correlates and Development of Spouse Abuse. In: *Social Learning and Systems Approaches to Marriage and the Family*, hrsg. v. R. de V. Peters and R. J. McMahon. New York: Brunner/Mazel, 1988.

Pollack, William: Raising Loving Boys. *Working Mothers*, March 1999, S. 32–34.

–: *Richtige Jungen. Was sie vermissen, was sie brauchen*. München: Scherz, 1998. (Orig.: *Real Boys*. New York: Random House, 1998.)

Prince, S. E. und N. S. Jacobson: A Review and Evaluation of Marital and Family Therapies for Affective Disorders. *Journal of Marriage and Family Therapy* 21 (1995), S. 377–401.

Prochaska, James und Janice Prochaska: Twentieth Century Trends in Marriage and Marital Therapy. In: *Marriage and Marital Therapy*, hrsg. v. Thomas. J. Paolino and Barbara S. McCrady, S. 1-24, New York: Brunner/Mazel, 1978.

Rabin, Claire: *Equal Partners – Good Friends: Empowering Couples Through Therapy*. New York: Routledge, 1996.

Rausch, Harold L., W. A. Barry, R. K. Hertal und M. A. Swain: *Communication, Conflict and Marriage*. San Francisco: Jossey-Bass, 1974.

Robins, Lee N., Sandra P. Schoenberg, Sandra J. Holmes, Kathryn S. Ratcliff, Alexandra Benham und Jane Works: Early Home Environment and Retrospective Recall: A Test for Concordance Between Siblings With and Without Psychiatric Disorders. *American Journal of Orthopsychiatry* 55 (1985), S. 27–41.

Rosen, Hugh: *Piagetian Dimensions of Clinical Relevance.* New York: Columbia University Press, 1985.

Sabatelli, Ronald M. und Stephen A. Anderson: Family System Dynamics, Peer Relationships and Adolescents' Psychological Adjustment. *Family Relations* 40 (1991), S. 363–359.

Scanzoni, John, Karen Polonko, J. Teachman und Linda Thompson: *The Sexual Bond.* New York: Sage, 1989.

Scarf, M.: Intimate Partners: Patterns in Love and Marriage. *Atlantic Monthly,* November 1986.

Scharff, David und Jill Scharff: *Object Relations Family Therapy.* Northvale, N.J.: Jason Aronson, 1987.

Schneider, C.: The Struggle Towards a Feminist Practice in Family Therapy: Practice. In: *Gender and Power in Families,* hrsg. v. Rosine J. Perelberg and Ann A. Miller, S. 118–134, New York: Tavistock, 1990.

Schwarz, J. Conrad und David C. Zuroff: Family Structure and Depression in Female College Students: Effects of Parental Conflict, Decision-Making Power and Inconsistency of Love. *Journal of Abnormal Psychology* 88. no. 4 (1979), S. 398–406.

Sheinberg, Marcia und Peggy Penn: Gender Dilemmas, Gender Questions and the Gender Mantra. *Journal of Marriage and Family Therapy* 17, no. 1 (1991), S. 33–44.

Siegel, Judith P.: Analysis of Projective Identification: An Object Relations Approach to Marital Treatment. *Journal of Clinical Social Work* 19 (1991), S. 71–81.

–: Defensive Splitting in Couples. *Journal of Clinical Psychoanalysis* 7, no. 3 (1998), S. 303–305.

–: Destructive Conflict in Nonviolent Couples: A Treatment Guide. *Journal of Emotional Abuse* 1, no. 3 (1999), S. 65–85.

–: Repairing Intimacy: *An Object Relations Approach to Couples Therapy.* Northvale, N.J.: Jason Aronson, 1992.

Singer, Jerome L. und Peter Salovey: Organized Knowledge Structures and Personality. In: *Person, Schemas and Maladaptive Interpersonal Behaviors,* S. 33–79, Chicago: University of Chicago Press, 1991.

Snyder, Douglas K. und J. M. Velasquez: Parental Influence on Gender and Marital Role Attitudes: Implications for Intervention. *Journal of Marital and Family Therapy* 23, no. 2 (1997), S. 191–201.

Spring, Janis A.: *After the Affair: Healing the Pain and Rebuilding Trust When a Partner Has Been Unfaithful.* New York: HarperCollins, 1996.

Steil, Janice M.: *Marital Equality: Its Relationship to the Well-Being of Husbands and Wives.* Thousand Oaks, Calif.: Sage, 1997.

Stierlin, H. und G. Weber: *Unlocking the Family Door: A Systemic Approach to the Understanding and Treatment of Anorexia Nervosa.* New York: Brunner/Mazel, 1989.

Stiver, Irene P.: The Meanings of ›Dependency‹ in Female-Male Relationships. In: *Women's Growth in Connection; Writings from the Stone Center,*

253

hrsg. v. J. V. Jordan, A. G. Kaplan, J. B. Miller, I. P. Stiver und J. L. Surrey, S. 143–161, New York: Guilford, 1991.

Straussner, S. L. A.: The Impact of Alcohol and Other Drug Abuse on the American Family. *Drug and Alcohol Review* 13 (1994), S. 393–399.

Swidler, Ann: Love and Adulthood in American Culture. In: *Themes of Work and Love in Adulthood*, hrsg. v. N. Smelser and E. Erikson. Cambridge, Mass.: Harvard University Press, 1980.

Taffel, Ron und Roberta Israeloff: *Eltern sein dagegen sehr!* Iskopress, 1999. (Orig.: *Why Parents Disagree and What You Can Do About It.* New York: Avon Books, 1995.)

Thornton, A. und Deborah Freedman: Changing Attitudes Toward Marriage and Single Life. *Family Planning Perspectives* 14, no. 6 (1982), S. 297–303.

Timmer, Susan G., Joseph Veroff und Shirley Hatchett: Family Ties and Marital Happiness: The Different Marital Experiences of Black and White Newlywed Couples. *Journal of Social and Personal Relationships* 13, no. 3 (1996), S. 335–359.

Turner, Martha: Addictions in Marital/Relationship Therapy. In: *Integrative Solutions*, hrsg. v. Gerald R. Weeks and Larry Hof, S. 124–147, New York: Brunner/Mazel, 1995.

Wallerstein, Judith: The Psychological Tasks of Marriage: Part 2. *American Journal of Orthopsychiatry* 66, no. 2 (1996), S. 217–227.

Wallerstein, Judith und Sandra Blakeslee: *Gute Ehen. Wie und warum die Liebe bleibt.* Frankfurt: dtv, 1998. (Orig.: *How and Why the Good Marriage Lasts.* New York: Houghton Mifflin, 1995 [1989]).

–: *Gewinner und Verlierer. Frauen, Männer und Kinder nach der Scheidung.* München: Droemer Knaur, 1989. (Orig.: *Second Chances: Men, Women and Children a Decade After Divorce.* New York: Ticknor & Fields, 1989.)

Walters, Marianne, Betty Carter, Peggy Papp und Olga Silverstein: *The Invisible Web: Gender Patterns in Family Relationships.* New York: Guilford, 1988.

Ward, Betty A.: *Marital Quality, Marital Conflict–Tactics and Children's Self-Image and School Behavior.* Doctoral dissertation, Yale University, 1988.

Waring, Edward M.: Marriages of Patients with Psychosomatic Illness. *General Hospital Psychiatry* 5 (1983), S. 49–53.

Waring, Edward M., Mary P. Tillman, L. Frelick, Lila Russell und G. Weisz: Concepts of Intimacy in the General Population. *Journal of Nervous and Mental Disease* 168, no. 8 (1980), S. 471–474.

Weeks, Gerald R. und Larry Hof: Commitment and Intimacy. In: *Integrative Solutions*, hrsg. v. Gerald Weeks und Larry Hof. New York: Brunner/Mazel, 1995.

Wenning, Kenneth: *Men Are from Earth, Women Are from Earth.* Northvale, N.J.: Jason Aronson, 1998.

Westfall, April: Extramarital Sex: The Treatment of the Couple. In: *Treating*

Couples, hrsg. v. Gerald R. Weeks, S. 163–190, New York: Brunner/Mazel, 1989.

–: Working Through the Extramarital Trauma: An Exploration of Common Themes. In: *Integrative Solutions*, hrsg. v. Gerald R. Weeks and Larry Hof. New York: Brunner/Mazel, 1995.

Whitbourne, Susan K. und Joyce B. Ebmeyer: *Identity and Intimacy in Marriage: A Study of Couples*. New York: Springer-Verlag, 1990.

White, L. K. und A. Booth: The Transition to Parenthood and Marital Quality. *Journal of Family Issues* 6, no. 4 (1985), S. 435–449.

Whitehead, Tony L. und Barbara V. Reid: *Gender Constructs and Social Issues*. Urbana: University of Illinois Press, 1992.

Whiteside, Mary F.: The Parental Alliance Following Divorce: An Overview. *Journal of Marital and Family Therapy* 24, no. 1 (1998), S. 3-24.

Worden, Mark und Barbara Worden: *The Gender Dance in Couples Therapy*. Pacific Grove, Calif.: Brooks/Cole, 1998.

Wynne, Lyman C. und Adele R. Wynne: »The Quest for Intimacy.« *Journal of Marital and Family Therapy* 12 (1986), S. 383–394.

Zeanah, Charles H., Neil W. Boris und Julie A. Larrieu: Infant Development and Developmental Risk: A Review of the Past 10 Years. *Journal of the American Acadamy of Child & Adolescent Psychiatry* 36, no. 2 (1997), S. 165–178.